2年で10億円を突破！
5年で100億円を超える

100億マニュアル

ロケット・マーケティングで顧客を掴め

梅澤伸嘉　西野博道
橋本陽輔［監修］

日本経営合理化協会出版局

はじめに――監修者　橋本陽輔

「5年で売上100億円を達成する方法を公開します」

あなたに、今から「5年で売上100億円を達成する方法」をお話しします。

〝5年で売上100億円〟と聞くと、「ほんとに5年で100億円が達成できるの？」「高額が払える大手企業用の手法で、自分たちでは実践できない方法なんじゃないの？」と思われるかもしれません。しかし、今からご紹介する方法は、**大手企業しか使えないものではなく、中小企業でも、明日からスグに実践できる方法です。**

さらに本書は、社長だけでなく、社員みずからが実践できるようなレベルまで内容を噛《か》み砕《くだ》き、イメージが難しい部分はマンガ化するなど、誰でも実践できるステップバイステップのマニュアルとして体系化しました。

つまり、**ただ読んで終わりという本ではなく、明日から実際に使える実践マニュアルです。**

じつは、本書の内容は、今までごく一部の大手企業により長らく秘匿《ひとく》され、中小企業では知ることができないものでした。

事実、世界No.1のマーケティングカンパニーとして名高い生活用品メーカーのプロクター・アンド・ギャンブル(P&G)社をはじめ、マーケティングに長《た》けた外資系大手企業は、本書のアンケート法の詳細を表《おもて》に出すことなく、このやり方をベースに今も実践を続けています。

本書は、このマーケティングに長《た》けた外資系大手企業がもつ方法論を中小企業でも使えるようにアレンジし初公開するものです。このやり方を実践していただければ、5年で売上100億円は夢ではなく、現実のものとなります。また新事業立ち上げや異業種参入に成功する確率も格段に高くなることでしょう。

このような画期的なマニュアルをつくるにあたって、次にご紹介するお2人の、それぞれ人生を賭《か》けて積み上げてこられたノウハウが必要でした。盟友のお2人も以前より、互いのノウハウを組み合わせれば凄《すご》い結果が出せると、意気投合されていました。そのお2人とは、

◎梅澤伸嘉《うめざわのぶよし》 氏

「トニックシャンプー」「スキンガード」「カビキラー」「写るんです」「禁煙パイポ」など、ロングセラー商品を意図してつくる開発者にして天才マーケッター。

独自の計算式を使って、高い確率で売上を予測し、予測に基づく的確なマーケティングによって着実に売上を積み上げていく「つくって一流、売って一流」の二刀流の達人。

氏はかつてスカウトされた会社で独自の方法で商品を25個つくり、**同社を10年で売上40億円から600億円へと急伸させた**という驚異的な実績をもっておられます。

近年は中小企業の指導に力を注ぎ、**本書では、クライアントの大企業にも詳細は明かしてこなかった売上を予測計算する方程式《フォーミュラーS》のダイレクトマーケティング版《フォーミュラーV》を初公開し、わかりやすく解説します。**

さらに、売れる商品が完成した後に重要なのは、企業を急成長に導く広告投資と購入者の70%をリピーターにする方法論です。この方法論を日本で唯一もっておられるのが、もう1人の共著者である、西野博道《にしのひろみち》氏です。

◎**西野博道**《にしのひろみち》 **氏**

健康食品で有名な「やずや」の創業者の右腕として、経営企画・広告マーケティングを担い、同社を少ない人数で**わずか3年で売上20億円から100億円へと導いた立役者**であり、国内の通信販売業界では知らないものはいないといわれる伝説の人物です。

現在、やずやグループ「未来館」「やずやソリューションズ」の取締役社長として、やずやグループおよび委託パートナー企業30社以上を指導しています。

本書では、**5年で売上100億円に至る1年目、2年目、3年目、4年目、5年目の売上推移・新規顧客数・広告費などを自動的にシミュレーションできるツールや広告実務のPDCAを回すために必須のシミュレーションツールを初公開します。**

さらに、リピート率70%を維持するために開発した独自の「ひとりごとフォロー」「おもてなしフォロー」「ニーズ思い出しフォロー」といった顧客の状況に応じた3種類のフォローツールについて重要ポイントをわかりやすく解説します。

いうまでもなく、「売上」というのは、「商品力」と「販売力」の掛け算で決まります。
まさに梅澤氏と西野氏の組み合わせは、商品力と販売力を最大化させる両輪となります。
本書は、業種を問わず、自社商品や自社サービスをもち、直接お客様と取引するダイレクトマーケティング型のビジネスモデルであれば、そのまま使えて、その効果はすぐに表われます。もちろん、ダイレクトマーケティング型のビジネス以外の会社であっても、各ノウハウを自社のビジネスに応用すれば業績拡大に寄与することは間違いありません。現に、本書のノウハウを自社用に応用して成功しているクライアントは数多くあります。

また本書のシミュレーションツールを使うことで、現状の商品やビジネスモデルでは5年で売上100億円は到底無理だとわかったときにも、本書は、いま手掛けているビジネスのどの部分をどのように変えていけばいいか、あるいは今のビジネスに何を新たに付け加えればいいのか、というヒントを与えてくれることでしょう。

じつは、本書を活用する上で、あなたに、ぜひご理解いただきたいことがあります。

それは、100億円を達成できるかどうかは、すでに販売前から決まっているということです。重要なことなので、繰り返しますが、

100億円が達成できるかどうかは売る前にすでに決まっています

つまり、100億円を生む「商品力」と「販売力」をもって、はじめて100億円の道筋がみえるということです。本書のシミュレーションツールで計算すると、あなたの会社の今の「商品力」と「販売力」が、どのレベルなのかがわかります。

まずは手始めに、実際のあなたの会社の具体的な数字を入れてみて、100億円までの道筋をシミュレーションしてみてください。ここから、100億円の道は始まります。

あなたの会社が商品を売る前に100億円の道筋を見つけられ、本書が御社の業績向上にお役に立ちますことを心から願っております。

２０１９年７月吉日

日本経営合理化協会 100億倶楽部
主幹 **橋本陽輔**

※なお今回は、あなたの会社でもスグに本書の内容が実践できるように、未来の売上が予測できる《フォーミュラーⅤ》の自動計算ツールと、５年間の売上推移・新規顧客数・広告投資がシミュレーションできる自動計算ツール各種を、巻末ＵＲＬの特別サイトから無料ダウンロードできるようにご用意しました。ぜひご活用ください。

※本書は大きなサイズの資料を巻頭と巻末の２か所に折り込んでおります。本文中で、「巻頭折り込みの図」または「巻末折り込みの図」と明記した資料はそれぞれ巻頭と巻末に添付してあります。いずれの資料も簡単に本から取りはずすことができますので、手元に置いてご利用ください。

もくじ

3 5年で売上100億円を達成する「ダイレクトマーケティングモデル」

2 売上予測計算式 フォーミュラーVの使い方

3 商品が売れるか売れないかがわかる アンケート調査のやり方

1 アンケートの実施手順

2 アンケートの作成手順

3 アンケートの分析手順

1．基本分析

4 リピート率の高い商品かを調べるCPテスト

5 お客様の記憶に残る〈聴覚メッセージング法〉

1 表現コンセプトのつくり方

7　自社の広告投資シミュレーション表をつくってみよう！

8 広告投資の採算のとり方

3 「広告投資検討表」の見方と活用法

装丁　美柑和俊
漫画　石橋　綾

巻頭折り込み資料

巻末折り込み資料

1

100億ロケット・マーケティングとは？

1

中小企業の最大の壁「売上100億円」

100億ロケットの設計図

売上100億円は、人生をかけて事業に取り組む経営者にとって、超えたい通過点の一つです。よくいわれる「中小企業が中堅企業になるための最大の壁は売上100億円」というのは、多くの経営者の挑戦から得られた経験値ですが、その壁を突破するためのシステマチックな方法論は、今までどこにも発表されずに一部の大手企業の社内ノウハウとして秘匿《ひとく》されてきました。

このような状況に対して、私たちが半世紀近くにわたり、ビジネスの現場の最前線で見つけ出した売上100億円を達成する方法論を中小企業の経営者にお伝えしたいと思い、そのノウハウをマニュアルにまとめることにしました。

いわば、売上100億円の設計図をお伝えするのが、本書の目的です。

とくに売上100億円の設計図の中でも、マーケティング戦略に特化した内容を具体的にお伝えします。売上なければすべてなし、ともいわれるように、売上があってはじめて、それに応じた組織や財務を考えることができます。

まずは、私たちが提唱する「**100億ロケット・マーケティング**」の手順に従って実践し、売上を上げることから100億円への道をスタートさせてください。

本マニュアルは、私(梅澤)と盟友の西野博道《ひろみち》先生が、商品開発と販売促進の現場で試行錯誤のすえ見つけ出したノウハウを、監修者の橋本陽輔《ようすけ》先生が一つの体系にまとめたもので、机上の空論は一切ありません。

私(梅澤)は、33歳のとき、当時売上100億円を目指していた会社にヘッドハンティングされ、そこで数々のロングヒット商品をつくり、同社が10年で売上600億円へと急伸する過程で貢献した経験があります。それらの商品は、40年近く経った今も売れ続けており、商品名を聞けば、実際に使っておられる方も多いことでしょう。

一方、盟友の西野先生は、健康食品「やずや」の参謀として、商品の広告投資のＰＤＣＡを確実に回し、売上20億円だった「やずや」を3年で100億円へと急成長させた立役者です。

現在、私と西野先生は、それぞれの専門ノウハウを広めるべく、中小企業の指導を精力的におこなっていますが、２人の現場で培《つちか》ったノウハウが融合したことで、はじめて売上100億円の方法論が完成したのです。

100億企業の条件

ところで、一代で大企業に育て、日本に大きな足跡を残した経営者を分析すると、３つの共通点があります。

1．独自の「強い売りモノ」や「強いビジネスモデル」をもち、新しい市場をつくりだしている

2．成功するまであきらめない

3．それを支える大志と夢をもっている

一代で大企業に成長させた名経営者は共通して、たとえば「カップヌードル」「ウォークマン」「クロネコ宅急便」「ウォシュレット」「セブンイレブン」「カゴメ」「味の素」など、誰もが知っている強い売りモノやビジネスモデルをつくりだしています。

それらはすべて世の中になかったもので、成功するまでにさまざまな試行錯誤を繰り返していますが、経営者の根底に私利私欲でない志《こころざし》があり、次々と困難を突破して、盤石な体制を築きあげました。

ここで経営者に注目していただきたいのは、2と3の条件が満たされても、1が欠けると

企業は成長できないという事実です。成長できないどころか、最悪は倒産に至ります。

中小企業の社長とお話していると、100億を超える企業の社長になりそうな人とそうでない人がおられます。私（梅澤）はこの50年の間で、大企業になった社長と中小企業のままの社長のお顔が浮かびますが、じつは、中小企業のまま100億を超えられない企業は、先の1の条件を満たしていないのです。

今回、本書出版にあたり、設立10年以内に売上100億円を超えた300社（東京商工リサーチ2017年）を調べてみましたが、それを裏づけるものとなりました。

大手企業の子会社ではなく、ゼロから創業して10年以内に売上100億円を超えた会社は、300社のうち14社でした。その14社の事業内容をひとつひとつ見ていくと、どの企業にもほぼ共通するキーワードがあります。

それは業種にかかわらず、どの企業も業界の常識を打ち破る、今までにない新しい売りモノやビジネスモデルを提供して、それが多くの顧客のニーズを掴んで支持されているということです。

競争の激しい市場でシェア争いをして勝ち抜いた結果、短期間に100億企業になったというのではなくて、顧客に「これは新しくていい！」と認識してもらえるポジションを市場の中に創造し、売上を急速に伸ばしているということです。いうなれば、新しい市場をつくりだすような市場創造型の商品やビジネスモデルで成功しているのです。

じつは、本書で提示する「**100億ロケット・マーケティング**」も、商品やビジネスモデルが「**市場創造型カテゴリー**」であることが重要なキーワードとなります。

100億ロケット・マーケティングの全体像

100億ロケット・マーケティングの全体像を理解するには、図1のような衛星を積んだ打ち上げロケットをイメージするとわかりやすいでしょう。

有名な小惑星探査機「はやぶさ」もそうですが、ロケットは強力なエンジンによって打ち上げられ、地球の重力から脱するために毎時28，400㎞という速度で上昇します。その後、衛星や探査機はロケットから切り離され、軌道にのり、地球や小惑星のまわりを回り続けて、その任務を果たします。

図1では、衛星が格納されているロケットの上方部分を「商品力」、ロケットを打ち上げるエンジン部分を「販売(広告)力」としています。

図1　衛星ロケットをイメージしよう

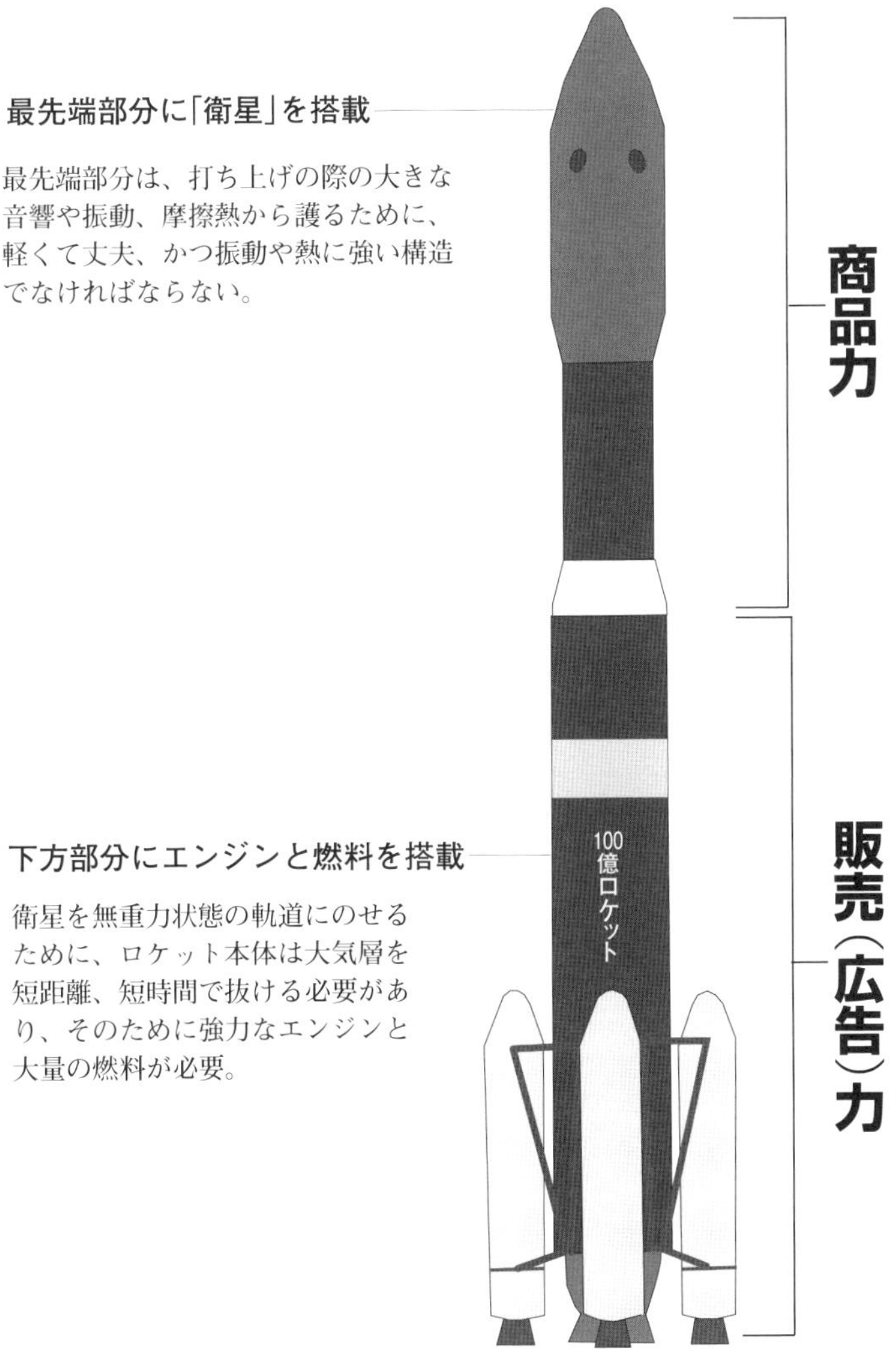

商品力を衛星にたとえた理由は、いったん軌道にのった衛星は、地上に落ちることなく、地球や惑星のまわりを回り続けて任務を実行するのと同じように、空高く打ち上げられ、軌道にのった商品は何年も売れ続けて、会社の売上に貢献するといったイメージからです。

わかりきったことですが、なぜ商品が売れ続けるロングセラーでなければならないかといえば、それは売上を積み上げるためです。市場からすぐ消えてしまう短命商品を次から次へと出しても、売上は累積しません。

とくに中小企業が売上100億円を達成するには、いきなり一品で100億円というのは現実的ではありません。しかし図2のように、売上30億円規模の商品を3個用意し、売上が累積していけば、売上100億円は難しくありません。

要するに、売上100億円を目指すには、長く売れ続ける、強い売りモノ(ビジネスモデル)をいくつかもった上で、それらをロケットのような強力なエンジン、つまり強力な販売(広告)力で飛躍的に伸ばす必要があるのです。これが「**100億ロケット・マーケティング**」です。

売上=商品力×販売力

お客様は「知らないもの」は買えません。どんなに魅力的な商品でも、お客様に存在とそ

図2　売上と利益を安定的に積み上げる

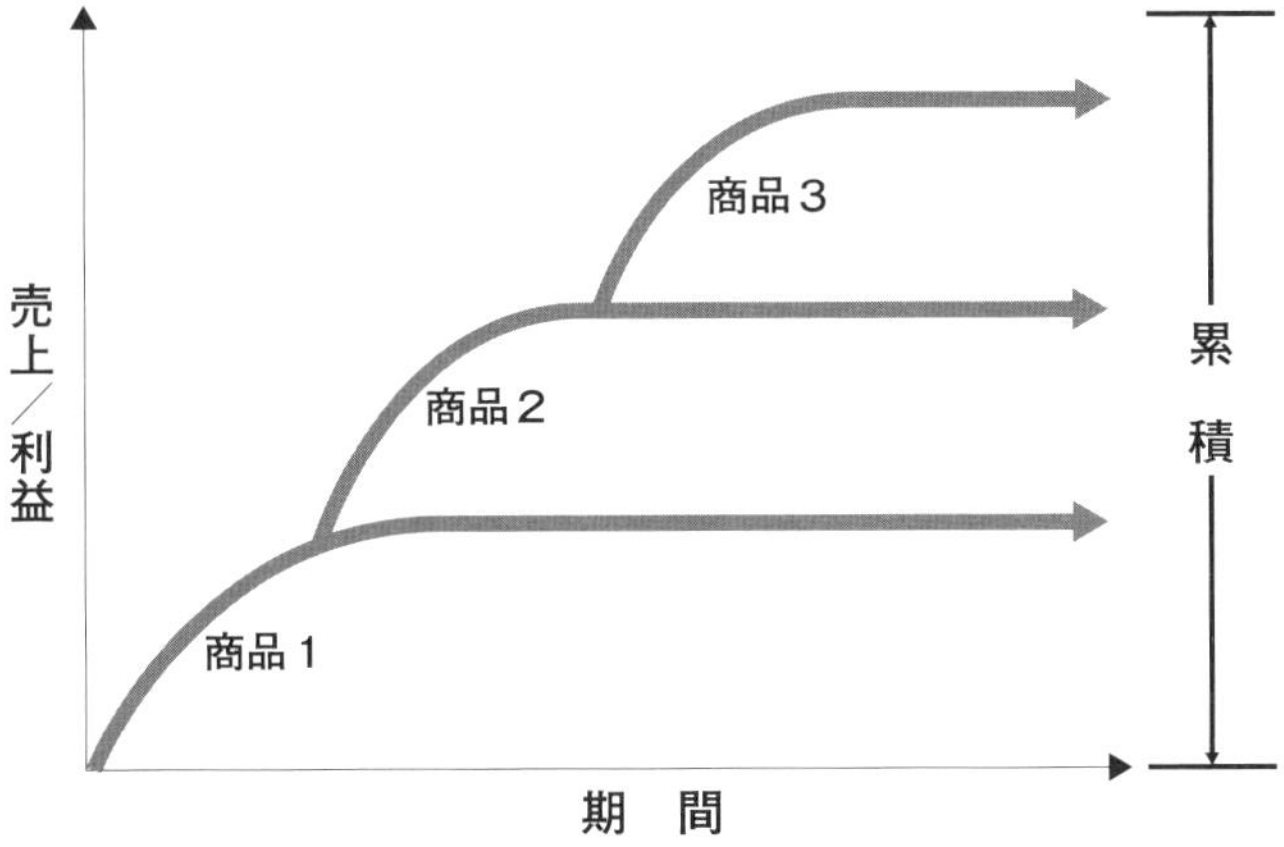

の魅力を知ってもらわないかぎり売れません。ロングセラーになる、ならないの前に、まずお客様に、商品が何であるか、どう良いかを知ってもらう必要があります。

ものごとの本質は、いたってシンプルです。売上は、

売上＝商品力×販売力

の掛け算で求められます。

将来、ロボットや人工知能が活躍する社会になっても、この方程式は永遠に変わりません。

本書のテーマは「5年で売上100億円を達成するマーケティング」ですが、売上を決定づける「商品

力」と「販売力」、この2つの力を最大限に高めることによって「売上を最大化」します。

では、100億ロケット・マーケティングで、「商品力」と「販売力」をどうやって最大化するかについて、その概要をそれぞれお話しましょう。

2

5年で売上100億円を達成する商品のつくり方

商品力を決定づける3つの要素

ひと口に「商品力」といっても、経営者によって捉え方がバラバラです。まず「商品力」を決定づける3つの要素についてお話します。

私（梅澤）は人生の大半を、ロングセラー商品を意図してつくることに没頭してきましたが、その経験を踏まえ、10年以上ロングセラーでシェアNo.1を保っている商品223個を調べた結果、商品力は図3で表わしたジグソーパズルのように、3つのピースから構成されることがわかりました。

図3では、3つのピースに「**新カテゴリー**」「**商品コンセプト**」「**商品パフォーマンス**」という言葉が書かれていますが、それぞれ何を意味するかは、次のとおりです。

①「新カテゴリー」

商品力を決定づける1つめのピースが、「新カテゴリー」です。

「新カテゴリー」とは、既存のカテゴリーでは括《くく》ることができない、既存カテゴリーの範囲外という意味です。よって新カテゴリーの商品とは、お客様が「これは今までなかった新しい商品だ！」と認識してくれる商品ということになります。

図3　商品力を決定づける３要素

新カテゴリー → 今ある既存のカテゴリーでは括ることができない新しいカテゴリーで、顧客の問題を解決する商品のこと

商品コンセプト → 買う前にお客様に期待を与え、「欲しい」と思わせる、初回購入を促す力のこと

商品パフォーマンス → 買った後にお客様の期待をかなえ、「買ってよかった」と思わせ、再購入や複数購入を促す力のこと

ひと口に「新カテゴリー」といっても、大きく3つのタイプに分けられます。

1つめは、市場そのものが存在していない新しい市場をつくりだす**革新的な新カテゴリー**。

たとえば、私が直接開発に当たった「カビキラー」は、こすらずにカビが取れるというカビ取り剤市場がなかった時代に発売したので、革新的新カテゴリーとなった商品です。ヒットしたあと他社が後発商品をいくつか出しましたが、37年たった今もシェア№1を保っています。

2つめは、既存市場を塗り替えてしまうような**市場代替的な新カテゴリー**です。

わかりやすい例がデジタルカメラです。以前は写真撮影に誰もがフィルムカメラを使っていましたが、デジタルカメラが出たことで、カメラ市場が一変しました。今もフィルムカメラは残っていますが、デジタルカメラがカメラ市場を塗り替えてしまいました。

一般に、家電製品市場は、新技術を搭載した商品によって一気に塗り替えられるケースが多いですが、技術の進化だけでなく、消費者のニーズをしっかり掴んだ画期的な売りモノであれば、市場そのものを塗り替えることは可能です。

図4　3つの新カテゴリーのタイプ

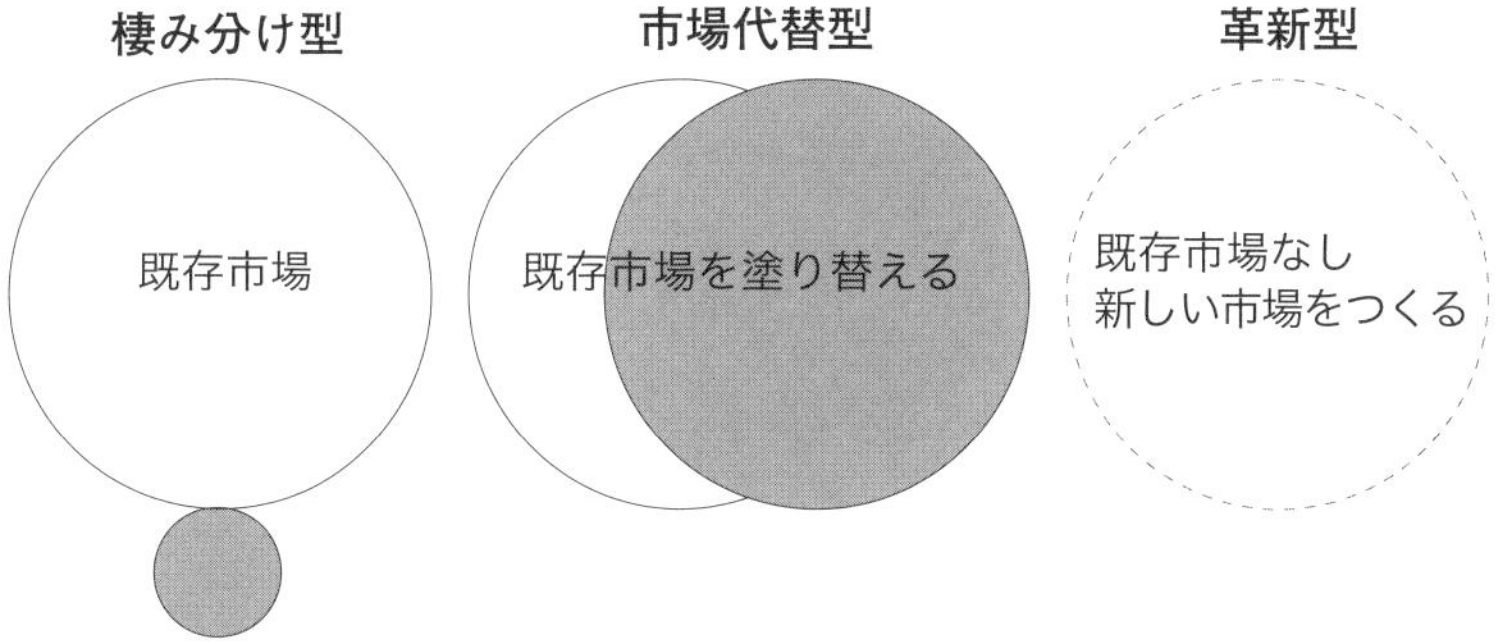

3つめは、すでに市場はあるものの、その中でお客様が明らかな違いを認識してくれる、既存市場のとなりに新しいポジショニングをおこなう**棲(す)み分け的な新カテゴリー**です。

たとえば、女性化粧品の「塗るつけまつげ」は、まつげを濃く長く見せるための化粧品「マスカラ」という市場のとなりに、「これはマスカラではない、塗るつけまつげ」という、今までにない商品コンセプトで新カテゴリー化して、大ヒットしロングセラー商品となりました。

以上、3つの新カテゴリーのタイプを図に表わすと、上の図のようになります。

3つの新カテゴリーのタイプを比較して、どのタイプが一番収益が大きくなるかは、市場規模や売りモノによっても違ってくるので、一概にいうことはできません。

いえることは、どのタイプもロングセラーになる、ということです。

なので、これから売りモノをつくる場合には、革新型、市場代替型、棲み分け型のどのタイプでもいいでしょう。

いずれにしても重要なことは、新カテゴリーの商品でなければ、長く売れないということです。じつはそのことが明確になったのが、私（梅澤）が57歳のときでした。

私は28歳のときにサンスターで男性用トニックシャンプーを開発し、その後、別の会社にスカウトされて、25個の新商品をつくりました。

このときすでに、「**お客様は二度評価する**」「**売れる商品は、商品コンセプトと商品パフォーマンスの力がともに強い**」ことはわかっていましたので、お客様の意向を聞きながら、25個すべて「商品コンセプト」と「商品パフォーマンス」の力が強いものをつくりました。

しかし結果的に、私にとっての最初の大ヒット商品であるトニックシャンプーと同じようにロングセラーとなったのは、25個のうち10個だったのです。すべてロングセラーにするつもりだった私は、当然、悩みました。ロングで売れたものと売れなかったもの、どこがどう違うのか――。

その違いをどうしても知りたくて、57歳にして大学院のドクターコースで3年間、調査研

究をおこない、ようやくわかったことが、

ロングセラーにならなかった商品は新カテゴリーの商品ではなかった

ということです。

たとえば、ロングセラーにならず5年で撤退した商品の一例は、「タンク用シャット」です。これは他社のヒット商品、タンク式水洗トイレ用芳香洗浄剤「ブルーレット」を改良したものでした。「タンク用シャット」は、「ブルーレット」の、使い始めの濃いブルーの水が使っているうちに色が薄くなってしまうという消費者の不満を解消して、使った後の満足度を高くしたものでした。しかし、消費者が「これは明らかに違う！」と認識できる新カテゴリーの商品ではなかったのです。

このことから、**商品上の問題を解決してもロングセラーにはならない**。つまり、**ロングセラーになるかならないかは、商品の問題ではなく、顧客の問題を解決する新カテゴリーの商品であることがカギになる**のです。

ＢtoＣであれば、顧客の**生活上の問題**を解決する新カテゴリー商品がロングセラーになりやすく、その中でも30年売れ続ける商品やサービスを、私（梅澤）は、「**新市場創造型商品＝ＭＩＰ**（Market Initiating Product）」と呼んでいます。

またＢｔｏＢであれば、**ビジネス上の問題**を解決する新カテゴリーのビジネスモデルが長期にわたって成功しやすく、30年繁栄し続けるビジネスモデルを「**新市場創造型ビジネスモデル＝ＭＩＢＭ**（Market Initiating Business Model）」と呼んでいます。

図３の３つのピースの中で、「新カテゴリー」のピースが、「商品コンセプト」と「商品パフォーマンス」よりも大きい理由は、「新カテゴリー」の商品でなければ、ロングセラー商品とはならないことを忘れてはいけないからです。

「商品コンセプト」と「商品パフォーマンス」の力がともに強い商品は世の中にたくさんありますが、ロングセラー商品になっているのは唯一、「新カテゴリー」の商品だけなのです。

つまり、「新カテゴリー」はロングセラーになるための**絶対に必要な条件**なのです。

かつて223の市場で、10年以上シェアNo.１を保っている商品を調べた結果は、後発の類似商品つまり新カテゴリーでない商品が、１年以上シェアNo.１を保つ確率は、たったの0.5％、商品を200つくって１つ当たるという確率です。

それに対して、新カテゴリーの商品だと、２つに１つ(50％)が10年以上シェア№１を保ち続けます。この差はなんと100倍の成功率です。

もし、今準備している商品やサービスが、新カテゴリーの商品でなければ、ロングセラーにならず、売上が積み上がっていかない確率が高いです。

まずは新カテゴリーの商品かどうかを確認しましょう。そして今準備している商品が新カテゴリーの商品でなければ、商品のコンセプトをつくりなおしましょう。

ゼロから革新的な新カテゴリー商品を時間がかかってもつくりたいと思う方は、その方法を詳しく解説した前著『30年売れて儲かるロングセラーを意図してつくる仕組み』(日本経営合理化協会刊)を参考にしてください。

②商品コンセプト(Concept)

「商品コンセプト」は、買う前に期待を与えて「欲しい」と思わせる力、初回購入を引き起こす力のことです。

お客様が「ぜひ買いたい」と思う魅力的な商品コンセプトであるかどうか、そのことが、長く売れる商品になるかどうかの成功の鍵をにぎっています。

駆け出しの頃、私は、「食べて美味しいものは売れる」「使って良いものは売れる」と考えていましたが、そうではなく、「食べる前」「使う前」に、「食べたくなる」「使いたくなる」ような商品でなければ、売れないことがわかりました。要するに、

売れるものは売る前から売れると決まっている
売れないものも売る前から売れないと決まっている

ということです。

これまで勘を頼りに商品をつくっていた人は、「ええ！　本当？」とショックを受けるかもしれませんが、あきらかな事実なのです。

「だったら売る前に、売れる商品か売れない商品かわかる方法があるの？」という疑念の声が聞こえてきそうですが、じつは、商品に対するお客様の気持ちや意見を聞けば、高い確率でそのことがわかるのです。それについては本書の3章でお話したいと思います。

100億ロケット・マーケティングでは、商品を売り出す前に、アンケートを使って、100人か

ら1000人ぐらいのお客様の気持ちや意見を調査し、「商品コンセプト」の力、つまり、これから売り出す商品の商品コンセプトがお客様に「ぜひ買いたい」といってもらえるようなものになっているかを見極めます。そして、その結果を見て、「商品コンセプト」の改良をおこないます。

もし「ぜんぜん買いたくない」というお客様が多い場合は、売り出しても売れない「商品コンセプト」ですから、出すだけ無駄だといえるかもしれません。そういう場合は、急がば回れです。一から「商品コンセプト」をつくり直しましょう。

これまでお客様の声を聞かずに、勘だけで決めて、「えいや！」で商品を売り出していた会社にとって、この「商品コンセプト」をつくるノウハウは目からウロコかもしれません。ぜひ本マニュアルで身につけてください。そうすれば、**何をつくれば売れるかが、売る前にわかる**ようになります。

③商品パフォーマンス（Performance）

「商品パフォーマンス」は、買った後に買う前の期待をかなえて「買ってよかった」と思わせる力、再購入や複数購入を引き起こす力のことです。

買う側のお客様の立場に立って考えるとよくわかりますが、買ったあと期待どおりの商品でなかったら、「なんだ、ガッカリした、期待外れだった」と不満に思います。期待が大きいほど、落胆が大きくなります。

当然ですが、買ってみてガッカリした商品は二度と買いません。買わないだけでなく、その製造元や発売元に対して、悪いイメージをもちます。企業にとってはブランドイメージを下げることになります。

加えて、「商品パフォーマンス」の力が弱いと、リピートや複数購入が起こらないので、当然、売上が積み上がっていきません。

この「商品パフォーマンス」についても、「商品コンセプト」と同様、率直にお客様の声に耳を傾けて改良していきます。

「商品コンセプト」と違う点は、「商品パフォーマンス」は買った後の商品の良し悪しですから、実際にその商品をお客様に使っていただいた上で調査をし、「非常に満足した」という人の割合を増やしていくことになります。

ところで、なぜ「商品コンセプト」と「商品パフォーマンス」が長く売れる商品をつくる上で大事かというと、

お客様は買う前と買った後の二度評価する

からです。これは世界共通、人がモノを買うときの心理です。

売れ続ける商品は、お客様が買う前に買いたくなるような魅力的な商品コンセプトであると同時に、買った後も満足できる商品パフォーマンスであること、つまり**「商品コンセプト」と「商品パフォーマンス」の力がともに強いことが求められるの**です。これは、あくまでもお客様の意向に基づいたものです。大事なことは、

聞くべき相手はお客様、見るべき相手はお客様

ということです。

そもそも**マーケティングとは、売れる商品をつくり、それをいっそう売れ続けるようにするためのお客様の深い理解をベースにした理論と手法である、**と私(梅澤)は定義します。

このように定義しないと、売れる商品をつくり、いっそう売れるような施策や仕組みにつ

ながらないのです。マーケティングに限らず、重要な経営判断をお客様のニーズや意向を基準にして決める会社は強いのです。

たった一枚のアンケートで未来の売上がわかる！

さて、「新カテゴリー」と「商品コンセプト」と「商品パフォーマンス」の3つのピースに関するお客様の声を把握するのに有効なのが、今からご説明する梅澤式アンケートです。

このアンケートは、私の消費者研究50年の経験から導き出されたアンケート手法です。「消費者の心を読み解くにはどうしたらいいのだろうか？」と何度も失敗しながら試行錯誤を続けてきた結果、「このアンケート法で間違いない！」と確信をもったアンケート法を、本マニュアルで初公開します。

このアンケート法は、どの業種・業態であっても使えるアンケート法ですから、明日から、あなたの会社でも使っていただけるでしょう。このアンケート法を使い、お客様のニーズを把握することから100億商品の開発は始まります。このアンケート法は、じつは未来の売上予測にも使える優れた方法です。つまり、

たった一枚のアンケートで未来の売上までもわかる

ということです。

アンケートの取り方については、３章で手順を示しますが、インターネットが普及した現在、アンケート調査の壁はとても低くなっています。市場調査会社に依頼しなくても、自社で簡単にできる状況となっています。

かつてのアンケート調査といえば、調査員が各家庭を訪問するというスタイルが多く、一千数百万円からの費用がかかりました。それが今、調査員による訪問調査は減り、市場調査会社に依頼しても、インターネットを使った調査が主流で、数十万円からできるようになりました。

それどころか、顧客のメールアドレスを保持している会社であれば、市場調査会社に依頼せずとも、自社で作成したアンケートをウェブ上のサービスを使って、簡単に実施できます。

たとえば、グーグルフォームやサーベイモンキーを使えば、無料でアンケートを作成して、無料で回答が届き、集計も自動でやってくれます。

今まで一部の大企業だけが実施していた市場調査が中小企業でも簡単に実施できる時代となったのです。

50年間秘匿《ひとく》してきた売上予測法「フォーミュラーS」とは?

アンケートを使った商品コンセプトテスト、商品パフォーマンステストをおこない、満足できる結果が出ましたら、いよいよ売上予測の計算式を使って、商品の力を測ります。

私(梅澤)が50年にわたり使ってきた売上予測の計算式「フォーミュラーS」は、これまで主に大企業で開発された新商品の売上予測に使ってきました。予測した商品の数を数えたことはありませんが、おそらく300は超えていると思います。そして予測したものは必ず結果が出ますので、現実の売上との差を縮めるために、予測と同時に改良も進めてきました。

ここで、私が予測した商品名をあげれば、多くの方が「これも知っている。あれも知っている。家で使っているよ」とおっしゃることでしょう。依頼企業と守秘義務契約を結んでいるため、すべての商品名を明かせませんが、許される範囲でいえば、「アサヒスーパードライ」「R－1」「明治おいしい牛乳」「サンスターGUM」「使い捨てカメラ写ルンです」「禁煙パイポ」「筆記用具おなまえスタンプ」「補正下着スタイルアップパンツ」「天ぷら油処理剤固めるテンプル」などがあります。

そもそも私が「フォーミュラーS」を考案した理由は、私自身が開発した新商品を成功させたかったからです。成功という意味は、長く売れる大ヒット商品にしたかったということです。そのためには広告宣伝を欠かすことはできません。

商品がどんなに素晴らしくても、積極的に広告宣伝しなければ売れないのです。それは100億ロケット・マーケティングが主張するところです。

多くの企業が「商品を売ってみて、売れたら広告を積極的にやろう」と考えますが、そのやり方だと売上が天まで伸びません。とくに新カテゴリーの商品は、顧客に「その商品が何であるか」「どんなに良いか」を告知しないかぎり、商品の存在さえ知ってもらえず、売上目標に届かないことが、経験上とても多かったのです。

しかし、つくった商品がどれぐらい売れる可能性をもっているのか、それを数字で確認しないかぎり、経営者としては「積極的に広告宣伝をやる」という決断はできません。私が売上予測を始めたのは、開発責任者として商品がもつ潜在的な力を数字で示して、少しでも多くの広告予算を取りたかった、というのが最初の動機でした。

そして、コンサルタントとして独立したあとは、大企業から商品開発を依頼されるようになり、同時に「フォーミュラーS」で売上予測もおこなってきました。商品開発と売上予測は一体です。これまで「フォーミュラーS」を公開してこなかったのは、依頼された大企業から多額の計算料金をいただいていたからです。

しかし今回、「フォーミュラーS」のダイレクトマーケティング版の「フォーミュラーV」を公開したのにには理由があります。

それは、今後、中小企業が中心となって新たなマーケットを創造し成長するような「新収益源」をつくりださなければ、日本のさらなる成長は難しいと考えるようになったからです。さらに、これからは直接、企業も消費者につながる時代ですから、昔のように問屋に卸す販売モデルではないダイレクトマーケティング(直販)モデルのフォーミュラーの重要性が増してきたからです。

私の指導の軸足も、この10年で大企業から中小企業へと徐々にシフトし、中小企業の皆さんと今も試行錯誤を続けています。

中小企業が画期的な新カテゴリー商品を開発し、新しいマーケットを創造していくためには売上予測法が必ず必要になります。その想いから本マニュアルで初公開することにしました。

ダイレクトマーケティング版の売上予測法「フォーミュラーV」

ダイレクトマーケティング版「フォーミュラーV」は、今までの卸販売で必要だった配荷などの複雑な要素は排除してシンプルな形に改良しています。といっても、計算式の根本的な構造は同じです。

ただし、実際の売上数字と大きく乖離《かいり》しないようにするには、さまざまな仮説を立てる必要があります。ですから、予測をおこなった経験の差はどうしても出ます。また業界によっては特有の要因もあります。

しかし、仮説と検証を重ねていくうちに、精度は高まっていきますので、各社でそのノウハウを蓄積していけばいいでしょう。

具体的な「フォーミュラーV」の使い方は、次章でわかりやすく解説しますが、まず売上予測とはどういうものか、簡単に説明しておきます。

まず誤解がないようにいっておきたいのは、売上予測は「ズバリこの商品は○億円売れます！」というような、条件なしで一つの金額を提示するものではないということです。

商品が売れる要因はいろいろあって、売り出してみないとわからない要因もあります。

計算式の中に入れる要素は６つから８つ。先に述べたアンケート調査によって得られた数字も計算式に入れます。

たとえば、要因の一つが○％であれば売上○億円、△％だったら売上△億円というふうに、要因のパーセントごとに売上高を算出していきます。そういう意味では、「シミュレーション」という言い方が一番あっていると思います。

計算式そのものは掛け算で、高等数学は一切使いません。やり方さえわかれば、電卓で簡単に計算できます。

ところで、なぜ売上予測が必要かといえば、先に述べたように、新商品に対してどのぐらいの規模の広告投資が可能かを測るためでした。

広告には大きなお金が必要で、投資する前にその商品が潜在的にどれぐらい売れる可能性をもっているかを数字で知る必要があり、資金が潤沢な大企業でも、売上予測をやったうえで莫大なお金を広告に投下しています。

もうひとつ、売上予測が必要な理由として、生産量を根拠をもって決められることに加えて、シミュレーションをおこなう過程で、売上を最大化するために、マーケティング上、何をすべきかがわかります。そのやるべきことをしっかりやるかどうかで売上は大きく違ってきます。

つまり､売上予測は｢いくら売るためにはどうするか｣を考えるための道具でもあるのです。

競合会社から依頼された売上予測

ここで、これまで私が依頼されておこなった売上予測の中で、とくに強く印象に残っている事例を2つ、参考までにお話ししましょう。

1つめは、30年以上前に大ヒットして、一世を風靡《ふうび》した辛口ビール「スーパードライ」のケースです。

「スーパードライ」は経営不振に陥っていたアサヒビールが再起をかけた新商品でした。おもしろいのは、このビールの売上予測を依頼してきた依頼主は、発売元のアサヒではなく、競合するX社からだったことです。X社はアサヒが新しい商品コンセプトのビールを売り出すという情報を事前に得て、私に予測の依頼をしてきたのです。

私はその商品がこれまでにはなかった新カテゴリーのビールであることを確認したうえで、すでに発売直後でしたので商品現物を入手し、それを元に商品コンセプト調査と商品パフォーマンス調査をおこない、「フォーミュラーS」を使って計算しました。その結果はX社の想像をはるかに上回るものでした。X社の担当者はその数字を見て、「梅澤先生、この数字は本当ですか？　信じられない」としばらく呆然《ぼうぜん》としていました。

結果的に、このビールは私の予測どおりになりました。いや、予測以上に売れました。予測を上回った理由は店頭配荷率と告知力をかなり低くみていたせいでした。しかしX社もさるもの、私の予測を聞くやいなや、すぐに対抗する新商品の開発に着手したのです。

今まで大企業のいろんな新商品の売上予測を「フォーミュラーS」で計算してきましたが、競合他社の予測にも使うことができるのです。

失敗したインドでの売上予測

もう1つは、失敗したケースです。

依頼主は、インドの財閥のひとつ、モディグループのゴッドフリー・フィリップス・インディア（Godfrey Phillips India）です。ゴッドフリー・フィリップス・インディアは、インドで第2位のタバコ会社ですが、タバコを長く見せるパイプ「パイパー」という新カテゴリーの商品を発売するにあたっての売上予測でした。インドではタバコの長さがひとつのステイタスシンボルで、安くて短いタバコしか吸えない喫煙者をターゲットにした商品でした。

インドでタバコを吸う人対象にアンケート調査をおこない、その結果は「ぜひ買いたい」

と答えた人が多い商品とわかりました。私は日本人を対象にしたときと同じように、アンケートから得られた「ぜひ買いたい率」を計算式に入れて予測しました。すると、私の予測を大きく下回る結果となったのです。私は肝を冷やしました。

あとでわかったことは単純なことで、インド人は「ぜひ買いたい」と答えても、お金がないので買えない。インドの人々は、お金がなくても「ぜひ買いたい」と答える国民性だったのです。そのことがわかってからは、インドで発売される商品の予測は当たり続け、名誉挽回できてホッとしたことを覚えています。

ですから、新商品を日本と韓国以外の国で売る場合、その国の国民性と1人当たりGDPを考慮して計算しなければならないことが経験上わかっています。

本書で提示するダイレクトマーケティング版「フォーミュラーV」の計算式は、日本または韓国で販売する商品を想定していますので、そうでない場合は計算の仕方が違ってくることをあらかじめ申し上げておきます。

売上を最大化する最後の決め手「表現コンセプト」

売上予測シミュレーションをおこない、いよいよ発売の目途がたってきたあとは、最終的な「商品名」や、パッケージに記載する、お客様が買いたくなるような「キャッチコピー」や「商品説明」「デザイン」などの表現コンセプトを決める段階です。

どんなに良い商品でも、魅力的なネーミングやキャッチコピーをつけなければ、広告の質が下がります。「広告の効果」は、「広告の質」×「広告の量」で決まりますので、広告に大金を投ずることができない中小企業はとくに、広告の質を上げるために、ネーミングやキャッチコピー、デザインなどの表現コンセプトを疎《おろそ》かにできません。

とくに新カテゴリーの商品は類似商品がないので、お客様に「この商品は今までになかった新しいものだ！　これこそ前から欲しかったもの！」と瞬時にわかってもらう必要があるので、たんに覚えやすいとか、語感やひびきがいいというだけでは不十分です。できるだけ短い言葉で「その商品が何であるか」「どう良いのか」をイメージさせる必要があるのです。

そのため、新カテゴリーの商品は、「商品名」とは別に「新カテゴリー名」を考える必要があります。

具体的には、「商品名」「新カテゴリー名」「キャッチコピー」などを決める段階で、「何がどう伝わるか」の表現テストを社内でおこないます。ひと言でいえば、「記憶テスト」です。このテストは簡単に実施できますが、広告調査をするよりも効果的です。

いい商品さえつくれば売れるものと考える経営者が多いですが、最終的な表現コンセプトの良し悪しで、売上が大きく違ってきます。つくり上手の売り下手の多くが、安易に表現コンセプトを決めているか、社外のクリエイターや広告代理店に丸投げしています。しかし表現コンセプトは売上を左右するものだけに、そのノウハウを自社で蓄積する必要があります。

本来は、お客様の声を聞きながら、自社でネーミングやキャッチコピーなどの表現コンセプトをつくるべきです。クリエイターには、あくまでも自社で決めた表現コンセプトをわかりやすく伝えるイラストやデザイン、あるいは映像をつくってもらえばいいのです。詳しくは5章で解説します。

さあここまで来たら、いよいよ発売です。すでに売上予測シミュレーションで商品がどれぐらい売れるかの可能性も、数字でつかんでいることと思います。

次は、その新商品をロケットに積んで、軌道に乗せるべく、強力なエンジンで空高く飛ばすことになります。

3

5年で売上100億円を達成する「ダイレクトマーケティングモデル」

ダイレクトマーケティング（直販）モデルでお客様と直接つながろう

100億ロケットの強力なエンジンは、「広告」です。

100億ロケット・マーケティングでは、商品の魅力をたくさんの人に知ってもらい、たくさんの人に買ってもらうために広告に投資していきます。

ちなみに、「新カテゴリー」「商品コンセプト」「商品パフォーマンス」の３つのピースが揃った商品で、カテゴリーの代表度を高める努力をするならば、他社の後発商品が出てきても50％以上のシェアをおさえられますので、№１の座を容易に奪われることはありません。

発売後、商品が**カテゴリーの代名詞**となるためには集中的な広告投資が必要です。

そこでまず、投資する上で欠かせない条件は、広告の**費用対効果を数値で掴《つか》む**ことです。

広告媒体ごとの費用対効果を数値で検証できなければ、怖くて広告投資を続けられません。

たとえば、新車が発売されると、テレビCMや雑誌、新聞広告で宣伝されますが、車はディーラーやショップを通じて販売されるので、自動車メーカーは広告媒体ごとの費用対効果を数字で掴《つか》むことはできません。

広告が新車の認知度アップや企業イメージアップに貢献することは確かですが、広告媒体ごとに車が何台売れたか、どこの誰が買ったかは、あらためて調査をしなければわかりません。

これは、卸など流通を通して店舗で売る商品の場合も同じです。

当たり前ですが、資金が潤沢な大企業ならまだしも、中小企業が広告投資をおこなう場合、費用対効果がわからない状態で、投資を継続していくことは不可能です。

とくに5年で売上100億円を目指す場合は、大きなお金を広告に投資しますので、たんに今回の広告は「良かった」「悪かった」というだけでは、経営を危うくします。

100億ロケット・マーケティングでは、広告の費用対効果を数字で把握しながら、広告投資のＰＤＣＡを回していきますので、販売モデルは広告の費用対効果を数字で計れる、であることが前提となります。

ダイレクトマーケティングモデル（直販モデル）

ダイレクトマーケティングは、外部の流通チャネルを介さず、広告やメディアを通じて売り手が直接お客様とつながり、お客様が売り手から直接、商品を購入することで、売り手は広告の反応を計測でき、さらに獲得したお客様データを活用して、販促キャンペーンを仕掛けることもできます。いわゆるダイレクトマーケティングとは、お客様と企業との間で双方向のリレーションシップ（結びつき）を構築していくマーケティング手法で、大企業と比べ流通支配力に欠ける中小企業に適したものです。

通信販売も、ダイレクトマーケティングモデル（直販モデル）の一種ですが、中小企業が広告投資を継続していく場合、ダイレクトマーケティングモデル（直販モデル）が適しています。インターネットが社会のすみずみにまで浸透した今、どの会社でもダイレクトマーケティングモデルを構築しやすくなっています。製造業、建設業、金融・保険業、不動産業、サービス業、卸・小売業、どの業界でもゼロから始めることができます。

もし今時点で、ダイレクトマーケティングモデルの事業を手掛けておられない場合は、多角化の新事業として、あるいは後継者がゼロから立ち上げる事業として取り組まれることをおすすめします。

3年で20億から100億円へ

かつて私（西野）は、健康商品の通販会社「やずや」で経営企画とマーケティングを担当し、3年で売上20億から100億円へと、ほぼ計画どおりに売上を伸ばすことができました。

それは、「香醋《こうず》」などの商品に広告投資し、費用対効果を数字で分析しながら、確信をもって広告のＰＤＣＡを回すことができたからです。

「やずや」は現在、定期的にリピートしてくれる優良顧客層が厚く、ちょっとやそっとではビクともしない高収益企業に成長しています。

さらに「やずや」が新たに立ち上げた九州自然館では、私と社員４名で、顧客ゼロ、商品ゼロの状態からスタートし、わずか３年半で売上20億円を超えましたが、それができたのも計画的に広告のＰＤＣＡを回すことができたからです。

ファイナンス志向の経営

グーグル、アップル、フェイスブック、アマゾン・ドット・コムなど、いわゆるＧＡＦＡ（ガーファ）と呼ばれる企業を中心に、今アメリカで急激に成長している企業の多くがＤｔｏＣ（ダイレクト・トゥ・コンシューマー）、いわゆるＥＣサイトを構築し、商品や情報を直接お客様に販売するビジネスモデルです。

このビジネスモデルも、お客様と直接つながり、双方向のコミュニケーションがとれるダイレクトマーケティングの一種です。

そして、ＧＡＦＡ（ガーファ）のいずれもが、将来に大きな構想をもち、その実現のために目先の利益を最大化することなく、利益の多くを技術研究や商品開発、そして広告宣伝に投資しています。

つまり、１年単位で利益を最大化する、いわゆるＰＬ志向の経営ではなく、将来の利益を最大化するための投資を重視するファイナンス志向の経営をおこない、積極的に、研究開発、商品開発、広告宣伝に投資しているのです。

ＰＬ志向では、「売上を大きく、経費を小さく」することを考えますが、ファイナンス志向では、「**経費を大きく使って、将来の利益を可能なかぎり大きく**」していくことに重点をおきます。

「そんなことをしたら、会社にお金が残らず、何かあったときに大変だ！」と委縮《いしゅく》してしまう方もいるかもしれませんが、何かあったときは、100億ロケット・マーケティングの場合、新規の広告を中断すれば、即座に経費が減って利益を残すことができます。

反対に、いま売上が20億、30億あたりで停滞している会社は、目先の利益を多く出すために経費を削っているケースが多く、将来のための投資を僅《わず》かしかやっていないか、あるいはまったくやっていないかのどちらかです。

経営者にとって「売上を大きくすること」と、「経費を小さくすること」、そのどちらが簡単かといえば、明らかに「経費を小さくすること」のほうが簡単です。

ですから、守りの姿勢が強い経営者は「経費を小さくすること」に傾倒しやすいですが、しかし将来の利益のために投資しなければ、目先の利益を得ることはできても、継続的に売上と利益を伸ばすことはできません。

たとえば、アマゾン・ドット・コムは、小売業であっても日銭を稼ぐという発想がありません。革新的な方法でより多くの顧客を引きつけるためのサービス開発とプログラム開発に、優秀な人材と年間2兆円もの大金を投入しています。その結果、売上は右肩上がりで伸びているものの営業利益率は低迷したままです。上場企業ですが、株主には一度も配当したことはありませんが、株主からは「株主利益優先より、顧客利益優先のほうが長期的成長につながる」という評価を得ています。

ご承知のとおり、アマゾンの創業者ジェフ・ベゾス氏は、2017年富豪ランキングで長らく首位の座にあったビル・ゲイツ氏を抜いて、世界一の富豪となりました。もしジェフ・ベゾス氏が「極力、経費を小さくせよ」のPL志向であったら、ここまでの成長はできなかったでしょう。ジェフ・ベゾス氏は意図してファイナンス志向の経営をおこなっているのです。

そういう意味では、100億ロケット・マーケティングも、ファイナンス志向の投資モデルといえます。利益を確定しようと思えば、いつでもできますが、5年という短期間で売上100億円を超えるにはファイナンス志向でなければ不可能です。

広告によってお客様の数を増やしていく

100億ロケット・マーケティングは、広告によって商品を売っていくと同時に、自社の商品を買ってくれる**お客様の数を増やしていきます**。

そして、得られた**顧客データを蓄積し、活用して、商品を繰り返し買っていただく仕組み**をつくっていきます。

顧客データについては、近年、目に見える土地や設備と同様、資産価値として評価されるようになってきました。すでにアメリカでは、M&Aの際、企業がもつデータに巨額の値がつくようになっています。しかも財務諸表には出ないので、税金を払う必要がありません。

6章で、5年で売上100億円を超える広告投資シミュレーションをご覧いただきますが、5年間でどれぐらいの数のお客様を獲得すれば売上100億円に到達するかが、一目瞭然でわかります。

100億ロケット・マーケティングでは、蓄積した顧客データが、会社に利益をもたらし、目に見えない資産となるのです。

販売力を決定づける2つの要因

広告投資シミュレーションの中には、重要な項目がいくつかあります。

とくに重要な項目が、

・年間LTV（ライフタイムバリュー）

・年間稼働顧客数

の2つです。

100億ロケット・マーケティングでは、この2つの要因をそれぞれ最大化することによって、販売力を最大化していくことになります。

復習ですが、商品力を最大化するためには、「**新カテゴリー**」「**商品コンセプト**」「**商品パフォーマンス**」の3つが重要な要因でした。

対して、販売力の最大化は、**「年間LTV（ライフタイムバリュー）」**と**「年間稼働顧客数」**の2つが、重要な要因になることをまず頭に入れてください。

ひとつ注意していただきたいのは、「年間稼働顧客数」も「年間LTV（ライフタイムバリュー）」も1年単位で見ることです。

1年単位で見れば、増えているのか、減っているのかの変化がはやく掴《つか》めるからです。

したがって、本書でいう「年間LTV（ライフタイムバリュー）」は、**1年のあいだにお客様1人が平均して買ってくれた金額**のことです。

「年間稼働顧客数」は、**1年のあいだに商品を1回以上買ってくれたお客様の数**ということになります。

図5のとおり、「年間LTV（ライフタイムバリュー）」と「年間稼働顧客数」を掛け合わせたものが、年商となります。そしてその中でも、「年間稼働顧客数」を増やしていくことに重点をおきます。

なぜなら、「年間LTV（ライフタイムバリュー）」、つまりお客様が1年間で使ってくれる金額を継続して増やすことは、現実として難しいからです。なぜなら、お客様が1年間に使えるお金はある程度決まっていて、収入が増えないかぎり、使えるお金は増えないからです。

図５　販売力を最大化する２つの要素

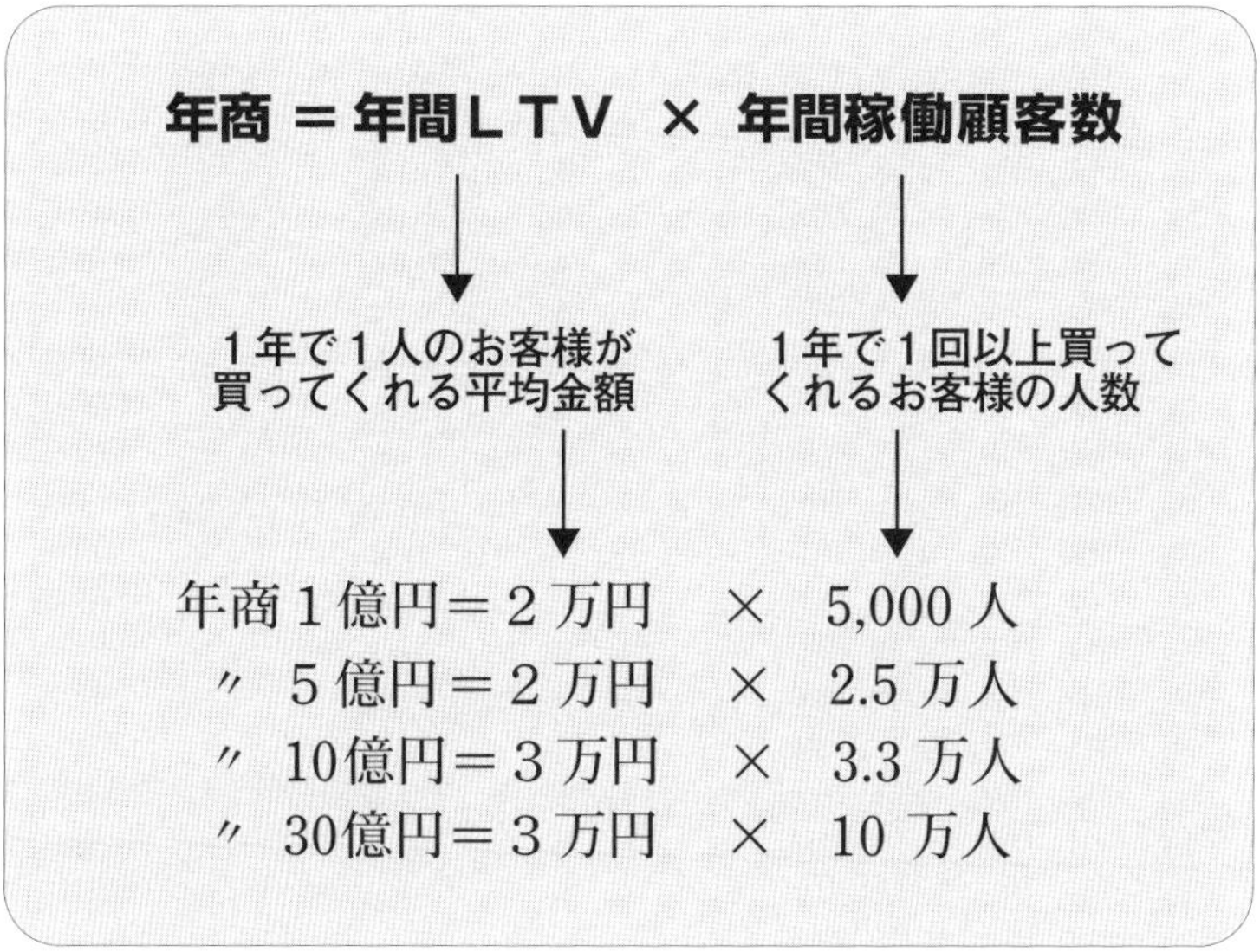

※年間ＬＴＶ(ライフタイムバリュー=Life Time Value)とは

Life Time Value（LTV）は、日本語で「顧客生涯価値」と訳されるが、ダイレクトマーケティングでは、１年間の顧客１人当たりの売上金額を指す。

自社の年間ＬＴＶ(ライフタイムバリュー) 金額を出すには、

年間ＬＴＶ＝年商 ÷ 年間稼働顧客数

の計算式で求められる。また１回の購入金額を「購買単価」、購入回数を「顧客回転数」と呼び、**年間ＬＴＶ＝購買単価 × 顧客回転数、**で表わされる。

※年間稼働顧客数とは

１年のあいだに自社の商品を買ってくれたお客様の数のこと。

自社の年間稼働顧客数を知るには、

年間稼働顧客数＝年商 ÷ 年間ＬＴＶ

の計算式で求められる。

一方、年間稼働顧客数については、制限なく増やし続けることができます。

そして、ひと口に「顧客」といっても、「新規客」「既存客」「離脱客」の3つがあります。

年間稼働顧客数を継続して増やしていくには、

1. **新規客を継続して増やす**
2. **既存客にリピートしてもらう**
3. **離脱客を戻す**

の3つのことが重要です。

とくに1の「新規客を継続して増やす」ということに、広告費を集中することがカギになります。ただし、新規客はたくさんの商品をつくって広告すれば集客できると考えるのは大きな間違いです。似たような商品が市場に溢《あふ》れる中、「新カテゴリーの商品」でなければ、過剰状況から脱することはできず、新規客の集客も難しくなります。

2については、新規集客が難しいので、既存客の「年間LTV（ライフタイムバリュー）」を上げようとして、定期コースへ誘導するやり方がありますが、うまくいっていない会社が多いです。

３については、新規客を増やすと同時に、離脱客をいかに戻すかということが重要です。

毎月売上の約35％を広告に投資せよ

100億ロケット・マーケティングは、売上100億円を超えるまでは、継続的に毎月売上の25％～50％を広告に投資して、年間稼働顧客数を増やしていきます。

「売上の25％～50％！　そんなにお金を使って大丈夫？」と思うかもしれません。

かつて私は、やずやグループの九州自然館を社員４人で立ち上げ、売上の80％を広告に投資したことがありました。顧客ゼロ、商品ゼロから、わずか３年半で売上20億円を超えましたが、利益もわずかながら出しました。やずやと九州自然館での経験から、売上の多くを広告投資に使うことは十分可能です。

ただし、そのためには、社員を増やさないようにする必要があります。

私の経験からいうと、売上１億円に対して社員１人ぐらいが目安です。売上が急激に増える状況の中で、社員を増やさないためには、ＩＴを使った業務のシステム化が必要になりますが、その費用も、広告投資の一部と考えましょう。

そして社員を増やさないという前提で、さらに次の3つの条件をクリアしていただく必要があります。

1．商品の粗利は少なくとも7割以上あること（理想は8割以上）
2．お客様が繰り返し買ってくれる商品であること（理想は3カ月から4カ月おき）
3．西野式の顧客離脱防止法を実施する（顧客維持コストは費用でなく投資と考える）

1については、粗利が少ない商品だと広告に投資できません。梅澤理論にのっとった「商品コンセプト」と「商品パフォーマンス」の力がともに強い「新カテゴリー」の商品であれば、価格は自由につけることができるはずです。値決めは、粗利が最低7割、できれば8割以上確保するように決めてください。

2については、梅澤理論にのっとった「商品パフォーマンステスト」をクリアしていれば、お客様は再購入してくれるはずです。再購入の間隔は3カ月から4カ月ぐらいが理想なので、商品は消耗品が適しています。

ただし、耐久財のように商品自体が3カ月ごとに買ってもらえるようなものでなくても、商品に付属する消耗品やサービスを繰り返し買ってもらうことで、売上を積み上げることができます。

たとえば、髭剃《ひげそ》りであれば、髭剃《ひげそ》りの刃であるとか、コピー機であればトナー、自動ドアやエレベーターであれば定期メンテナンスなど、できれば商品開発の段階で商品に付属する消耗品やサービスが何かないか、と考えてみてください。

3については、お金をかけて獲得した顧客がリピートせずに離脱するケースが多い状態では、穴のあいたバケツで、一所懸命、水を汲《く》んでいる状態となって、稼働顧客数が順調に増えません。私が開発した西野式「顧客離脱防止法」で離脱を防止しましょう。具体的なやり方については、10章で解説します。

顧客BSを見れば、3年先までの売上が見える

私がやずやと九州自然館で、恐れず広告に投資できた理由のひとつが、「顧客BS」なるものを見ていたからです。

図6　顧客ＢＳとは

顧客資産	事業リスク
年間ＬＴＶ（ライフタイムバリュー）× 年間稼働顧客数×３年	広告投資によるリスクや不安

「顧客ＢＳ」という言い方は私がつけたもので、正式な財務諸表にはありません。

図６のとおり、「顧客ＢＳ」は、借方が「顧客資産」、貸方が「事業リスク」となります。

顧客資産の金額は、「年間ＬＴＶ（ライフタイムバリュー）」と「年間稼働顧客数」と「３年」を掛け合わせれば計算できます。

私は正式なＢＳの下に、自分で顧客ＢＳの図と金額を記入して見ていました。

ここで復習しましょう。

「年間ＬＴＶ（ライフタイムバリュー）」とは、１年間にお客様１人が平均して買ってくれた金額のことでした。

対して、「年間稼働顧客数」とは、１年間に自社商品を１回以上買ってくれたお客様の数でした。

そして、年商は「年間ＬＴＶ（ライフタイムバリュー）」と「年間稼働顧客数」を掛け算した金額でした。

私の場合、顧客ＢＳの顧客資産額は、「年商」の３倍で見ていました。なぜ３倍かというと、経験上、３年先まで、ほぼ同額の年商を得ることができたからです。

たとえば、「年間ＬＴＶ（ライフタイムバリュー）」が２万円で、年間稼働顧客数が１万人であれば、顧客資産額は、２万円×１万人で２億円、さらに３倍して６億円となります。つまり、３年後までに得られる売上は６億円ということになります。

わかりやすいようにシンプルな事例にしていますが、実際は３年のあいだに、年間ＬＴＶ（ライフタイムバリュー）も年間稼働顧客数も変動します。しかし、年間稼働顧客数が年々増えている状況にあれば、３年後までの年商は下振れすることはありません。

ですから、この顧客資産額を見ていれば、広告投資に対する不安はなくなります。先に「私は確信をもって広告投資をすることができた」と述べましたが、その根拠のひとつが、この顧客ＢＳの存在なのです。

5年で100億円を目指す「広告投資シミュレーション表」

巻頭に折り込んだ図51が、５年で100億円を超える広告投資シミュレーション表です。

表を見ていただくと、５年で売上100億円を超えるために、１年目、２年目、３年目、４年目、5年目の各年に、どれぐらいの広告費を使い、どれぐらいの新規客を獲得するか、そして、年間稼働顧客数と年商がどのように伸びていくかが見て取れます。

まずはこの表で、5年で100億円を超えるイメージを頭の中に描いてください。

おそらく読者は、それぞれ、いろんな思いを抱くと思います。

「いやあ、5年で100億円いくのは大変だ」からはじまって、「自分は10年で100億円いきたい」とか「とりあえず3年で50億の壁を突破したい」「投下する広告費をもっと少なくしたい」、なかには「5年でなく、3年で100億いきたい」という猛者《もさ》もおられるかもしれません。

要するに、経営者であれば自分で好きなようにシミュレーションしたいと思うはずです。

そういう方のために、巻末に記載した専用サイトURLから広告投資のシミュレーションツールをダウンロードできるようにしてあります。

シミュレーションツールのソフトは、エクセル(Excel)です。

エクセル(Excel)が苦手な方は、エクセル(Excel)の得意な人を横に置いて指示しながら、さまざまなシミュレーションをおこなってみてください。その過程で、何をすべきかがわかってくると思います。

その際、1年後、2年後、3年後、4年後、5年後のなりたい姿を明確にイメージすることが大事です。なりたい姿や目標をはっきりさせて、それを目指して具体的に行動しないかぎり、なりたい姿は実現しません。

広告投資のＰＤＣＡを回す

５年で100億円を超える広告投資シミュレーション表を見ていただいたあとは、５年で100億円を超えるための広告のやり方について解説します。

「スタート期」「加速期」「爆速期」によって広告媒体が異なりますが、広告媒体が何であっても、費用対効果を見ながら、ＰＤＣＡ（プラン・ドゥ・チェック・アクション）を回すことに変わりありません。

100億ロケット・マーケティングでは、広告投資のＰＤＣＡを回すにあたって、どの広告媒体であっても同じ道具を使います。それは、

- **広告投資検討表**
- **広告表現検討表**

の2つです。どちらも本邦初公開です。

1つめの道具の「広告投資検討表」は、広告の採算を見ながら広告投資を継続していくためのツールです。

いわば広告の量的（広告資金）PDCAを回すための道具で、主に経営者に使っていただきます。この部分は、お金に関わることなので、社員に丸投げすることはできません。

「広告投資検討表」の具体的な使い方は、8章で解説しますが、これも読者に自由に使っていただくために、シミュレーションツールを専用サイトからダウンロードできるようにしてあります。

2つめの「広告表現検討表」は、いろいろな広告原稿と媒体の組み合わせの中でどの組み合わせがもっとも売れるか、の仮説と検証をおこない、その結果を管理する表です。いうなれば、広告の質的（クリエイティブ）PDCAを回すための道具で、主に社員に使っていただきます。

すでに、梅澤式表現コンセプトテストによって、「商品が何であるか、どう良いか」を短い言葉で表現した「新カテゴリー名」や「商品名」「キャッチコピー」などが、ひととおり決まっていることを前提に、そのネーミングやキャッチコピー、写真などを組み合わせた広告原稿を幾とおりもつくり、どの広告原稿と媒体の組み合わせが一番売れるかをテストします。

現在、このようなクリエイティブテストで多く使われているのが、「A／Bテスト」です。今回公開する「広告表現検討表」は、A／Bテストをさらに進化させた画期的なものです。詳しくは9章で解説します。

以上、100億ロケット・マーケティングの概要をお話ししました。100億ロケットを設計図で表わすと、巻末に折り込んだ図7となります。

この設計図をもとに、いよいよ100億ロケットの発射準備に入っていきましょう。

2

売上予測計算式

フォーミュラーVの使い方

計算式の基本から理解しよう

100億ロケット・マーケティングを実際におこなう手順は、あなたの会社に勝利(Victory)を呼び込む売上予測式「フォーミュラーV」(ダイレクトマーケティングモデル版)の計算式を理解することからスタートすると、わかりやすいでしょう。

まずは巻末に折り込んだ図8を広げてみましょう。

一番上にある四角で囲んだ式が、「フォーミュラーV」の計算式です。

ご覧のとおり、掛け算だけのシンプルな計算式です。ひと目見て、「え！こんな単純なの？これで売上が予測できるの？」と驚くことでしょう。

しかし本当に驚くのはこれからです。なぜなら、物理学者のアインシュタインやホーキングが、宇宙の起源をたった一つの数式で表わすように、100億ロケット・マーケティングも一つの数式で表わすことができるからです。

計算式に入る項目は、①から⑥までの6つ。数式が機能する前提として、商品は新カテゴリーの商品に限ります。

前章で、新カテゴリーの商品でなければ、ロングセラーにならず、売上が積み上がらないことを述べました。新カテゴリーの商品でなければ、そもそも100億円の目標は無理です。

ですから、100億ロケット・マーケティングでは、ぜひとも新カテゴリーの商品を準備しましょう。繰り返しになりますが、

100億ロケット・マーケティングの要《かなめ》は、新カテゴリー商品である

ということです。

また「フォーミュラーV」は新カテゴリー商品であることが前提のフォーミュラーです。もしも新カテゴリーの商品ではなく、競合商品がある場合は、競合商品の力やシェア、そして競合会社のブランド力などを数値化しなければならず、予測の精度が下がります。このことから必ず新カテゴリーの商品で計算をおこなうようにしてください。

では新カテゴリーの商品を前提に、計算式に入る項目を説明していきましょう。

①「価格」

いうまでもなく、商品の価格のことです。

新カテゴリーの商品であれば、競合商品の価格を考慮する必要がなく、商品の価値に見合

う価格を自由につけることができます。当然、「価格」が高いほど売上は大きくなりますが、高くすると販売個数が減りますので、個数とのバランスを考えながら、売上が最大になるように価格をつける必要があります。

前章で述べたとおり、価格は商品の粗利が７割以上になるようにつけてください。

100億ロケット・マーケティングでは、アンケート調査をおこない、商品が何であるか、どう良いかを示す商品コンセプトと価格を同時に提示して、顧客の買いたい気持ちの強さを調べます。そのアンケート調査で提示した価格を計算式の①の「価格」に入れます。

②「顧客ターゲット数」

「顧客ターゲット数」とは、商品を買ってくれる可能性のある人の数で、専門用語では「母集団の数」のことです。

「顧客ターゲット数」の条件は、やろうと思えば、その人たちすべてに、広告で商品を告知できる人の数となります。

たとえば、商品が新カテゴリーの健康にいい水であれば、世界中の人が買う可能性がありますが、世界中の人に商品を告知することは不可能なので、国内で販売する場合は、日本での顧客数を調べて、その数を②に入れてください。

考えるときの基本は、たとえば商品がカーペットクリーナーであれば、カーペットを使用している世帯数がどれぐらいあるかを調べます。この場合、世帯数が顧客数となります。カーペットがない家庭はカーペットクリーナーは必要ないので、絶対に買わないであろう人以外を「顧客ターゲット数」と定義するとよいでしょう。

また、商品が新カテゴリーのビールであれば、ビールの消費量を1人当たりの消費量で割れば、ビールを飲む人の数が割り出せます。その数が「顧客ターゲット数」となります。国内のビール消費量や1人当たりの消費量は公開されていますので、簡単に割り出すことができます。

現在はインターネットが普及し、人口や消費者動向についての調査統計資料は、総務省や内閣府、国民生活センターあるいは各業界団体のホームページで簡単に入手することができるので、大いに活用すべきです。

また、商品と関連するベンチマーク（比較に用いる指標）を探して参考にするといいでしょう。たとえば、商品が新カテゴリーの写真撮影用の三脚だとすれば、その商品を買う可能性の高い人として、望遠レンズを所有している人が考えられます。

望遠レンズは遠くにある被写体を撮るためのレンズで、手振れしないで撮影するためには三脚が必要だからです。自社の新商品の顧客数を考えるときに、何かベンチマークになるものはないか、と考えてみてください。

ただしはじめは、どのように考えればいいのか迷うこともあるかもしれません。そこで最初は「こんな人たちだったら買うかも」「こんな会社だったら買うかも」というように、「買うかも」とご自身が思える顧客を想定してみることをおすすめします。

最初は迷うかもしれませんが、テストをすればするほど経験値が積み重なり、だんだんと実態に近い顧客数を想定できるようになっていきます。

当然、「顧客ターゲット数」が多いほど、売上は大きくなります。

③「ぜひ買いたい率」

「ぜひ買いたい率」とは、お客様が欲しいと思える商品になっているかどうかを確認するアンケート調査で、商品の価格を提示した上で、「ぜひ買いたい」と答えた人の率のことです。

たとえば、300人の人にアンケートに答えてもらい、そのうち90人が「ぜひ買いたい」という購入意向を示した場合、「ぜひ買いたい率」は、90人÷300人＝30％となります。

このようにアンケートの結果、30％という数字が出たら、計算式の③「ぜひ買いたい率」のところに0.3を入れます。

これまでの経験でいえば、新カテゴリーの商品の場合は、「ぜひ買いたい率」が30％以上あれば、その商品は高い確率で大ヒットします。私の経験では、日本人と韓国人の場合、「ぜひ買いたい」と答えた人の9割以上の人が買ってくれます。

そのこともあり、私は社内的な事情がないかぎり、クライアントには「ぜひ買いたい率」は少なくとも20％は必要だと言っています。できれば30％以上の場合に新商品を発売するようにしてください。

このように、「ぜひ買いたい率」をいかに上げるかが、商品の初回購入の成功の鍵を握っています。商品が魅力的で、お客様にぜひ買いたいと思ってもらえる新商品を開発しましょう。（※アンケート調査の解説は3章）

④「購入回数／年」

「購入回数／年」とは、1年間にお客様が商品を購入してくれる回数です。

たとえば、商品がシャンプーであれば、1人のお客様が平均して1年間に6回買ってくれたら、「購入回数／年」は6回となります。しかし、1年に何回購入してもらえるかを考える前に、そもそも商品がリピート商品になっているかを考える必要があります。

なぜなら、お客様は商品を買った後、買って良かったと思わないかぎり、再購入しないからです。

再購入が起きる商品であることを前提とした100億ロケット・マーケティングでは、商品が再購入されるものになっているかを調べるために、商品を実際にお客様に使っていただき、その満足度を調べるテストをおこないます。（※商品パフォーマンスに関するテストの解説は4章）

これまでの経験から、テストで「ぜひ買いたい＆買ってみたい率」が70％以上であれば、再購入が起きることがわかっています。

計算式の④「購入回数／年」には、再購入が起きる商品であることを前提にして、定数でなく変数を入れて計算します。

たとえば、「購入回数／年」が1回の場合、2回の場合、3回の場合というように、シミュレーションしていきます。

ここで、図8の「売上予測シミュレーション表」をご覧ください。

表の中の「購入回数／年」の縦の列を上から下へ見ていくと、1回、2回、3回というように変数が入っています。つまり、1回の場合はいくら、2回の場合はいくら、3回の場合はいくらというふうに売上の変化を見ていくのです。

当然、回数が多いほど、予測の売上は大きくなりますが、逆に、実際の売上と乖離《かいり》する確率が高くなります。より安全な推計のためには、より確信のもてる回数のシミュレーションを採用することが多いです。

以上、説明した①「価格」から④「購入回数／年」までは、すべて「商品の力」を数値化したものです。

次から説明する⑤と⑥は、「販売(広告)の力」を数値化したものです。

⑤「知られる率」

「知られる率」は、専門用語で「知名率」や「認知率」になります。

その意味は、「顧客ターゲット数」の何%の人に商品を告知できたかを示すものです。

ただし、この場合の告知とは、商品名だけでは不十分です。その商品が何であるか、どう良いかまで認識してもらう必要があります。

「知られる率」を、フォーミュラーＶの計算式に入れる際は、変数で入れます。

たとえば、広告によって、買う可能性のある顧客の半分に「その商品が何であるか、どう良いか」を告知できたと仮定した場合、「知られる率」は50％となり、計算式には、0.5を入れます。

「知られる率」は実際に広告をやってみないとわからない数字なので、あくまでも仮定の数字として変数を入れますが、実は変数を入れて売上のシミュレーションをすることは、経営上とても重要な意味をもっています。

かりに商品を発売して1年目に売上20億円、2年目に30億円の売上が欲しいと思えば、変数でシミュレーションしてみて、「知られる率」が何％であれば、その売上を達成できるか、がわかります。

図8の売上予測シミュレーション表のケース2の横方向の行《ぎょう》を見てください。

「知られる率」が30％で、売上は4億2千万円となっています。同じケース2で、もし「知られる率」が2倍の60％であれば、売上は2倍の8億4千万円となります。

つまり、「知られる率」を60％にすれば、売上が8億4千万円となる可能性があるとわかれば、広告費を3億円使って、「知られる率」を60％にもっていこうという判断ができるわけです。

とくに5年で100億円を目指す場合は、売上の30%~60%という大金を広告に投資しますので、このシミュレーション表で「知られる率」をどのぐらい上げれば、どのぐらいの売上を得られる可能性があるかがわかるだけで、広告投資に対する経営者の判断とプレッシャーが違ってくるでしょう。

⑥「表現コンセプトつたわり率」

「表現コンセプトつたわり率」とは、広告をしたときに、商品の表現コンセプトがどれだけ顧客に伝わったかを表わす割合です。

どんなに商品が魅力的で商品パフォーマンスも良くても、広告で「その商品が何であるか、どう良いか」がお客様に伝わらなければ、いくら広告投資をしても100億円は達成できません。
⑥「表現コンセプトつたわり率」の項目には、定数ではなく変数を入れます。入れる変数は、0.1から1.0までとなります。
「フォーミュラーV」の計算式はすべて掛け算です。実際に計算していただくとわかりますが、0.1を掛けるのと、1.0を掛けるのでは、売上が10倍違ってきます。

また100億ロケット・マーケティングでは、社内で商品の「表現コンセプトテスト」（※5章で解説）をおこないますが、社内でテストをおこなう目的は、実際の「表現コンセプトつたわり率」を1.0に近づけるためです。

「表現コンセプトテスト」の結果から、ほとんど伝わっていないと思う場合は10％の0.1を、すべて理解されていると思う場合は100％の1.0というように、担当者が判断して10段階で評価します。テストを重ねながら、広告出稿までの間にできるだけ「その商品が何であるか、どう良いか」がお客様に伝わるものを製作しましょう。

以上、⑤と⑥は、販売（広告）の力を数値化したものです。

「知られる率」は広告の量に関係し、「表現コンセプトつたわり率」は広告の質に関係します。いうまでもなく、**広告の質は、広告量の成果を最大化するために高めること**が重要です。

「フォーミュラーV」でわかる重要なこと

以上、「フォーミュラーV」の計算式に入る、６つの項目について説明しました。

すでにお気づきになった方もいると思いますが、「フォーミュラーV」の計算式に入る項目はすべて、**目標売上を達成するための要因**です。

復習すると、計算式に入る項目は、次の6つです。

①　**価格**
②**「顧客ターゲット数」**
③**「ぜひ買いたい率」**
④**「購入回数／年」**
⑤**「知られる率」**
⑥**「表現コンセプトつたわり率」**

そして「フォーミュラーV」の計算式は掛け算で、6つの項目を掛け合わせて売上（予測）を出します。

注目してほしいのは、**売上に影響を与えるという意味で、6つの項目は同等の価値をもっている**ということです。

つまり、どの項目でも数値が2倍になれば売上は2倍に、どの項目でも数値が3倍になれ

社長だけのために書かれた手づくりの実務書

出版物のご案内

日本経営合理化協会　出版局

ば売上が3倍になるということです。

この6つの項目の重要性が理解できると、経営者は、**売上を最大化するために具体的に何をすればいいかがわかってくる**はずです。それがわかれば、実行しやすいものから着手すればいいでしょう。

同時に、得られるであろう売上額が想定できるので、その売上を得るために必要な**投資金額も判断できる**ようになります。

このように「フォーミュラーV」は、たんに売上を予測するだけの式ではなく、売上をシミュレーションすることで、売上を最大化するためのマーケティング施策を考える資料となり、投資金額も判断できるようになるのです。ここが経営上とても重要なことです。

「フォーミュラーV」の使い方

100億ロケット・マーケティングの5年で100億円を超えるシミュレーションでは、5年間に3つの商品を出すことを想定しています。

かりに、その3つの商品が「フォーミュラーV」の計算によって、1年目の売上(予測)がそれぞれ30億円となれば、楽々100億円を達成することができるでしょう。

30億円掛ける3で90億円となり、100億には10億円足りませんが、新カテゴリー商品はロングセラーになる確率が高いので、2年目、3年目も売上を積み上げてくれるので余裕をもって達成できるでしょう。

なかには、5年間、毎年新商品を出して、5つの商品で100億円を目指したいという方がおられるかもしれませんが、新カテゴリーで商品コンセプトと商品パフォーマンスの力がともに強い商品をつくるには時間がかかります。3つの商品ぐらいでフォーミュラーVの結果が30億円を超える商品づくりに専念されることをおすすめします。

また、もしも奇跡的に、1つの商品で1年目の売上(予測)が100億円という結果が出たならば、大喜びする前に、もう一度、計算式に入れた数値が現実とかけ離れていないかを見直してください。

とくに、変数で入れた「購入回数/年」「知られる率」「表現コンセプトつたわり率」は、「その数値であれば、売上は○○円の可能性がある」という仮定の条件数値なので、その数値が実際とかけ離れていると、当然、売上(予測)は現実の売上と乖離《かいり》します。

たとえば、「知られる率」に、0.5を入れて計算した場合の売上とは、発売1年で買う可能性のある顧客の50%の人に「商品が何であるか、どう良いか」を知ってもらった場合の売上ですから、1年目に「知られる率」50％となるような広告を打って、顧客の50％の人に告知できなければ、現実の売上と大きく乖離《かいり》することになります。

ですので、発売1年目で、「知られる率」50％、つまりターゲットとなる顧客の半分の人に告知できるような広告ができないのであれば、「知られる率」の項目は、自社で可能な数字を入れるようにしましょう。

ちなみに、「知られる率」については、発売後にアンケート調査をおこなって、ターゲットとなる顧客に対しての「知られる率」を把握することは可能です。

また、「フォーミュラーV」の6つの項目に現実にそった数字を入れたとしても、ビジネスは往々にして想定外のことが起きる場合があります。

たとえば、2008年のリーマンショックや2011年の東日本大震災など、誰も予測できなかったことが起きて、急激に消費が落ち込むことがあります。

「フォーミュラーV」は、そういったリスクまでを考慮した計算式ではありません。

ですから、もっと現実にそった予測をしたい場合は、「フォーミュラーV」で得た売上(予測)に、さらにリスクを考慮して0.7を掛け、それを最終的な売上(予測)とすることもできます。

0.7という数字は、私(梅澤)のこれまでの経験値ですが、リスクや不運ということまで考慮する場合は、最後に0.7を掛けるといいでしょう。

いずれにしても、「フォーミュラーV」を使った売上(予測)の理想は、予測した売上よりも実際の売上のほうが少し高かったというものです。そうなれば、予測した本人も嬉しいし、関係者も喜び、さらに仕事に燃えることでしょう。

なお、「フォーミュラーV」のシミュレーション表フォーマット(Excel)は、巻末に記載した専用サイトURLからダウンロードしていただけますのでご利用ください。

3

商品が売れるか
売れないかがわかる

アンケート調査のやり方

1　アンケートの実施手順

アンケート調査の目的

1章でもお話したように、商品コンセプトは、商品力を決定づける要因の一つで、買う前に期待を与え、「欲しい」と思わせる力、初回購入を引き起こす力でした。

どんなに美味しいお菓子であっても、食べる前に食べたくなるような商品コンセプトでなかったら売れないように、初回購入の多くは商品コンセプトの力に依《よ》っています。

「**お客様は買う前と買った後の二度評価する**」という言葉を思い出してください。

お客様は買う前に商品コンセプトを評価して、買うか買わないかを決めています。

100億ロケット・マーケティングで重要なのは、本当に売れる商品なのかを発売前に知ることです。

では、どうすれば、本当に売れる商品なのかを発売前に知ることができるのでしょうか？

その方法とは、商品を買う可能性のある人に答えてもらう**梅澤式アンケート調査**です。

梅澤式アンケートは、一つひとつの質問に意味があり、回答を分析することによって、商品をさらに売れるものに改良できる点が大きな特徴です。

なぜ私（梅澤）が独自のアンケートを開発したかといえば、売上予測の計算式を開発した理由と同じで、自分でつくった商品を大ヒットさせたかったからです。

よって、アンケートのノウハウも、私の消費者研究50年の経験から導き出したもので、「このアンケートのやり方で間違いない」と確信をもっています。

梅澤式アンケートによって、商品に関するさまざまなことがわかりますが、得られる重要な情報としては、次の3つです。

1．広告投資の意思決定情報
2．マーケティング（営業）のターゲティング属性情報
3．商品コンセプト改良情報

1の「広告投資の意思決定情報」とは、アンケートによって、「ぜひ買いたい率」の数値がわかりますので、売上予測計算式「フォーミュラーV」により未来の売上を最大化するために必要な広告投資額があらかじめ試算できます。

また前にも述べましたが、**私の経験では、新カテゴリーの商品の場合、「ぜひ買いたい率」が30％以上あれば、その商品は高い確率で大ヒット**します。高い「ぜひ買いたい率」が得られれば、発売前に成功の確信をもつことができるでしょう。

反対に、企業によってバラツキがあるものの、「ぜひ買いたい率」が20％未満の場合は、商品を発売しないで、商品コンセプトを改良するよう指導しています。

２の「マーケティング（営業）のターゲティング属性情報」は、アンケートによって訴求すべきターゲットと除外すべきターゲットがわかり、「フォーミュラーV」の計算式に入れる「顧客ターゲット数」を明確にすることができます。

３の「商品コンセプト改良情報」は、アンケートの結果を分析することによって、商品の魅力を最大化するための、商品コンセプトの改良のヒントが得られます。具体的な改良のやり方は、本章の【分析手順】のところでお話しますが、改良した商品コンセプトで、もう一度アンケート調査をおこなえば、改良の成果を明らかにすることができます。

ちなみに改良することによって「ぜひ買いたい率」が大きく伸びるケースは多々あります。

本章では、梅澤式アンケート調査の「実施の仕方」「作成の仕方」「分析の仕方」に分けて、それぞれ説明します。

では、アンケートの実施手順から説明しましょう。

【実施手順1】実施方法を決める

アンケートを実施する方法は、大きく分けて2つです。

1. 専門の市場調査会社に依頼する

2. 自社で調査をする

1の「専門の市場調査会社に依頼する」場合は、現在インターネットを使ったアンケート調査が可能です。

質問の数が20問、必要な回答者数1000で依頼すると、20万円ほどの費用で実施できます。

インターネットを使ったアンケート調査が登場するまでは、数百万円以上のコストがかかりましたので、中小企業が量的な市場調査をおこなうことは、それまではほとんど不可能でした。

おそらく世界ではじめて市場調査部を社内につくったのは、世界最大の消費財メーカーといわれるＰ＆Ｇです。市場調査部の設立が１９２５年、日本でいうと大正14年です。そんな早い時期からＰ＆Ｇは女性調査員を採用して、商品を持参して戸別訪問し、聞き取り調査をしていました。

インターネットが普及するまでは、このような人海戦術で調査員が一軒一軒訪問して聞き取り調査をするというのが一般的な調査スタイルでした。ですから当然、かかる費用も大きかったのです。それがインターネットの普及により、低価格で市場調査ができる時代となりました。

検索エンジンで「市場調査会社」という言葉を入力すれば、たくさんの会社がヒットします。中小企業の場合、大企業のクライアントを多くもつ大手市場調査会社より、中小の市場調査会社のほうが丁寧に対応してくれる可能性が高いでしょう。

また、専門の市場調査会社の1つとして、私（梅澤）が設立した商品企画エンジン（株）が主催する「100億突破ＭＩＰ開発システムＺａｄａｎ」を利用していただく方法があります。「100億突破ＭＩＰ開発システムＺａｄａｎ」では、商品開発に関心の高い消費者会員６０００人を組織化しています。６０００人の会員のほとんどが女性ですが、女性対象の商品であれば、会員の中から商品の条件にあうモニターを選別して、梅澤式のウェブアンケート調査を実施できます。詳細は巻末の著者紹介（梅澤伸嘉）のページをご覧ください。

次に、２の「自社で調査をする」場合ですが、ダイレクトマーケティングモデルの場合、既存のお客様の顧客名簿を管理し、直接、お客様にメールやお手紙を送ることができるはずです。

ＢtoＣ、ＢtoＢいずれの場合でも、自社の顧客の中で、アンケートに答えてくれるモニターを募集し、「グーグルフォーム」や「サーベイモンキー」などの無料ソフトを使ってアンケートを作成し、そのリンクを明記したメールをモニターに一斉送信すると、自動的に回答が届き、集計も自動でやってくれます。

回答してくれたモニターに対して、御礼として抽選で自社商品をプレゼントする会社が多いですが、その分のコストだけで済みます。

無料でアンケートを作成・集計できるサービスサイトのＵＲＬは次のとおりです。

◎グーグルフォーム　https://www.google.com/intl/ja_jp/forms/about/
◎サーベイモンキー　https://jp.surveymonkey.com/

【実施手順２】100サンプルを集める

サンプル数とは、アンケートをおこなって、質問に答えてくれた回答者数のことです。
たとえば、120人の人にアンケート調査をおこない、100人から回答が得られたら、サンプル数は100となります。
120人全員が回答してくれるとは限らないので、何人に調査したかというよりも、得られた回答数すなわちサンプル数のほうが大事です。

初めてアンケート調査をおこなう場合は、統計学的に有意かどうかは後から考えることにして、まずは、

《100サンプル》を集める

ことを目標にしましょう。

なぜ100サンプルかというと、アンケート初心者でも躊躇《ちゅうちょ》せずに実践できる最小単位が「100」

だからです。%で表わすことができる基本となる数である100サンプルをまずは集めましょう。

実践で一番難しいのは、やったことがないことをやる〝はじめの一歩〟です。とくに、最初は「これであっているのだろうか?」と心配になることが多く、社員は実践を躊躇《ちゅうちょ》して先に進めないことが多いものです。

アンケート集めは、2度、3度と実践するほどに、「ああ、こんなふうにアンケートをとったほうが良かったな」など、アンケートのコツがわかってきますので、最初は統計学的に正しいかどうかよりも、まずは「アンケートをとること」を重視してサンプルを集めましょう。

ちなみにテレビの視聴率は、統計学に忠実にサンプル調査をおこなっていますが、たとえば1900万世帯もある関東地区で必要とされるサンプル数でさえ、たったの900です。900サンプルで信頼度は95%として、実際に視聴率として公表されています。

このように小さなサンプル数でも統計学的には意味があります。まずは100サンプルを集めることからはじめてください。

【実施手順3】アンケート調査の実施

専門の市場調査会社に依頼する場合は、調査する商品の商品コンセプトと商品を買う可能性のある人の特性について、依頼する市場調査会社にはじめにしっかりと説明してください。最終的なサンプル数については、調査会社と相談して決めることになりますが、集めるサンプル数が多いほど費用も高くなるので、むやみにサンプル数を増やすわけにはいきません。

絶対に避けてほしいことは、アンケートの内容を調査会社に丸投げしてつくってもらうことです。

このあと梅澤式のアンケートのつくり方を説明しますが、アンケートは必ず自社でつくり、それを調査会社に渡して、その内容をウェブ配信するようお願いしてください。

梅澤式のアンケートは、質問と分析がリンクしており、商品コンセプトを改良できるようになっているので、調査会社に丸投げすると、分析と改良が不明になるうえに、費用も加算されて高くなるので注意が必要です。

時間的な目安としては、初回の打ち合わせから1カ月ぐらいで実施可能です。調査結果は、配信した数日後にはデータで納品されます。

一方、自社で調査をおこなう場合は、費用がほとんどかからないので、初めて調査をする方は、100サンプルを目標に実施してください。

一番費用をかけずに済む方法は、自社がもっている顧客リストの中から商品の条件にあう顧客を選別して、その顧客宛に一斉送信メールを送り、メールに記載したリンクからウェブ上のアンケートに答えてもらう方法です。

アンケートに答えていただいたお礼として、「抽選により何名様に自社の○○○をプレゼントします」など、何らかのお礼は必要でしょう。インセンティブがあったほうが、モニターを集めやすいです。

先に紹介した「グーグルフォーム」や「サーベイモンキー」などの無料のアンケート作成・集計ツールを使えば、PCが得意な人ならば、1時間ほどでアカウントをつくってアンケートもつくることができます。

また自社が保有する顧客リストの中に、商品の条件にあう顧客がいない場合は、ネット上にモニターを募集する広告を出して、条件にあう人を選別することもできます。

「グーグルフォーム」や「サーベイモンキー」のソフトを使った調査では、配信直後から回答メールがリアルタイムで届き、24時間いつでも最新の集計結果を見ることができます。

【実施手順4】サンプルの精度を高める

先ほどは、初めての調査の場合を想定して、必要なサンプル数は100でいいとお伝えしました。しかし、厳密に分析をするためには、統計学的に有意なサンプル数であることが望ましいのは間違いありません。2回目以降については、次にあげる条件を考慮して、サンプル数を決めてください。

> 【サンプル条件】
> **調査属性ごとに最低70サンプルをとること**

「属性」とは、年齢、性別、居住地、家族構成、職業など、調査対象者の特性のことです。たとえば、アンケートで調査対象者の属性を調べる質問を入れる場合があります。

属性の質問のつくり方は、このあと詳しく説明しますが、たとえば発売する商品が、新カテゴリーの「ダイエット食品Q」としましょう。

商品Qを発売するQ社は、どういう人が商品Qに対して強いニーズをもっているかを調べて、訴求すべきターゲットを見定めたいとします。

その場合、アンケートの質問で、調査対象者の性別をお聞きし、さらに年代をお聞きして、商品Qに対して強いニーズをもつ人の属性がどれかを調べます。

性別については、「男性」「女性」のどちらかを選んで回答してもらい、年代については「20歳～39歳」「40歳～59歳」のどちらかを選択して回答してもらった場合、属性の数は、次の４つとなります。

①男性　②女性　③20歳～39歳　④40歳～59歳

【サンプル条件】は、「調査属性ごとに最低70サンプルをとること」でした。これを計算式で表わすと、

属性の数×70サンプル

となります。

商品Qの場合、調べたい属性の数は４つでした。

間違いやすいのは、属性が４つだからといって、右の計算式にあてはめて、４×70＝280で、280サンプル集めればいいと思ってしまうことです。

少し考えればわかることですが、280サンプルを集めたとして、それを４つの属性に仕分けしたときに、４つともきれいに70サンプルずつに仕分けされる確率は、限りなくゼロに近いです。

つまり、属性ごとに70サンプルが最低必要ということなので、各属性で70サンプル以上を集めなければならないことになります。

では、調べる属性が４つの場合、全体のサンプル数はいくつあればいいのかといえば、それは、調査するモニター（※アンケートに答える人）がどのような人たちの集まりかによって違ってきます。

たとえば、モニターの９割が「女性（90％）」で占められる場合、「男性（10％）」のサンプルを最低70集めるには、全体のサンプル数は少なくとも700以上必要になります。

年齢についても、たとえば、モニターの20％が「20歳～39歳」の場合は、「20歳～39歳」のサンプルを最低70集めるには、全体のサンプル数は少なくとも350以上必要になるといった具合にです。

ですから、属性の質問を入れる場合は、モニターの実態をみて、全体として必要なサンプル数を決めるか、モニターの実態がよくわからない場合は、1属性70サンプル以上集めるために、予算の範囲内で最大数のサンプルをとるということになります。

ちなみに、「1属性につき最低必要なサンプル数は70」というのは、私が大学時代に当時心理統計学の権威であられた古賀《こが》行義《ゆきよし》先生より学び、その後、自分で開発した商品のアンケート調査をするようになって、その妥当性を確信したものです。

ところで、市場調査会社に依頼する場合、調査したい属性のモニターが少なかったり、属性が明確になっていない場合も多くあります。

一般に、市場調査会社にアンケート調査を依頼すると、「100サンプルでは少なすぎます。少なくとも1000サンプルは必要です」といわれることがよくありますが、市場調査会社に登録しているモニターは、市場調査会社からポイントなどの何らかの報酬をもらっている人たちなので、その時点で、純粋な意味での調査対象者ともいえません。

このこともあって、市場調査会社に依頼する場合は、1000サンプル以上は必要となることも多いでしょう。

予算に限度がある場合は、予算の範囲内で最大のサンプル数を集めることをおすすめします。

では次に、アンケートのつくり方の説明に進みましょう。

2　アンケートの作成手順

アンケートの基本モデル

さっそくですが、巻末に折り込んだ、図9「梅澤式アンケートの見本」を広げてみてください。

図9は、

初めてアンケート調査をされる方におすすめしたい基本モデル

です。

図9の基本モデルでは、「1粒満腹菓子」というお菓子が調査する商品です。

ご覧のとおり、アンケートの紙面左半分が「1粒満腹菓子」というお菓子の商品コンセプトを提示する部分。

そして、紙面右半分は、商品コンセプトを読んでもらったうえで、3つの質問に答えてもらう、という構成になっています。

本章では、図9の例を使って、アンケートのつくり方をわかりやすく説明します。

では次から、具体的なアンケートのつくり方に入っていきましょう。

太る心配なく、
食事と食事の間の空腹感を満たせる

1粒満腹菓子

作成手順 1

空腹時にそのお菓子で大丈夫？!

満腹中枢を刺激する香りと、胃で10倍に膨れる植物由来成分が入った、半生タイプで、お口に入れて噛むだけの**1粒満腹菓子**なので、
太る心配なく、食事と食事の間の空腹感を満たせます。

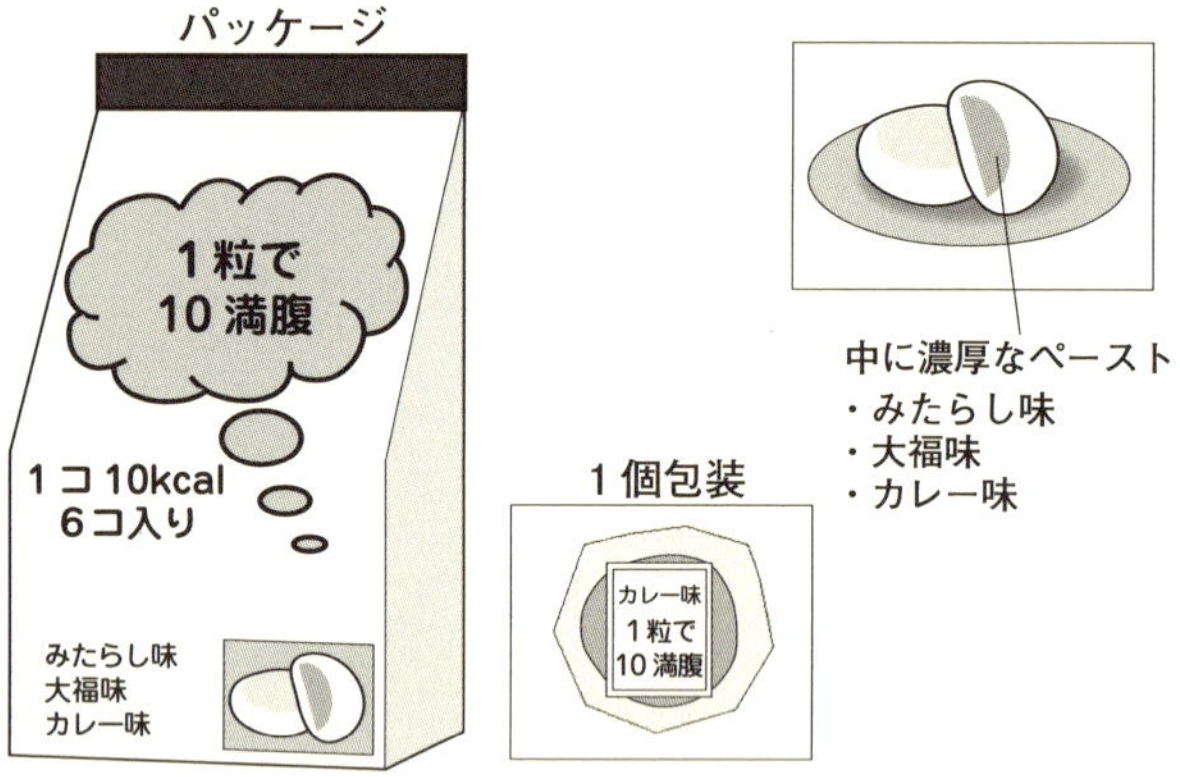

【特徴】

1. 中に濃厚なペースト（みたらし味／大福味／カレー味）が入った、低糖質（1個あたり３グラム）の半生菓子です。
2. １袋６個入り（個包装タイプ）なので、空腹を感じた時に、いつでも食べられます。
3. 植物由来の満腹中枢刺激成分（香り）が配合されているので、１個でお腹が満腹になります。
4. 胃で１０倍に膨れる植物由来成分が配合されているので、満腹感が持続します。

【作成手順1】まず商品コンセプトの基本型をつくる

まず、右の図を見てください。

右の図は、先ほどの図9の左半分を切り取った図となります。そして、赤い枠で囲んだ部分が、アンケートの【作成手順1】となります。

ここが一番難しい手順です。ここさえクリアすれば、あとの手順は簡単なので、がんばって理解してください。

当然のことですが、提示する商品コンセプトが魅力的で、お客様が「ぜひ買いたい」と思うものが、良い商品コンセプトです。

右の図の「1粒満腹菓子」でいえば、赤い四角で囲んだ部分が、「1粒満腹菓子」の商品コンセプトです。

みなさんがつくった商品についても、提示する商品コンセプトをこのような文章にまとめて、アンケートに明記していただきます。

最初は難しいと感じるかもしれませんが、この文はある原則に従ってつくりますので、その原則さえ理解できれば、誰でもつくれるようになります。

まず、商品コンセプトの文に必要な要素は、次の3つです。

①「**商品アイデア**」

②「**新カテゴリー名**」

③「**顧客に与える効用・便益**」

図9の「1粒満腹菓子」でいえば、

「**満腹中枢を刺激する香りと、胃で10倍に膨れる植物由来成分を入れる**」が、①「商品アイデア」

「**1粒満腹菓子**」が、②「新カテゴリー名」

「**太る心配なく、食事と食事の間の空腹感を満たせる**」が、③「顧客に与える効用・便益」

となります。

この3つを基本の文型《ぶんけい》の中に入れて文章化すれば、商品コンセプトの基本型の文は完成します。

基本文型とは、次のとおりです。

「この商品は（①商品アイデア）**の特徴をもった**（②新カテゴリー名）**なので、あなたは**（③顧客に与える効用・便益）**が得られます」**

先ほどの「1粒満腹菓子」の「商品アイデア」「新カテゴリー名」「顧客に与える効用・便益」を、この文型に入れて、一文に仕上げると、

「（この商品は）**満腹中枢を刺激する香りと、胃で10倍に膨れる植物由来成分が入った、半生タイプで、お口に入れて噛むだけの1粒満腹菓子なので、**（あなたは）**太る心配なく、食事と食事の間の空腹感を満たせます**」

これが「1粒満腹菓子」の商品コンセプトの基本型を提示する文となります。この文の中に、「お口に入れて噛むだけの」という言葉が入っていますが、これは商品の使い方を表わすものです。新カテゴリーの商品は、今までになかった商品なので、どのように使うかわからない場合が多いので、商品コンセプトを提示する文の中に使い方を短い言葉で入れることが不可欠です。

また「1粒満腹菓子」のような食品や飲料の場合は、おいしいイメージが必要なので、「半生タイプで」という言葉を入れています。

加えて、文中の「新カテゴリー名」を示す部分は、大きな文字で、アンダーラインを引き、ひと目で「商品が何であるか」がわかるようにするのがポイントです。

次に、「顧客に与える効用・便益」「商品アイデア」「新カテゴリー名」について、それぞれ説明しましょう。

顧客に与える効用・便益

まず図10の「商品コンセプトの公式」を見てください。

図10　商品コンセプトの公式

商品コンセプト＝《イコール》

①顧客に与える効用・便益＋②商品アイデア＋③新カテゴリー名

（〜できる）

例：太らずに満腹感を得ることができる

↕

（〜したい）

例：太らずに満腹感を得たい

顧客が現状充たすことができない未充足の強い生活ニーズがあるもの

※BtoBの場合は、「生活ニーズ」を「ビジネスニーズ」としてお考えください

先ほど、商品コンセプトをつくるにあたって、3つの要素が必要だと申しあげましたが、商品コンセプトの基本型の公式は、この3つの要素を足したものとなります。

この公式の中の①「顧客に与える効用・便益」に注目してください。

「顧客に与える効用・便益」とは、読んで字のとおり、商品が顧客に与える効果や効能、利便性のことですが、図10では、「顧客に与える効用・便益」が「顧客が現状充たすことができない未充足の強い生活ニーズがあるもの」（※グレーの四角に囲まれた部分）と、対になって矢印で結ばれていることを確認してください。

この矢印の意味は、「顧客が現状充たすことができない未充足の強い生活ニーズがあるもの」と「顧客に与える効用・便益」が、一対一の関係、つまり「〜

したい」に対して、「～できる」という関係にあることを示しています。なお、ＢｔｏＢの場合は、「未充足の強い生活ニーズ」を「未充足の強いビジネスニーズ」として読み換えるとわかりやすいでしょう。

先ほどの「１粒満腹菓子」でいえば、「太らずに満腹感を得たい」というのが「顧客が現状充たすことができない未充足の強い生活ニーズ」です。

この「太らずに満腹感を得たい」を、「～できる」に置き換えたものが、「太る心配なく、食事と食事の間の空腹感を満たせる」なのです。

ですから、「顧客に与える効用・便益」を考える場合、「顧客の～したい」という「顧客が現状充たすことができない未充足の強い生活ニーズ」は何かを考え、それを「～できる」という言葉に置き換えてつくってください。

ちなみに、この「～できる」ということに対して、お客様はお金を払って買ってくれます。この「～できる」がお客様にとって魅力的か、そうでないかで、売れ行きが違ってくるのです。

商品アイデア

次の②「商品アイデア」とは、①の「顧客に与える効用・便益」を実現するための具体的なアイデアのことです。

「1粒満腹菓子」でいえば、「太る心配なく、食事と食事の間の空腹感を満たせる」という「顧客に与える効用・便益」を実現するために、「満腹中枢を刺激する香り成分と胃の中で10倍に膨張する植物由来成分をお菓子に入れる」という「商品アイデア」を考えました。

この「商品アイデア」は、「顧客に与える効用・便益」と因果関係にあり、この因果関係が強いものほど、お客様は信頼して買ってくれます。

お客様は「え、そんなことができる商品があるの？」と関心をもって、商品の説明を読みます。そこにお客様が納得できるような商品アイデアが提示されていれば、喜んで買ってくれるのです。

「商品アイデア」を考えるときは、「顧客に与える効用・便益」を実現するために、商品にどのような機能や効果をもたせるか、商品の原料は何にするか、商品の形はどんな形がいいか、お客様にどのように使ってもらうか、など、さまざまな観点から商品のアイデアを見つけてください。

新カテゴリー名

最後3つめの③「新カテゴリー名」は、商品が何であるかをひと言で伝える名詞です。

「1粒満腹菓子」という名前は、「商品名」ではなく、「新カテゴリー名」で、「商品アイデア」の「満腹中枢を刺激する香り成分と胃の中で10倍に膨張する植物由来成分を入れたお菓子」をコンパクトにまとめた名詞です。

「新カテゴリー名」のつけ方については、5章で詳しく説明しますが、「新カテゴリー名」を考える際は、「商品アイデア」を頭に入れて、それを短い名詞にしてください。

ところで、商品コンセプトを提示する文の中に、なぜ「商品名」ではなく、「新カテゴリー名」を入れるかといえば、まさに「新カテゴリー名」こそが「**商品が何であるか**」を示すからです。

たとえば、「一粒満腹菓子」の商品名は「まんぷぅ」なのですが、「まんぷぅ」という商品名を聞いて、この商品が何であるかが瞬時にわかるでしょうか。わかる人はいないと思います。

アンケートに答えてくれる人に、商品が何であるかが伝わらなければ、「この商品こそ、前から欲しかったもの！」と気づいてもらうことができません。それゆえ、商品が何であるかをコンパクトに表現した新カテゴリー名を明記する必要があるのです。

すぐに「商品が何であるか」がわかるように、「新カテゴリー名」は大きな文字で、必ずアンダーラインを引いて、強調するようにします。

ちなみに、もし読者の中で、既存の自社商品が新カテゴリーでない商品であっても、試しに自社商品でアンケート調査をやってみたいという場合は、「新カテゴリー名」のところに、「商品が何であるかがわかる名詞」を入れてください。

売上予測式「フォーミュラーV」はご利用になれませんが、アンケート調査の結果から、現時点の自社の商品力が如実にわかることでしょう。

以上が【作成手順1】の説明です。

初めてアンケートをつくる人にとって、この商品コンセプトを提示する文の作成が一番難関かもしれません。しかし、先に説明した「顧客に与える効用・便益」「商品アイデア」「新カテゴリー名」の3つが決まれば、それを先の基本文型《ぶんけい》にあてはめて文章化すればいいので、文章が苦手な人でも数をこなしていけば、簡単につくれるようになるでしょう。

作成手順2

太る心配なく、
食事と食事の間の空腹感を満たせる ←顧客に与える効用・便益

1粒満腹菓子 ←新カテゴリー名

空腹時にそのお菓子で大丈夫？! ←意識喚起メッセージ

満腹中枢を刺激する香りと、胃で10倍に膨れる植物由来成分が入った、半生タイプで、お口に入れて噛むだけの

1粒満腹菓子なので、

太る心配なく、食事と食事の間の空腹感を満たせます。

パッケージ

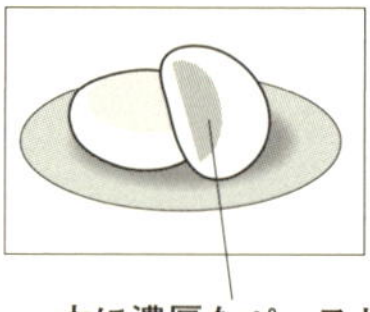

中に濃厚なペースト
・みたらし味
・大福味
・カレー味

1個包装

【特徴】

1. 中に濃厚なペースト(みたらし味／大福味／カレー味)が入った、低糖質(1個あたり3グラム)の半生菓子です。
2. 1袋6個入り(個包装タイプ)なので、空腹を感じた時に、いつでも食べられます。
3. 植物由来の満腹中枢刺激成分(香り)が配合されているので、1個でお腹が満腹になります。
4. 胃で10倍に膨れる植物由来成分が配合されているので、満腹感が持続します。

【作成手順2】「顧客に与える効用・便益」「新カテゴリー名」「意識喚起メッセージ」を明記する

右の図の赤い枠で囲んだ部分が、アンケートの【作成手順2】となります。

この赤い枠で囲んだ部分に、「顧客に与える効用・便益」と「新カテゴリー名」そして「意識喚起メッセージ」を明記します。

「顧客に与える効用・便益」と「新カテゴリー名」については、【作成手順1】で説明した「顧客に与える効用・便益」「新カテゴリー名」と同じものです。「意識喚起メッセージ」は、5章で詳しく説明しますが、ここでは、

「顧客に与える効用・便益」は**「商品がどう良いか」**を表わした短い言葉

「新カテゴリー名」は**「商品が何であるか」**を表わした短い言葉

「意識喚起メッセージ」は**「商品が欲しい」**と気づかせる短い言葉

と理解してください。

巻末折り込み図9のアンケートの見本でいえば、

「**太る心配をすることなく、食事と食事の間の空腹感を満たせる**」が「顧客に与える効用・便益」

「**1粒満腹菓子**」が「新カテゴリー名」

「**空腹時にそのお菓子で大丈夫?!**」が「意識喚起メッセージ」

となっています。

この部分は、アンケートに答えてくれる人が一番最初に目にする部分です。そのため、見た瞬間に興味をもってもらう必要があり、とても重要です。アンケートの顔といってもいいでしょう。

この部分に「商品名」ではなく、「新カテゴリー名」を明記する理由については、すでに【作成手順1】で述べたのでここでは省略しますが、新カテゴリーの商品の場合、「商品名」より「新カテゴリー名」のほうが圧倒的に重要です。

「新カテゴリー名」を明記するときは、必ずアンダーラインを引いて、強調するようにしてください。

５章で、「新カテゴリー名」や「意識喚起メッセージ」などのつくり方を説明しますので、それを参考にして、「新カテゴリー名」と「意識喚起メッセージ」を決め、アンケートに明記してください。

太る心配なく、
食事と食事の間の空腹感を満たせる
1粒満腹菓子

空腹時にそのお菓子で大丈夫?!

満腹中枢を刺激する香りと、胃で10倍に膨れる植物由来成分が入った、半生タイプで、お口に入れて噛むだけの

1粒満腹菓子なので、

太る心配なく、食事と食事の間の空腹感を満たせます。

作成手順3

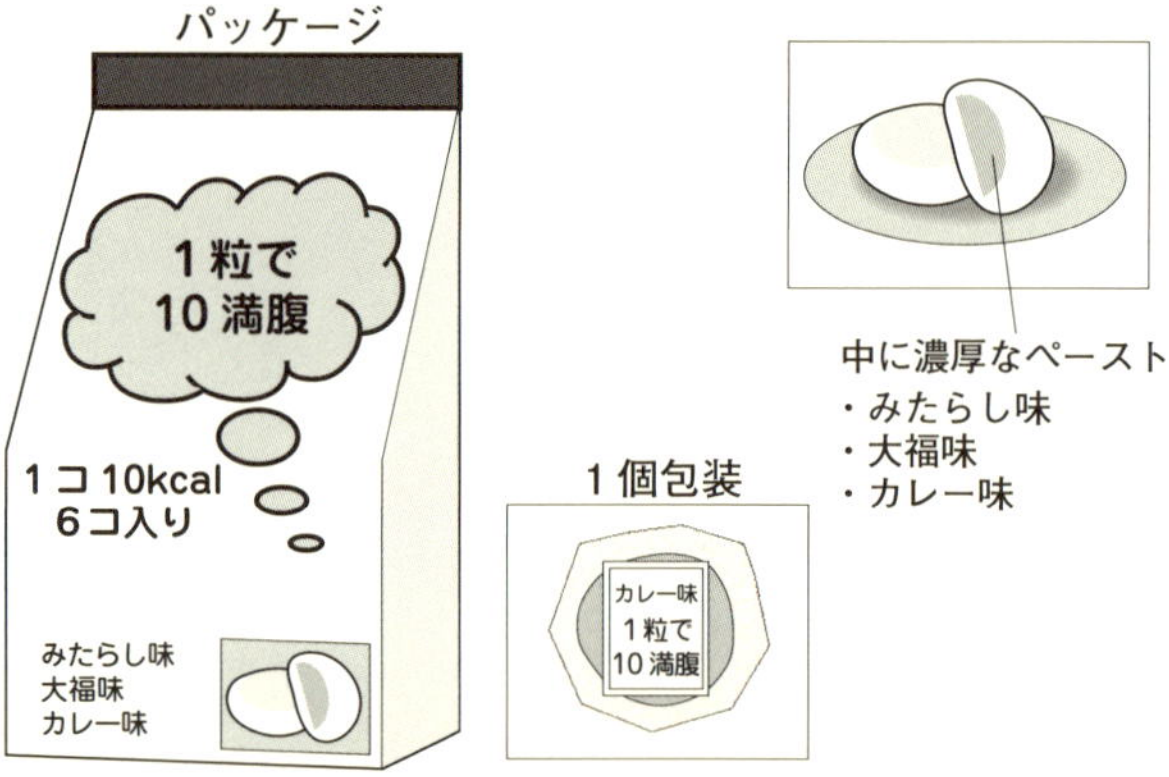

【特徴】

1. 中に濃厚なペースト(みたらし味/大福味/カレー味)が入った、低糖質(1個あたり3グラム)の半生菓子です。
2. 1袋6個入り(個包装タイプ)なので、空腹を感じた時に、いつでも食べられます。
3. 植物由来の満腹中枢刺激成分(香り)が配合されているので、1個でお腹が満腹になります。
4. 胃で10倍に膨れる植物由来成分が配合されているので、満腹感が持続します。

【作成手順3】商品をイメージさせるイラストや写真を掲載する

右の図の赤い枠で囲んだ部分が、アンケートの【作成手順3】です。

この部分は、商品のパッケージや商品の断面図など、商品コンセプトをイメージさせるイラストや写真を短いコメントをつけて掲載する部分となります。

イラストや写真があれば、商品が何であるかをイメージしやすくなります。

新カテゴリーの商品は、今までになかった商品なので、使い方がわからない商品が多いです。その場合は、使い方の手順をわかりやすく示すイラストを掲載するようにしてください。

しかし発売前ですから、パッケージなどのデザインが決まっていないことも多いでしょう。

注意しなければならないのは、アンケートに掲載したイラストや写真が、完成した商品とまったく違う場合です。アンケートに掲載した商品と完成品がまったく違う場合は、アンケート結果と発売後の結果が違ってしまうことがあるので、完成品が大きく変わる可能性がある場合は、詳細なイラストや写真などは掲載しないほうがいいでしょう。

また調査する商品が食品の場合は、最低限「おいしそう」という印象を与えるイラストを使用してください。

太る心配なく、
食事と食事の間の空腹感を満たせる

1粒満腹菓子

空腹時にそのお菓子で大丈夫?!

満腹中枢を刺激する香りと、胃で10倍に膨れる植物由来成分が入った、半生タイプで、お口に入れて噛むだけの

1粒満腹菓子なので、

太る心配なく、食事と食事の間の空腹感を満たせます。

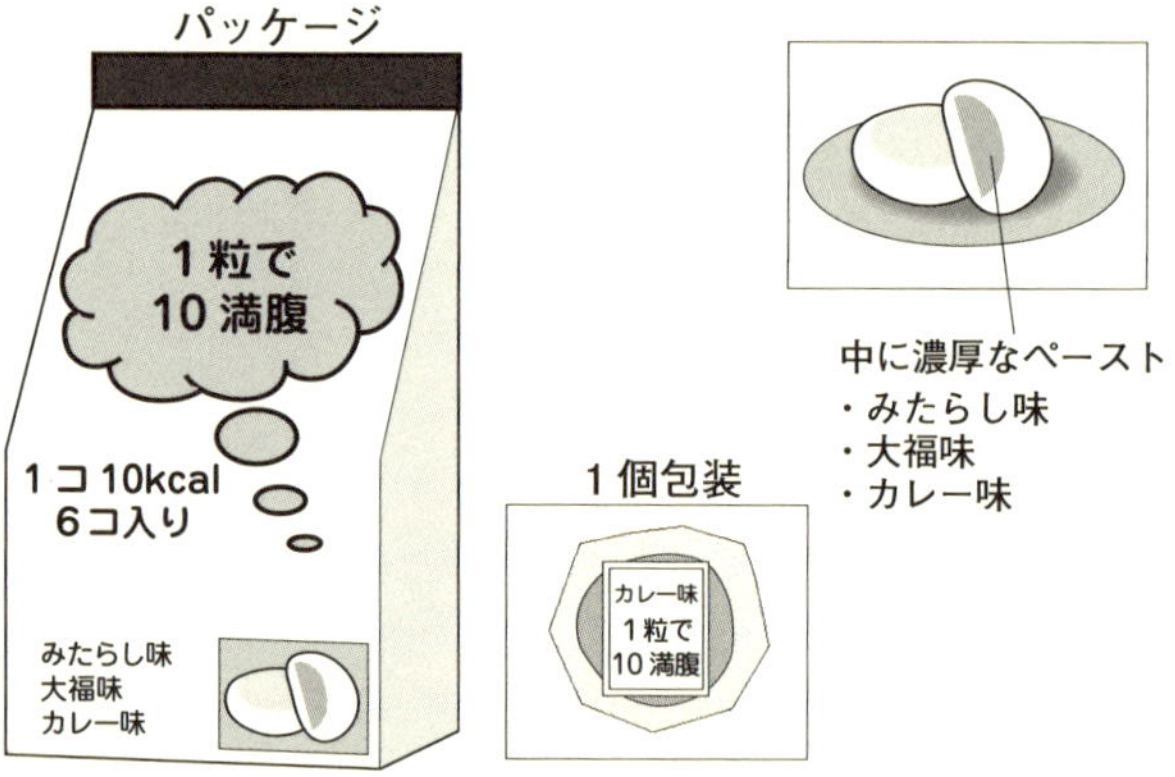

作成手順4

【特徴】

1. 中に濃厚なペースト(みたらし味/大福味/カレー味)が入った、低糖質(1個あたり3グラム)の半生菓子です。
2. 1袋6個入り(個包装タイプ)なので、空腹を感じた時に、いつでも食べられます。
3. 植物由来の満腹中枢刺激成分(香り)が配合されているので、1個でお腹が満腹になります。
4. 胃で10倍に膨れる植物由来成分が配合されているので、満腹感が持続します。

【作成手順４】商品の特徴を列記する

右の図の赤い枠で囲んだ部分が、アンケートの【作成手順４】です。

この部分に、商品の特徴をいくつかまとめて明記します。図では、商品の特徴を４つ明記していますが、たくさん特徴があるならば、たくさん明記してもかまいません。ただし、細かい字でたくさん明記すると回答者に読む負担をかけるので、注意が必要です。

商品の特徴を書くときは、

「このような（商品アイデア）なので、このようなことができる」

という文型《ぶんけい》にあてはめてつくってください。

「商品アイデア」とは、お客様に与える効用や便益を実現するアイデアのことです。

以上で、アンケートの左半分の説明が終わりました。

次から、アンケートの右半分に記載する「質問のつくり方」を説明しましょう。

左の商品説明を読んでから、以下の質問にお答えください

作成手順5

【質問1】“1粒満腹菓子”が売り出されたとしたら、あなたはどの程度「食べてみたい」と思われますか。あなたのお気持ちに最も近いものを1つだけ選んでください。

1．ぜひ食べたい
2．食べてみたい
3．どちらともいえない
4．あまり食べたくない
5．ぜんぜん食べたくない

【質問2】前の設問で、そのようにお考えになったのは、この商品のどのような点からですか。どのようなことでも結構ですから、なるべく具体的にお答えください。

【質問3】仮に、この商品が「6個入り600円（税込み）」で売り出されたとしたら、あなたはご自分でお金を出して買いたいと思われますか？ あなたのお気持ちに最も近いものを1つだけ選んでください。

1．ぜひ買いたい
2．買ってみたい
3．どちらともいえない
4．たぶん買わない
5．ぜんぜん買いたくない

【作成手順5】使用意向をお聞きする質問をつくる

右の図の赤い枠で囲んだ部分が、アンケートの【作成手順5】です。

一番はじめにお聞きする質問となります。

質問の内容は、アンケートの左半分で提示した商品コンセプトに対して、「使いたいか」「使いたくないか」、回答者の使用意向の有り無しのお気持ちをお聞きするものです。

質問の文面は、

「〝1粒満腹菓子（※新カテゴリー名）**〟が売り出されたとしたら、あなたはどの程度食べてみたいと思われますか？　あなたのお気持ちに最も近いものを1つだけ選んでください」**

となります。

あくまでも回答する人のお気持ちを考えて、丁寧な文章にしてあります。この文面で、さまざまな商品の使用意向を聞くことができます。ただし文面の中の「新カテゴリー名」と使う「動詞」は、商品によって変えてください。

たとえば、お菓子の調査であれば、「食べたい」という動詞を使いますが、商品によっては「飲みたい」「使いたい」「所有したい」「知りたい」「遊びたい」など、動詞を変える必要があります。かりに、商品が化粧品であれば、

「（化粧品の新カテゴリー名）が売り出されたとしたら、あなたはどの程度使ってみたいと思われますか？ あなたのお気持ちに最も近いものを1つだけ選んでください」

となります。

次に、質問の回答ですが、次の5つの選択肢の中から1つ選んでもらいます。

「1．ぜひ使いたい」

「2．使ってみたい」

「3．どちらともいえない」

「4．あまり使いたくない」

「5．ぜんぜん使いたくない」

これら5つの選択肢は、私(梅澤)が長年調査をおこなって決めた尺度です。

通常、欧米で使われるアンケートの尺度は偶数の場合が多いですが、日本の場合は、尺度の真ん中に「どちらともいえない」という選択肢がないと、正しいアンケート結果が得られないことを発見して、真ん中に「どちらともいえない」という選択肢を設けました。

また5つの尺度は、回答者の気持ちの程度が等間隔になるように考えてつくっています。

日本人は欧米の人と比べて、イエス・ノーがはっきりしないとよくいわれますが、そのような民族性もアンケートの回答に影響するので、回答者の心理も考慮しています。

ところで、この選択肢で使う動詞も、商品によって、「飲みたい／飲みたくない」「使いたい／使いたくない」「所有したい／所有したくない」「知りたい／知りたくない」「遊びたい／遊びたくない」など、商品にあう動詞を使ってください。

たとえば、商品が「ボードゲーム」ならば、5つの選択肢は、

「1．ぜひ遊びたい」
「2．遊んでみたい」

「3．**どちらともいえない**」
「4．**あまり遊びたくない**」
「5．**ぜんぜん遊びたくない**」

となります。

この使用意向の質問で、「ぜひ使いたい」「使ってみたい」と答えた人は、「**使用意向ありの人**」です。「どちらともいえない」「あまり使いたくない」「ぜんぜん使いたくない」と答えた人は、「**使用意向なしの人**（**非使用意向者**）」とみなします。

左の商品説明を読んでから、以下の質問にお答えください

【質問1】“1粒満腹菓子”が売り出されたとしたら、あなたはどの程度「食べてみたい」と思われますか。あなたのお気持ちに最も近いものを1つだけ選んでください。

1．ぜひ食べたい
2．食べてみたい
3．どちらともいえない
4．あまり食べたくない
5．ぜんぜん食べたくない

作成手順6

【質問2】前の設問で、そのようにお考えになったのは、この商品のどのような点からですか。どのようなことでも結構ですから、なるべく具体的にお答えください。

【質問3】仮に、この商品が「6個入り600円（税込み）」で売り出されたとしたら、あなたはご自分でお金を出して買いたいと思われますか？　あなたのお気持ちに最も近いものを1つだけ選んでください。

1．ぜひ買いたい
2．買ってみたい
3．どちらともいえない
4．たぶん買わない
5．ぜんぜん買いたくない

【作成手順6】使用意向(非使用意向)の理由をお聞きする質問をつくる

前ページの図の赤い枠で囲んだ部分が、アンケートの【作成手順6】です。

【手順5】で説明した質問に対して、回答者が5つの選択肢から1つ選んだ理由を具体的に書いてもらう質問となります。質問文は次のようになります。

「前の設問でそのようにお考えになったのは、この商品のどのような点からですか。どのようなことでも結構ですから、なるべく具体的にお答えください」

この質問文は、商品のカテゴリーに関係なく、そのまま使えます。

質問1で、「ぜひ使いたい」または「使ってみたい」と答えた人は、回答欄に、**使用意向の理由**を書くことになります。一方、「どちらともいえない」「あまり使いたくない」「ぜんぜん使いたくない」のどれかを選択した人は、**非使用意向の理由**を書くことになります。

この質問の目的は、回答者から得られた「使用意向の理由」と「非使用意向の理由」を分析して、商品の改良に活かすことです。分析のやり方は、このあと詳しく説明します。

【作成手順7】購入意向をお聞きする質問をつくる

次ページの図の赤い枠で囲んだ部分が、アンケートの【作成手順7】です。これが「アンケートのつくり方」の最後の手順となります。

この最後の質問で、初めて商品の価格を提示して、商品を「買うか」「買わないか」、購入意向の有る無しのお気持ちをお聞きします。文面は、次のようになります。

「仮に、この商品が6個入り600円（税込み）で売り出されたとしたら、あなたはご自分でお金を出して買いたいと思われますか？　あなたのお気持ちに最も近いものを1つだけ選んでください」

回答は、次の5つの選択肢、

「1．ぜひ買いたい」

「2．買ってみたい」

「3．どちらともいえない」

左の商品説明を読んでから、以下の質問にお答えください

【質問1】“1粒満腹菓子”が売り出されたとしたら、あなたはどの程度「食べてみたい」と思われますか。あなたのお気持ちに最も近いものを1つだけ選んでください。

1．ぜひ食べたい
2．食べてみたい
3．どちらともいえない
4．あまり食べたくない
5．ぜんぜん食べたくない

【質問2】前の設問で、そのようにお考えになったのは、この商品のどのような点からですか。どのようなことでも結構ですから、なるべく具体的にお答えください。

作成手順7

【質問3】仮に、この商品が「6個入り600円（税込み）」で売り出されたとしたら、あなたはご自分でお金を出して買いたいと思われますか？ あなたのお気持ちに最も近いものを1つだけ選んでください。

1．ぜひ買いたい
2．買ってみたい
3．どちらともいえない
4．たぶん買わない
5．ぜんぜん買いたくない

「4．たぶん買わない」
「5．ぜんぜん買いたくない」

の中から1つ選んでもらいます。

いうまでもないことですが、購入意向の質問は、商品が何であろうと「買いたい／買いたくない」の動詞を使います。

この質問によって、「ぜひ買いたい」と答える人が何％いるかということを調べることができます。たとえば、回答してもらった総サンプル数が100で、そのうち25サンプルが「ぜひ買いたい」という回答であれば、「ぜひ買いたい率」は25割る100で25％となります。

この「ぜひ買いたい率」が売上予測式「フォーミュラーV」の計算式に入る数値です。（巻末折り込みの図8の③に入れる）

繰り返しますが、日本人と韓国人の場合、「ぜひ買いたい」と答えた人の9割以上が、買える場所がわかって買える状態にあれば、買ってくれることがわかっています。

ですから、大ヒットする確率が高い「ぜひ買いたい率30％以上」が目標となります。

以上で、基本のアンケートの完成です。

属性をお聞きする質問

復習ですが、基本のアンケートでお聞きする質問は次の3つでした。

①使用意向を聞く質問　→【作成手順5】で解説

②使用意向（非使用意向）の理由を聞く質問　→【作成手順6】で解説

③購入意向を聞く質問　→【作成手順7】で解説

この**3つは必須の質問**です。

初めてアンケート調査をおこなう方は、この3つの質問でアンケートを作成してください。

次に、商品の商品コンセプトに対して、「使いたい」「買いたい」と意向を示す人の「**属性を調べる質問**」をご紹介します。

「**属性**」**とは、年齢、性別、居住地、家族構成、職業など、調査対象者の特性のこと**です。

図 11　年齢を聞く質問の例

【質問】　あなたの年齢を下記の4つからお選びください。

1．20 歳以上～ 30 歳未満
2．30 歳以上～ 40 歳未満
3．40 歳以上～ 50 歳未満
4．50 歳以上～

ＢｔｏＣの場合の属性調査は、調査対象者の年齢、性別、居住地、家族構成、職業などを聞いて、どういう人が商品に対して強いニーズを示すかを調べます。

ＢｔｏＢの場合は、調査対象者の会社の業種、年商、従業員数などを聞いて、商品に対して強いニーズを示す会社の属性を調べます。

たとえば、女性をターゲットにした商品の場合、20歳代の独身の女性が「ぜひ買いたい」という強いニーズを示すか、30歳代の子供をもつお母さんが強いニーズを示すか、あるいは、50歳以上の女性が強いニーズを示すか、同じ女性でも年齢によってニーズの強さが違います。

強いニーズをもつ女性の年齢や子供の有無などがわかれば、商品コンセプトをその属性にあう形に改良したり、広告の訴求ターゲットや広告媒体もその属性にあうものを選択することができます。

もし、年齢という属性が商品コンセプトに関係があるという仮説があるならば、図11のような年齢を聞く質問を入れてください。図11は、4つの属性を調べる質問になっていますが、年齢の幅が大きくてもいい場合は、たとえば、「20歳～40歳」「40歳以上」というように属性の数を少なくするなど、調べたい内容に合わせて属性の数を決めてください。

また、もし子供の有無が商品コンセプトに関係があるという仮説を立てるならば、子供の有無を聞く質問を入れてください。

先に述べましたが、属性の数が増えれば、必要となるサンプル数も増えますので注意しましょう。

以上が、梅澤式のアンケートのつくり方です。

先にご紹介した、必須の3つの質問だけの調査でも、得られるものはすごく大きいはずです。

これまで商品コンセプトの調査をやらないで、商品をつくっていた人は、「こんなことまで、わかるのか！」と目から大きなウロコが落ちることでしょう。

繰り返しますが、まずはアンケート調査に初挑戦の会社は、必須の3つの質問で100サンプルを目標に実施しましょう。

では次に、アンケート実施後のサンプルの分析のやり方についてお話しましょう。

3　アンケートの分析手順

アンケートの回答が手元に届きましたら、いよいよ分析してみましょう。

100億ロケット・マーケティングでは、次にあげる3種類の分析をおこなっていただきます。

1. 基本分析

【基本分析ステップ1】ぜひ買いたい率を算出する

【基本分析ステップ2】価格の許容性をみる

2. 商品の魅力分析

【商品の魅力分析ステップ1】「ぜひ使いたい」と答えた人の「商品理由」から商品の魅力を明らかにする

【商品の魅力分析ステップ2】「ぜひ使いたい」と答えた人の「自分理由」から商品の魅力を明らかにする

【商品の魅力分析ステップ3】意向なしの人の「商品理由」から商品アイデアの改良ヒントを見つける

【商品の魅力分析ステップ4】意向なしの人の「自分理由」から除外ターゲットを見つける

3. 顧客属性分析

【顧客属性分析ステップ1】属性分析から商品の顧客ターゲットを明らかにする(1)

【顧客属性分析ステップ2】属性分析から商品の顧客ターゲットを明らかにする(2)

【顧客属性分析 補足】使用意向の理由を加えて仮説を検証する

では、ひとつひとつ説明しましょう。

1．基本分析

【基本分析ステップ1】〝ぜひ買いたい率〟を算出する

一番はじめに、売上予測式「フォーミュラーV」の計算式に入れる「ぜひ買いたい率」を計算します。「ぜひ買いたい率」は、売上予測の計算式に入れる、とても重要な数値です。

次ページ図12に示した、1粒満腹菓子のアンケート結果の例で説明しましょう。

図にある【質問3】が、アンケートの購入意向の質問です。矢印の下は、アンケート結果の集計と、「ぜひ買いたい率」の計算式を明記しています。

ここでは、29人が「ぜひ買いたい」と答えてくれました。回収したアンケートが154サンプルですから、29を154で割れば、「ぜひ買いたい率」が算出できます。

この例では、「ぜひ買いたい率は19％」という結果になりました。

新カテゴリーの商品で**「ぜひ買いたい率」が30％以上であれば、商品は大ヒットする確率が高いです。**反対に、**企業によってバラツキがあるものの「ぜひ買いたい率」が20％未満の**

図 12「ぜひ買いたい率」の計算の仕方

【質問3】仮に、この商品が「６個入り 600 円(税込み)」で売り出されたとしたら、あなたはご自分でお金を出して買いたいと思われますか？　あなたのお気持ちに最も近いものを１つだけ選んでください。

1．ぜひ買いたい
2．買ってみたい
3．どちらともいえない
4．たぶん買わない
5．ぜんぜん買いたくない

アンケートの結果（154 サンプル）

購入意向あり
- 1．ぜひ買いたい――29 人
- 2．買ってみたい

購入意向なし（非購入意向）
- 3．どちらともいえない
- 4．たぶん買わない
- 5．ぜんぜん買いたくない

$$\text{ぜひ買いたい率}=\frac{\text{ぜひ買いたいと答えたサンプル数}}{\text{回収したサンプルの総数}}=\frac{29}{154}=0.19$$

ぜひ買いたい率 19%

場合は、商品コンセプトを改良したほうが無難です。

1粒満腹菓子は、「ぜひ買いたい率」が19％なので、商品コンセプトなどの改良が必要です。

【商品の魅力分析ステップ1】以降で改良のやり方を説明します。

【基本分析ステップ2】価格の許容性をみる

次に、【質問1】の使用意向の回答結果と、【質問3】の購入意向の回答結果から、アンケートに提示した価格が妥当であったかどうか、いわゆる価格の許容性を分析します。

1粒満腹菓子のアンケートで提示した価格は、6個入り600円（税込み）です。

次ページ図13にあるとおり、1粒満腹菓子の「使用意向の質問」で、「ぜひ食べたい」と答えた人と「食べてみたい」と答えた人を足した人数は、131人（A）でした。

続いて、「購入意向の質問」で「ぜひ買いたい」と答えた人と「買ってみたい」と答えた人を足した人数は、77人（B）でした。このBの人数をAの人数で割った数値（％）で、提示した価格が妥当であったかを判断します。判断するときの原則は、

図 13　価格の許容性の見方

1 粒満腹菓子のアンケート結果

サンプル数 154 / 使用意向率 85% / ぜひ買いたい率 19%

【質問 1】使用意向の質問	「ぜひ食べたい」83 人 「食べてみたい」48 人	計 131 人……A
【質問 3】購入意向の質問	「ぜひ買いたい」29 人 「買ってみたい」48 人	計 77 人……B

$\frac{B}{A} \geqq 70\%$ ……許容できる価格である

$\frac{B}{A} < 70\%$ ……許容できない価格である

6 個入り 600 円(税込み)
1 粒満腹菓子の場合？

$$\frac{B}{A} = \frac{77}{131} = 59\% < 70\%$$

許容できない価格！
価格が高すぎる？

B÷Aが70％以上であれば→「許容できる価格である」
B÷Aが70％未満であれば→「許容できない価格である」

となります。

つまり、商品の使用意向を示した人が、価格を提示されてどれだけ購入意向を示したか、その割合(％)をみて、使用意向を示した人の70％以上の人が購入意向を示した場合は許容できる価格、70％未満の場合は、許容できない価格であったと判断します。

1粒満腹菓子の場合、使用意向を示した人が131人に対して、購入意向を示した人が77人で59％ですから、提示された価格は「許容できない」という結果になりました。

それは、1粒満腹菓子の使用意向率85％という高い比率に対して、購入意向率19％という低い比率にも表われていて、使用意向率が高いにもかかわらず、購入意向率が低いのは、価格を見て、「高いから買わない(買えない)」と思った人が多かったという理由が考えられます。

このように、「許容できない価格」である場合は、「使ってみたいと思ったものの、この価格を払うほどではない」という理由が圧倒的に多いです。つまり「その価格に見合うほどの商品コンセプトの魅力はない」ことを示しています。

もう一つ、非常に稀《まれ》なケースですが、「使ってみたいと思ったものの、価格が安すぎて、こんなに安くて品質は大丈夫なの？」と不信に思う人が多かったために、「許容できない価格」となる場合があります。

どちらに該当するかは、**【商品の魅力分析ステップ3】**の意向なしの人の理由を分析すればわかりますが、1粒満腹菓子の場合は、品質を疑問視した意見はほとんどなかったので、6個入りで600円、1粒100円という価格が高いと思った人が多く、購入意向率が低くなったと考えられます。

提示した価格が高いとわかった場合は、改良として価格を下げるのが一番簡単です。

しかし100億ロケット・マーケティングでは、粗利7割以上の商品であることが条件ですので、安易に価格を下げるわけにはいきません。価格を下げずに、いかに価格の許容性を上げるかを開発チームは知恵を絞って考える必要があります。

図14　使用意向の理由を聞く質問

【質問2】前の設問で、そのようにお考えになったのは、この商品のどのような点からですか。どのようなことでも結構ですから、なるべく具体的にお答えください。

※【質問1】で「ぜひ使いたい」「使ってみたい」と答えた人は使用意向の理由を書く

※【質問1】で「どちらともいえない」「あまり使いたくない」「ぜんぜん使いたくない」のどれかを選んだ人は、非使用意向の理由を書く

2．商品の魅力分析

【商品の魅力分析ステップ1】

「ぜひ使いたい」と答えた人の「商品理由」から商品の魅力を明らかにする

まず図14をご覧ください。図14にある【質問2】では、一つ前の【質問1】の、「ぜひ使いたい」「使ってみたい」「どちらともいえない」「あまり使いたくない」「ぜんぜん使いたくない」のいずれかの回答に対し、その理由を書いていただきます。

【質問1】で、「ぜひ使いたい」「使ってみたい」と答えた人は**意向ありの人**で、【質問2】で、**使用意向の理由**を書くことになります。

「どちらともいえない」「あまり使いたくない」「ぜんぜん使いたくない」のどれかを選んだ人は**意向なしの人**で、**非使用意向の理由**を書くことになります。

ここでは、「ぜひ使いたい」と答えた人の理由から魅力分析をおこ

図15　理由を分類する手順

1「ぜひ使いたい」と答えた人のサンプルとそれ以外に分ける
↓
2「ぜひ使いたい」と答えた人の理由を１つの表にまとめる
↓
3 理由をカードに書き写す（１枚のカードに１つの理由）
↓
4 カードを「商品理由」と「自分理由」の２つに分ける
↓
5「商品理由」が書かれたカードを同じ理由を集めてグループ化する
↓
6 さらに同類の商品理由をまとめて最終的に多い理由上位３つに絞る
↓
7 上位３つの商品理由を文章化する

ないます。実務の現場では、使用意向の理由として「ぜひ使いたい」と答えた人が多い場合には、「ぜひ使いたい」と答えた人の理由を中心に分析を進めていきます。ただし商品コンセプトによっては、「ぜひ使いたい」という回答が少ない場合もあるでしょう。その場合には、「使ってみたい」と答えた人の理由も加えて分析をしてください。

本書は「ぜひ使いたい」と答えた人が多いケースとして、「ぜひ使いたい」という理由だけで分析します。分析にあたって、「ぜひ使いたい」と答えた人の商品理由を分類する簡単な作業をおこなっていただきます。作業の流れは、図15のとおりです。

実際にアンケート調査をおこなって、回収したサンプルを使って、開発メンバー全員でこの作業をやっていただくのが、一番わかりやすいですが、まずは、この作業の流れをマンガで見ていただきましょう。

アンケートの分析を始めよう！
回答サンプルの数は154！
おぉ…！

マンガ①

この154人を「一粒満腹菓子をぜひ食べたい」と回答した人とそれ以外に仕分けてね
了解です！
仕分けの結果、「ぜひ食べたい」と回答した人は83人でした
サッ
サッ
ぜひ食べたいと回答した人
その他

マンガ②

マンガ③

次は「ぜひ食べたい」と答えた人の理由をリスト化しよう！
その作業は私がやるわ！
1 体に良い素材
2 一粒で満腹
3 満腹感
4
5
通し番号も必要よね
さすが！

マンガ④

さらに分担してリストの理由をカードに書き出すよ
カード一枚に書ける理由は一つだけだから気をつけてね
確かに理由を二つ書いている人もいますね！
…

カード化した「理由」は商品理由と自分理由に分けて分析するよ
自分理由
商品理由
商品理由と自分理由の違いって何ですか?
理由の主語が商品か自分かってところだね
(私は)すぐお腹がすくから
(この商品は)体に良さそう
マンガ⑤

次に商品理由のカードの中で同じ理由を書いているカードをグループに分けてね
なんだかトランプみたいね
「ダイエットにいい」が入るグループはあるかな?
?
あ!
それはこっちでーす!
マンガ⑥

マンガ⑦

グループの仕分けとカードの枚数を数えたら……
また表にするのね？任せて！
ダダダダダダ

マンガ⑧

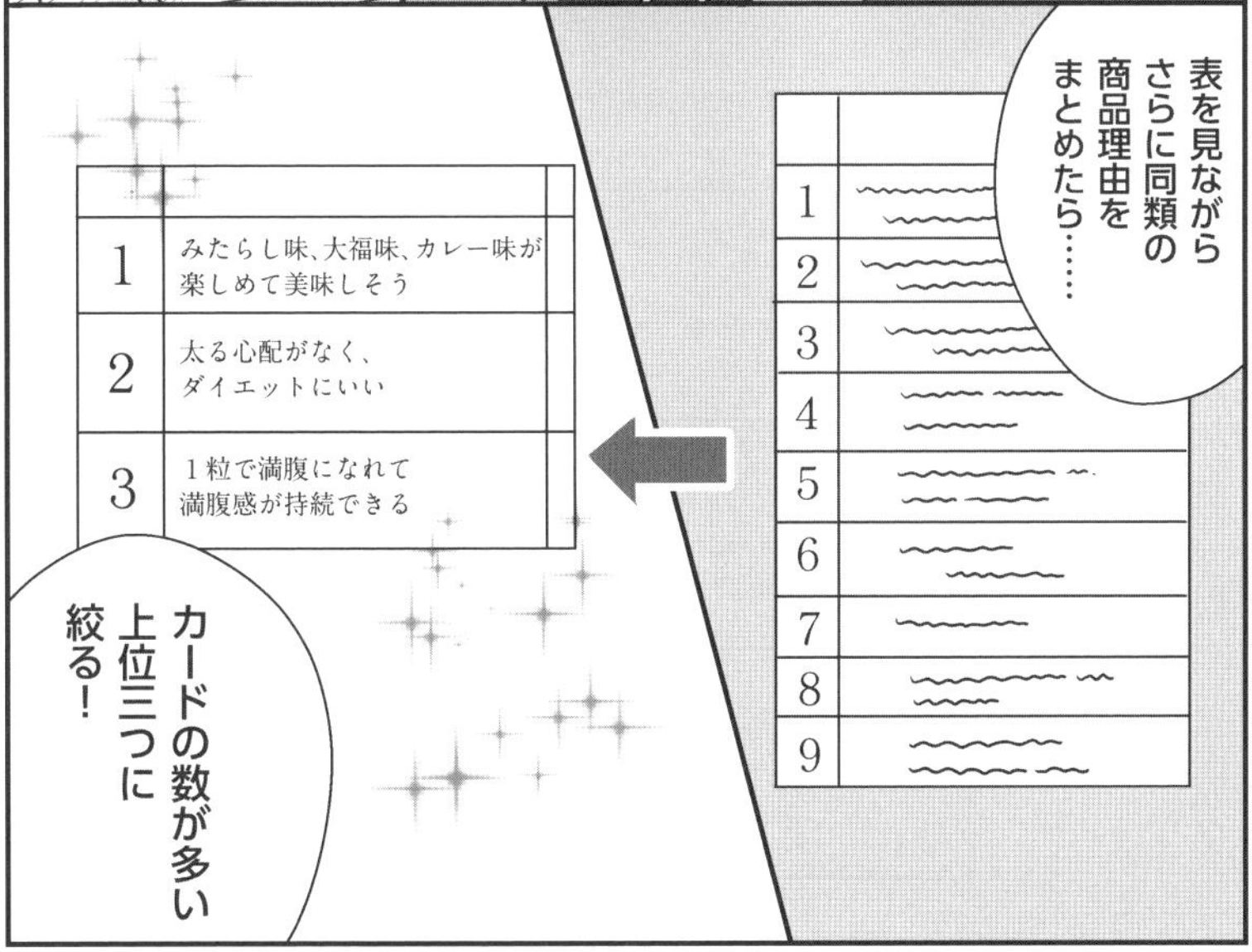
表を見ながらさらに同類の商品理由をまとめたら……
1
2
3
4
5
6
7
8
9
1　みたらし味、大福味、カレー味が楽しめて美味しそう
2　太る心配がなく、ダイエットにいい
3　１粒で満腹になれて満腹感が持続できる
カードの数が多い上位三つに絞る！

いかがでしょうか。さらにマンガで見てもらった作業を詳しく説明しましょう。

まずはじめに、回収したサンプルを、質問1で「ぜひ使いたい」と答えた人のサンプルと、それ以外の回答をした人のサンプルの2つに分けます（**マンガ①と②の作業**）。

次に、「ぜひ使いたい」と答えた人のサンプルに書かれた、「ぜひ使いたい」と答えた理由（※質問2の回答）を、1つの表にリスト化します（**マンガ③の作業**）。リスト化にあたっては、エクセルを使えば便利です。

たとえば、1粒満腹菓子のアンケート調査で「ぜひ食べたい」と答えた人の理由をまとめたら、次ページの図16のようになりました。

1粒満腹菓子のアンケートでは、「ぜひ食べたい」と答えた人が83人いました。表にまとめると、83個のさまざまな使用意向理由が並びます。中にはまったく同じ内容のものもあります（図16では紙面の関係で、83個のうちの17個の理由しか掲載できていません）。

次に、そのリストを見ながら、開発メンバー全員で分担して、リストに書かれている理由

3　アンケート調査のやり方【分析手順】

図16　1粒満腹菓子を「ぜひ食べたい」と答えた人の理由

1	体に良い素材で、体のなかからきれいにしてくれるから。
2	一粒で満腹というフレーズに惹かれました。
3	満腹感があり食べ過ぎずに済みそう。
4	小腹が空いたときにすごくよさそう。食べ過ぎてしまうのを防げそう。
5	健康的。
6	太る心配がない。一粒で満腹感があって、食べ過ぎを予防できる。
7	ダイエット効果を期待できる。
8	太る心配なくお腹を満たせるお菓子ということに興味がある。濃厚なペーストというのも美味しそう。
9	味のバリエーションが珍しいと感じた。満腹感が持続する点も興味深いです。
10	すぐお腹が空いてしまって、食べたくなるので。
11	胃で10倍膨れる植物由来成分が配合されて満腹感が持続するところが魅力。
12	従来のお菓子にはない、一つの袋で甘い味も、しょっぱい味も楽しめるというバラエティーに富んでいる所。 半生菓子にもかかわらず、1個10kcalという所。
13	中にみたらし、大福味、カレー味のペーストが入っているから、しっかり、味を楽しむことができるし、胃の中で10倍に膨らむなら、食べ過ぎることがないからいいと思います。
14	みたらし味で美味しそう。しかも太る心配がないなら、ぜひ。
15	1粒でお腹がいっぱいになるというのはにわかに信じがたいけれど、興味があるので試してみたい。
16	半生菓子大好きです！本当にお腹いっぱいになるか気になりますが、なるなら凄い！食べてみたい。
17	個包装なので色んな場面で使えそう。カレー味があるのもいい。

をカードに書き写します（**マンガ④の作業**）。

このとき、1枚のカードに1つの理由を書くようにしてください。

たとえば、図16の中の8番目の理由は、「太る心配なくお腹を満たせるお菓子ということに興味がある。濃厚なペーストというのも美味しそう」です。

この人は、「ぜひ食べたい」の理由を2つあげていますので、カードは2枚つくります。

なかには長文でたくさんの理由を書いている人がいますので、カードが3枚以上になることもあります。

この作業もエクセルでできますが、開発メンバー全員で分析のやり方を共有したほうがいいので、カードを使って作業をすることをおすすめします。1粒満腹菓子でいえば、83の使用意向理由をカード化して、カードの枚数は133枚となりました。

次に、カード化された理由をひとつひとつ見ながら、カードを「**商品理由**」と「**自分理由**」に分けます（**マンガ⑤の作業**）。

「**商品理由**」とは、商品を主語にして語られた理由のことです。

たとえば、「**（商品が）○○だから使いたい**」という理由は「商品理由」となります。

一方、「**自分理由**」は、**自分を主語にして語られた理由のこと**で、「**私は○○だからこの商品を使いたい**」という理由が「自分理由」となります。

たとえば、図16の1番目の人の理由は、「体に良い素材で、体のなかからきれいにしてくれるから」というものですが、この理由は「(この商品は)体に良い素材で、体のなかからきれいにしてくれるから」となりますので、商品を主語にして語られた商品理由となります。

そして図16の10番目の「すぐお腹が空いてしまって、食べたくなるので」という理由は、「私は」が主語になりますので、自分理由となります。

ところで、なぜ「商品理由」と「自分理由」に分けて分析するかといえば、商品コンセプトを見た瞬間に「欲しい！」と感じるニーズの強さや内容が、「自分理由」と「商品理由」を分けることで鮮明になるからです。

「自分理由」の数が多いほど、優れた商品コンセプトだということを示しています。これは、私が分析を重ねる中で発見したことですが、「自分理由」が多いということは、顧客が商品コンセプトに触れただけで、自分の悩みや実態に気づくことができた証拠です。

つまり、それだけ力強い商品コンセプトだということなのです。

ですから、「自分理由」が多いほど、商品コンセプトが魅力的で、商品がヒットする確率

図 17　1粒満腹菓子を「ぜひ食べたい」と答えた人の商品理由をグループ化する

	意向理由	ポイント
1	1粒で満腹になれる	16
2	みたらし味、大福味、カレー味が楽しめて美味しそう	15
3	胃の中で10倍に膨れる	13
4	ダイエットにいい	12
5	太る心配がない	10
6	美味しそう	7
7	植物由来の成分で安心	6
8	空腹感を満たせる	6
9	半ナマがいい	6
10	低糖質がいい	5
11	食べ過ぎを防げる	5
12	個包装で持ち歩きに便利	5
13	満腹感が持続するのが魅力	5
14	今までにない商品	4
15	1粒10キロカロリー	3
16	濃厚なペーストがいい	3
17	香りで太らない	2

が高くなります。実際にアンケートをとっていただくとわかりますが、「自分理由」は「商品理由」と比べると、圧倒的に数が少ないです。商品によってはゼロの場合もあります。

ここでは先に「商品理由」を分析しますので、「自分理由」のカードは別に置いておき、「商品理由」が書かれたカードを同じ理由ごとに集めてグループ化します（**マンガ⑥の作業**）。

そのグループ化が終わりましたら、理由ごとにカードの枚数を数えて、リスト化します（**マンガ⑦の作業**）。このとき、理由が多かったもの順に表にまとめます。

1粒満腹菓子のアンケートで、グループ化した商品理由をリスト化したものが前ページの図17です。ちなみに、図17の中のポイントとはカードの枚数のことです。

次に、グループ化した理由（図17）を眺めて、さらに同類としてまとめられないかを検討し、上位3つの理由にまとめます（**マンガ⑧の作業**）。

たとえば、図17の1番目と13番目、2番目と6番目、そして4番目と5番目などは理由として同類なので、さらに1つにまとめて、最終的に多い理由上位3つが、図18のようになりました。

図18　１粒満腹菓子を「ぜひ食べたい」と答えた人の上位３つの商品理由

	意向理由	ポイント
1	みたらし味、大福味、カレー味が楽しめて美味しそう	22
1	太る心配がなくダイエットにいい	22
3	１粒で満腹になれて満腹感が持続できる	21

※同ポイント１位が２つ

ご覧のとおり、１粒満腹菓子を「ぜひ食べたい」と答えた人の商品理由で一番多いのが、「みたらし味、大福味、カレー味が楽しめて美味しそう」と「太る心配がなくダイエットにいい」。３番目が「１粒で満腹になれる」という結果になりました。

次に、上位３つの商品理由を１つの文章にまとめます。１粒満腹菓子の場合は、図18の上位３つの理由を文章化して、

「太る心配がなく、美味しく１粒で満腹になれて、満腹感が持続できる」

となりました。これ以外にも、組み合わせ方によっていろいろな文が考えられますが、ひとつの例としてあげました。

ところで、この文章が何であるかといえば、「ぜひ食べたい」と答えた人の上位３つの商品理由でつくった文章ですから、商

品の魅力が具体的に述べられている文章です。

ここで、アンケートの【作成手順1】で説明した、商品コンセプトの「顧客に与える効用・便益」を思い出してください。

「顧客に与える効用・便益」とは、商品がどう良いかの商品の魅力を示すものでした。

1粒満腹菓子のアンケートでは、「顧客に与える効用・便益」として、「太る心配なく、食事と食事の間の空腹感を満たせる」を提示しました。しかしこれは開発メンバーが考えた仮説の商品の魅力です。

そして実際にアンケートをとったことによって、「太る心配がなく、美味しく1粒で満腹になれて、満腹感が持続できる」が、1粒満腹菓子の具体的な消費者視点から見た魅力だとわかりました。

したがって、上位3つの商品理由からつくった文と仮説の「顧客に与える効用・便益」を比べて違った場合は、アンケートから得られた商品の具体的な魅力を「顧客に与える効用・便益」とします（図19参照）。これが「効用・便益」の改良です。

もし仮説と同じであった場合は、改良の必要はありません。1粒満腹菓子の例では、仮説と少し違っていたので、アンケートによって得られた、「太る心配がなく、美味しく1粒で

図 19　多い理由を文章化して、商品の魅力を明らかにする

	意向理由	ポイント
1	みたらし味、大福味、カレー味が楽しめて美味しそう	22
1	太る心配がなくダイエットにいい	22
3	1粒で満腹になれて満腹感が持続できる	21

1つの文章にまとめると、

太る心配がなく、美味しく1粒で満腹になれて、満腹感が持続できる　…①

アンケートに提示した商品コンセプトの
「顧客に与える効用・便益」の仮説とは？

太る心配なく、食事と食事の間の空腹感を満たせる　…②

①と②の内容が同じならば改良の必要なし

①と②が違っていれば、①を優先して一部改良する、あるいは総とっかえする

※1粒満腹菓子の場合は、①と②が少し違うので、
「顧客に与える効用・便益」を①に総とっかえします。

満腹になれて、満腹感が持続できる」に変更したほうがよさそうです。

大事なので繰り返しますが、

お客様は「顧客に与える効用・便益」の「この商品を買えば〜できる」ということに対して、お金を払って商品を買ってくれます。

この「〜できる」がお客様にとって魅力的かそうでないか、それによって売れる商品かどうかが決まるので、提示する「顧客に与える効用・便益」の内容はとても重要です。

また5章でお話しますが、この**「顧客に与える効用・便益」から、商品がどう良いかを短い言葉で示す梅澤式のキャッチコピーをつくります。**商品のキャッチコピーは広告の質を上げるためにとても重要です。

その「顧客に与える効用・便益」の改良ヒントを、「ぜひ使いたい」と強い意向を示した人の商品理由から見つけるのが、ここでの手順となります。

【商品の魅力分析ステップ2】「ぜひ使いたい」と答えた人の「自分理由」から商品の魅力を明らかにする

次に「ぜひ使いたい」と答えた人の「自分理由」を分析します。

分析にあたって、先の**【商品の魅力分析ステップ1】**でおこなった、理由をカード化して「商品理由」と「自分理由」に分けた「自分理由」のカードから、「自分理由」だけを集めた表をつくり、リスト化します。

ちなみに、「自分理由」を書いたカードがすでにあるから表にする必要はないのでは、と思う人がいると思いますが、アンケートの分析は、分析経験を重ねるほど精度が上がっていきますので、商品ごとにきちんと記録を残す意味で、表をつくり管理します。

1粒満腹菓子のアンケートで、「ぜひ食べたい」と答えた人の「自分理由」をまとめた表が、次ページの図20です。

ご覧のとおり、「私は○○だから」という理由で、食べたい理由を述べています。自分理由かどうか判別しにくいものは省《はぶ》いたほうがいいでしょう。

先に述べたとおり、**自分理由が多いほど、提示した商品コンセプトが魅力的**であったといえます。1粒満腹菓子の例でいえば、商品理由が71個で、自分理由が9個。全体の11％が自

図20　1粒満腹菓子の「ぜひ食べたい」と答えた人の自分理由

1	最近体重が増えてダイエットしなくてはと思っているので。
2	食事の後のデザートや間食がどうしてもやめられないので。
3	小腹が空いたときに、お菓子やパンに手がのびてしまうので、この製品を食べてみたい。
4	すぐお腹が空いてしまって、食べたくなるので。
5	今お菓子をやめようとしてるので食べてみたいです。
6	ジムに通っていて、いつも空腹を感じているので私に必要な商品です。
7	今、食欲が抑えられないので、これを食べることで抑制したいと思ったので。
8	口寂しくなると、お菓子をダラダラと食べてしまうが、これなら満腹感が得られて、ダラダラ食いがなくなりそうなので食べてみたい。
9	すぐにお腹が空き、大きな音が鳴るので１粒で満腹に凄く惹かれます。

図 21　自分理由の上位３つ

	自分理由	ポイント
1	食欲を抑えられない	4
2	すぐにお腹が空くので	3
3	ダイエットしているので	2

分理由ですので、十分にいいスコアといえます。

この自分理由の分析についても、先の **【商品の魅力分析ステップ１】** と同じように、理由のグループ化をおこない、理由の多い順に３つ並べてください。

１粒満腹菓子で自分理由で多かった３つの理由が、図21です。ご覧のとおり、１粒満腹菓子を「ぜひ食べたい」と答えた人の自分理由で、多かったのは、「食欲を抑えられない」「すぐにお腹が空くので」「ダイエットしているので」の３つです。

この３つの要素を商品コンセプトの「顧客に与える効用・便益」に付け加えるかを検討します。

先の **【商品の魅力分析ステップ１】** の結果から、「顧客に与える効用・便益」は「太る心配がなく、美味しく１粒で満腹になれて、満腹感が持続できる」に変更しました。

さらに、ここでの結果から、「太る心配がなく、美味しく１粒で満腹になれて、満腹感が持続できる」に、「食欲を抑えられない」「すぐにお腹が空くので」「ダイエットしているので」の要素を付け加えるべきかどうかを検討します。

しかし、すでにこれらの要素が含まれている場合には、改良の必要はありません。1粒満腹菓子の例では、さらに改良する必要はないでしょう。

そのほか、「ぜひ使いたい」と答えた人の自分理由から、想定外の顧客ターゲットが見つかる場合があります。

1粒満腹菓子の場合は、「食欲を抑えたい人」「すぐにお腹が空く人」「ダイエットしたい人」がターゲットであることがわかりました。しかしこれは想定内のターゲットで、新たな発見ではありません。しかし商品によっては、想定外の顧客ターゲットが明らかになることがあります。想定外のターゲットにも商品が売れることがわかれば、当初のターゲットを変更します。

以上が、「意向ありの人」の理由の分析です。

次から「意向なしの人」の理由の分析に入ります。

【商品の魅力分析ステップ3】意向なしの人の商品理由を分析する

「意向なしの人」とは、【質問1】の使用意向をお聞きする質問で、「どちらともいえない」「あまり使いたくない」「ぜんぜん使いたくない」と答えた人のことです。

そして、【質問2】で、「使用意向なしの理由」を具体的に書いてもらいました。

まず、「意向なし」の理由ですが、そもそも意向のない人の理由ですから、少数であれば無視してもいいのですが、場合によっては、「意向なし」の商品理由から「商品アイデア」の改良ヒントを探します。ここで説明します。

そもそも「商品アイデア」とは、商品コンセプトを構成する要素の一つで、「顧客に与える効用・便益」を実現させるアイデアのことでした。

まず、【商品の魅力分析ステップ1】でやったのと同じように、「意向なしの人」の理由を1つの表にリスト化します。1粒満腹菓子のアンケートで、「意向なし」と答えた人の理由をまとめた表が、次ページの図22です。

1粒満腹菓子では、「どちらともいえない」「あまり食べたくない」「ぜんぜん食べたくない」と答えた人が、23人いました。ですから、「意向なし」の理由は23個ありますが、図22では

図 22 1粒満腹菓子の「意向なしの人」の理由

1	想像ができない。
2	食べて直ぐに満腹を感じれば良いけど、噛むことで小腹を満たすのでその時は物足りない感じがして他に手が出そうです。
3	1コで満腹感を感じるのは食べ過ぎなくて良いけど、できたらいっぱい食べてもカロリー低めがいい。 お菓子なら甘い味がいい。カレー味は好みではない。 3種類入っているのはうれしいけど、甘い系グループ、お食事系グループとか味を分けてもいいかもと思う。
4	カレー味がイメージできなかったので。
5	眼で感じる満腹感もありそうなので。
6	お腹の中がいっぱいになってなんだかきつそう。
7	食べた時の満腹感は人それぞれだと思うので、試したいというところまでには至らない。
8	機能性は高そうだけれど、美味しさは伝わってこないので。
9	低糖質のものを摂る必要がないので。
10	気にはなるし食べてみたいが、苦手な味のものも入っている。
11	食事と食事の間にカロリーのあるものをいただくと、せっかくダイエットをしていても体重の落ちが悪くなるので。 (若い時なら別かもしれませんが)
12	中のペーストの味があまり好みではない。 そもそもペーストが大福味という意味もよくわからないのですが、あんこということですか？餅味も入ってるということ？ すぐお腹が鳴るタイプなので食べたいが、奇をてらわずブルーベリーとかチョコで良い気がします。
13	今までもグミのようなものや、飲み物などで、満腹感を持たせて、食事を減らしてダイエットの補助をするという商品があったが、話題にはなるがヒットにはならず、万年ダイエッターの私としては、なかなか信用できない。
14	中の濃厚なペーストの味のバラエティーが、大福味、みたらし味までは良いと思ったが、カレー味は… おやつとして、甘いか、しょっぱい味で、餡物の甘さとお煎餅系のしょっぱさまたは、チーズの方が惹かれる。

紙面の関係で、14個だけ掲載しています。

次に23個の理由をカード化して、「商品理由」と「自分理由」に分けます。分け終わった「自分理由」のカードは別に置いておき、ここでは、「商品理由」のカードをさらにグループ化し、理由の多い順に並べます。

1粒満腹菓子で意向なしの人の「商品理由」を多い順に並べた表が、次ページの図23です。さらに同類の理由をまとめて、上位3つを選んだものが、図24です。

1粒満腹菓子の場合、「意向なし」の理由上位3つは、「味が好みでない」「美味しくなさそう」「植物由来成分がよくわからないので不安」となりました。

言い換えれば、この3つの理由で、多くの人が1粒満腹菓子を「どちらともいえない」も含めて、食べたくないと答えたのです。

ここで注目しなければならないのは、「植物由来成分がよくわからないので不安」という理由です。

この内容は、提示した商品コンセプトに対して、信じられない、信頼できないというものです。

図 23　1粒満腹菓子「意向なしの人」の商品理由をグループ化

	非意向理由のキーワード	ポイント
1	味が好みでない。	6
2	美味しくなさそう。	5
3	機能性は高そうだが、美味しさは伝わってこない。	1
4	今までも満腹感をもたせる商品はあったが、ヒットしておらず、信用できない。	1
5	想像ができない。	1
6	眼で感じる満腹感もありそうなので。	1
7	あまり身体には良さそうではない感じ。	1
8	満腹感は人それぞれなので、試したいというところまで至らない。	1
9	植物由来成分がよくわからないので不安。	1
10	１個で満腹感を感じるのは良いが、できればいっぱい食べてカロリー低めがいい。	1
11	お腹の中がいっぱいになって、なんだかきつそう。	1
12	３種類入っているのは良いが、甘い系、お食事系と味を分けたほうがよい。	1
13	食事と食事の間にカロリーのあるものを食べると、ダイエットの効果が落ちる。	1
14	低糖質のものを摂る必要がないので。	1
15	食べてすぐに満腹感を感じればよいが、噛むことで小腹を満たすので、その時には物足りない感じがして、他の物に手が出そう。	1
16	満腹感を感じたいだけで、お菓子は食べたくないから。	1

図24 1粒満腹菓子の「意向なしの人」の商品理由から改良のアイデアを探る

	非意向理由	ポイント
1	味が好みでない。	7
2	美味しくなさそう。	6
3	植物由来成分がよくわからないので不安。	2

つまり、1粒満腹菓子のアンケートに提示した「満腹中枢を刺激する香りと、胃で10倍に膨れる植物由来成分を入れる」という商品アイデアを信じられないといっているのです。そもそも、

売れる商品コンセプトとは、魅力的であることはもちろん、それに加えて信頼できるものでなければなりません。

ですから、開発メンバーは、「植物由来成分」をより信じられるものにするにはどうするかを検討する価値はあるでしょう。

そのほか権威ある研究所のお墨付きをもらうとか、国や自治体、業界団体などが製品の安全や品質などについて規格や基準を定めたマークを取得するとか、信頼性を高める方法を考えます。たとえば、植物由来成分の成分名を明記したりします。

しかし、信じられない、信頼できないといった少数の意見を聞いて、へたに商品コンセプトを変更して、逆に使用意向率を下げる結果に

なる場合があるので注意が必要です。あくまでも納得できる「理由」なら採用して、アイデアの改良に使いましょう。

また味については、「バラエティがあって半ナマで美味しそう」だから「ぜひ食べたい」と答えた人が多いので、少数の意向のない人の味についての意見は無視してよさそうです。

1粒満腹菓子の場合、ダメだから改良するというのではなく、さらに美味しくするにはどうするかという観点から検討すればいいでしょう。

【商品の魅力分析ステップ4】「意向なしの人」の「自分理由」から除外ターゲットを見つける

続いて、「意向なしの人」の自分理由も分析します。

それによって、主に除外すべき顧客ターゲットのヒントが見つかります。

次ページの図25は、1粒満腹菓子を「どちらでもない」を含め、食べたくないと答えた「意向なしの人」の自分理由を表にまとめたものです。たったの3つしかなかったので、グループ化する必要はありません。

この3つの理由をひとつひとつ読むと、いろいろな理由をあげて食べたくないといっています。

図25　１粒満腹菓子の「意向なしの人」の自分理由

1	食事と食事の間にカロリーのあるものを食べると、 ダイエットの効果が落ちる。
2	低糖質のものを摂る必要がないので。
3	満腹感を感じたいだけで、お菓子は食べたくないから。

１粒満腹菓子の場合、たった３人ですが食べたくないといっています。これらの「自分理由」から除外ターゲットを想定します。ダイエットに関心がうすい人、および、満腹感を満たすためにお菓子は食べない人、および、間食にはカロリーのあるものを避けている人、となります。

ところで、図25の１番目に書かれている自分理由の「食事と食事の間にカロリーのあるものを食べると、ダイエットの効果が落ちる」に注目してみましょう。

この１番目の人の認識は過去の話で、適度な間食は極度の空腹による食べ過ぎや血糖値の急上昇を防いでダイエットに効果があることが証明されています。

もしこの理由をあげた人が大勢いる場合は、意識喚起メッセージをつくって、今おこなっている方法に問題があることを気づかせる必要があります。

意識喚起メッセージのつくり方は、5章で詳しく説明しますが、たとえば、私が開発した風呂釜洗いの「ジャバ」という商品は、発売前に市場調査をおこなった結果、「ぜひ買いたい率」が低く、0.4%という数字では商品化は難しい状況にありました。

意向なしの人の自分理由の多くが、「**私はホースを釜につっこんで洗っているので必要ない**」というものでした。

しかし、実際にはホース洗いでは風呂釜の汚れは落ちません。そこで「ホース洗いでは風呂釜の汚れは落ちない」ことを意識喚起させる必要があると考え、意識喚起メッセージを加えて、再度アンケート調査をおこなったところ、「ぜひ買いたい率」が0.4%から38%へ跳ね上がりました。

覚えている方もいるかと思いますが、「奥さん、まだホース洗いやってんの?」から始まり、ホース洗いしても細菌だらけの風呂釜の内部の映像と、ジャバを使うと浴槽にドバーッと汚れが出てくる映像のテレビコマーシャルを流し、「ジャバ」は大ヒット商品となりました。

このように、意向なしの人の自分理由を分析すると、除外すべきターゲットがわかり、意識喚起メッセージを伝えることで、「ぜひ買いたい率」が急伸する場合が多くあります。

3. 顧客属性分析

【顧客属性分析ステップ1】属性分析から商品の顧客ターゲットを明らかにする（1）

属性を調べる質問は、調査対象者の年齢、性別、居住地、家族構成、職業、あるいは調査対象者の会社の業種、年商、従業員数などをお聞きする質問でした。

この質問によって、商品コンセプトに対して、強い購入意向を示す属性および強い使用意向を示す属性を明らかにして、商品コンセプトを改良したり、想定外のターゲットを見つけて、訴求する広告媒体を選んだりします。

たとえば、1粒満腹菓子の調査でお聞きした属性の質問は、次ページの図26のとおりです。

1粒満腹菓子の調査対象は全員女性でおこないました。ですから回答者は全員女性で、その上でさらに調べた属性の数は、年齢および未婚・既婚と子供の有無の12個です。

この【顧客属性分析ステップ1】では、提示した属性の中で、全体の「ぜひ買いたい率」を上回る属性を見つけ出し、どの属性が強い購入意向を示したかを調べます。

そのために、まず「属性の質問」と「購入意向の質問」の回答をかけあわせて集計します。

図26　1粒満腹菓子の属性をお聞きした質問

【質問】あなたの年齢および結婚の有無、子供の有無をさしつかえない範囲で教えてください。

1．　0～15歳
2．16～19歳
3．20～29歳
4．30～39歳
5．40～49歳
6．50～59歳
7．60～69歳
8．70～100歳
9．未　婚
10．既　婚
11．子供なし
12．子供あり

2つの質問の回答をかけあわせて集計することを「**クロス集計**」といいます。

「クロス集計」のやり方は、まずマンガで見ていただきましょう。

そのあとで、1粒満腹菓子の例を使って、「クロス集計」のやり方をさらに詳しく解説します。

この「クロス集計」も、実際にアンケートをおこなって、回収したサンプルを使って作業をおこなうのが、一番わかりやすいでしょう。

次はクロス集計をするよ
アンケートの回答を属性ごとに分けてどの属性が強い購入意向を示したか調べよう
まずは年代別に分けるよ
30代
40代
50代
60代
「ぜひ買いたい」のはどんな人?
?
?
?
?
?

マンガ①

仕分けが終わったらそれぞれの年代で「ぜひ買いたい」と言った人の人数を数えてね
こんなふうにね
30代 5人／22人中
40代 10人／55人中
50代 7人／47人中
60代 5人／24人中

マンガ②

マンガ③

マンガ④

	全体	ぜひ買いたい	買ってみたい	どちらともいえない	たぶん買わない	ぜんぜん買いたくない
全　体	154 (女性)	29 (19%)	48 (31%)	41 (27%)	31 (20%)	5 (3%)
0～15歳	0	0	0	0	0	0
16～19歳	0	0	0	0	0	0
20～29歳	0	0	0	0	0	0
30～39歳	22	5 (23%)	8 (36%)	3 (14%)	5 (23%)	1 (5%)
40～49歳	55	10 (18%)	11 (20%)	15 (27%)	18 (33%)	1 (2%)
50～59歳	47	7 (15%)	19 (40%)	16 (34%)	4 (9%)	1 (2%)
60～69歳	24	5 (21%)	8 (33%)	5 (21%)	4 (17%)	2 (8%)
70～100歳	6	2 (33%)	2 (33%)	2 (33%)	0	0
未　婚	18	6 (33%)	4 (22%)	6 (33%)	2 (11%)	0
既　婚	136	23 (17%)	44 (32%)	35 (26%)	29 (21%)	5 (4%)
子供なし	48	13 (27%)	14 (29%)	8 (17%)	11(23%)	2 (4%)
子供あり	106	16 (15%)	34 (32%)	33 (31%)	20 (19%)	3 (3%)

アミがけ部分　全体の「ぜひ買いたい率」より上回っている属性を示す

いかがでしょうか。さらにマンガで見てもらったクロス集計の作業を詳しく説明しましょう。

はじめに、まず全サンプルを属性別に分類して属性ごとの人数を出します（**マンガ①の作業**）。

次に、属性別に「ぜひ買いたい」と答えた人の人数を調べます（**マンガ②の作業**）。

次に属性別の「ぜひ買いたい」と答えた人の人数を、その属性の人数で割って、属性別の「ぜひ買いたい率」を算出します（**マンガ③の作業**）。

属性別の「ぜひ買いたい率」が出ましたら、全体の「ぜひ買いたい率」を上回っている属性にアミをかけるなど、ひと目でわかるような印をつけます（**マンガ④の作業**）。

以上で、クロス集計の表は完成です。

マンガ④で完成させせた1粒満腹菓子の属性と購入意向の質問をクロス集計した表が、次ページの図27です。

図 27　1 粒満腹菓子の属性と購入意向のクロス集計

	全体	ぜひ買いたい	買ってみたい	どちらともいえない	たぶん買わない	ぜんぜん買いたくない
全　体	154（女性）	29 (19%)	48 (31%)	41 (27%)	31 (20%)	5 (3%)
	①属性別の人数↓	②属性別の「ぜひ買いたい」と答えた人数↓　③属性別の「ぜひ買いたい率」↓				
0 ～ 15 歳	0	0	0	0	0	0
16 ～ 19 歳	0	0	0	0	0	0
20 ～ 29 歳	0	0	0	0	0	0
30 ～ 39 歳	22	5 (23%)	8 (36%)	3 (14%)	5 (23%)	1 (5%)
40 ～ 49 歳	55	10 (18%)	11 (20%)	15 (27%)	18 (33%)	1 (2%)
50 ～ 59 歳	47	7 (15%)	19 (40%)	16 (34%)	4 (9%)	1 (2%)
60 ～ 69 歳	24	5 (21%)	8 (33%)	5 (21%)	4 (17%)	2 (8%)
70 ～100 歳	6	2 (33%)	2 (33%)	2 (33%)	0	0
未　婚	18	6 (33%)	4 (22%)	6 (33%)	2 (11%)	0
既　婚	136	23 (17%)	44 (32%)	35 (26%)	29 (21%)	5 (4%)
子供なし	48	13 (27%)	14 (29%)	8 (17%)	11(23%)	2 (4%)
子供あり	106	16 (15%)	34 (32%)	33 (31%)	20 (19%)	3 (3%)

アミがけ部分　全体の「ぜひ買いたい率」より上回っている属性を示す

次に分析のやり方です。

まず1粒満腹菓子の例で注意が必要なのは、属性別のサンプル数が基準を満たしていないという点です。前に述べたとおり、サンプル数が少ないと誤差が大きくなるので、属性ごとに最低70サンプル集めてください、と基準を示しました。

1粒満腹菓子の場合、70サンプル以上ある属性は、12個の属性のうち「既婚」と「子供あり」の2つなので、それ以外は誤差が大きいことを頭に入れたうえで分析する必要があります。

まず全体の「ぜひ買いたい率」を上回っている属性を見つけます。1粒満腹菓子では、図27のアミがかかった部分の5つです。

その5つの属性とは、

「30～39歳」

「60～69歳」

「70～100歳」

「未婚」

「子供なし」

この5つの属性を見比べると、女性という以外に共通点がないように見えますが、5つの属性に共通するものを考えます。そして仮説を立てます。

たとえば、30歳代で未婚の女性は、子供もいないので、自由に使えるお金をもっていて、美容や体型維持に気をつかっています。だから、美味しくて無理なくダイエットできて、しかも安心な1粒満腹菓子は、価格が高くても「ぜひ買いたい」と答えた人が多かったという仮説が考えられます。

また、60歳以上のサンプル数が少ないので誤差が大きいですが、60歳以上の女性は結婚していても子供が成人して、お金の余裕もあります。日本の金融資産は、56％が60歳以上の高年齢層によって保有されているといわれています。

この年齢層は、健康を維持するために、1粒満腹菓子は少々価格が高くても「ぜひ買いたい」と答えた人が多かったという仮説が考えられます。

このように、強い購入意向を示す、一見バラバラに見える属性に共通するものを考えることで、その属性に合わせた改良のヒントや、広告のやり方がわかる場合があります。

また開発メンバーが当初、60歳以上の人をターゲットとして想定していなかった場合は、今回の調査で60歳以上の人もターゲットになることがわかりました。ただし、60歳以上の人のサンプル数が少ないので、確信を得るには再度アンケートをおこなって、60歳以上の人のサンプルを多くとる必要があるでしょう。

【顧客属性分析ステップ2】属性分析から商品の顧客ターゲットを明らかにする（2）

次に、属性の質問と使用意向の質問をクロス集計してみます。

使用意向の質問とは、価格を提示せずに、1粒満腹菓子を食べたいか、食べたくないかの気持ちの強さを調べる質問でした。

1粒満腹菓子の属性と使用意向をクロス集計したものが、次ページの図28です。

クロス集計のやり方は、先の**【顧客属性分析ステップ1】**と同じ要領でおこなってください。

ここでは、どの属性が全体の平均より「ぜひ食べたい率」「食べてみたい率」が上回っているかをみて、使用意向を示す属性を明らかにします。

図28の1粒満腹菓子の例では、全体の「ぜひ食べたい率54％」を上回った属性は3つで、全体の「食べてみたい率31％」を上回った属性は4つです。図28のアミがかかっているところが上回った属性です。

図 28　1 粒満腹菓子の属性と使用意向のクロス集計

	全体	ぜひ食べたい	食べてみたい	どちらともいえない	あまり食べたくない	ぜんぜん食べたくない
全　体	154（女性）	83 (54%)	48 (31%)	15 (10%)	6 (4%)	2 (1%)
	①属性別の人数↓	②属性別の「ぜひ食べたい」と答えた人数↓　③属性別の「ぜひ食べたい率」↓	②属性別の「食べてみたい」と答えた人数↓　③属性別の「食べてみたい率」↓			
0 〜 15 歳	0	0	0	0	0	0
16 〜 19 歳	0	0	0	0	0	0
20 〜 29 歳	0	0	0	0	0	0
30 〜 39 歳	22	14 (64%)	6 (27%)	0	1 (5%)	1 (5%)
40 〜 49 歳	55	32 (58%)	13 (24%)	7 (13%)	3 (5%)	0
50 〜 59 歳	47	23 (49%)	19 (40%)	4 (9%)	1 (2%)	0
60 〜 69 歳	24	11 (46%)	7 (29%)	4 (17%)	1 (4%)	1 (4%)
70 〜100 歳	6	3 (50%)	3 (50%)	0	0	0
未　婚	18	9 (50%)	8 (44%)	1 (6%)	0	0
既　婚	136	74 (54%)	40 (29%)	14 (10%)	6 (4%)	2 (1%)
子供なし	48	29 (60%)	14 (29%)	3 (6%)	2 (4%)	0
子供あり	106	54 (51%)	34 (32%)	12 (11%)	4 (4%)	2 (2%)

アミがけ部分　全体の「ぜひ食べたい率」「食べてみたい率」より上回っている属性を示す

年齢でいうと、60~69歳以外、すべての年代で使用意向が平均を上回っています。

しかし60~69歳は平均を下回るといっても、ほぼ平均に近い数字ですので、1粒満腹菓子ではすべての年齢で使用意向があると判断できます。

次に、ここでの属性と使用意向のクロス集計結果と、**【顧客属性分析ステップ1】**で明らかになった属性と購入意向のクロス集計結果を比べてみます。

【顧客属性分析ステップ1】では、全体の「ぜひ買いたい率19%」を上回ったのが、次の5つの属性でした。

「30~39歳」

「60~69歳」

「70~100歳」

「未婚」

「子供なし」

対して、ここで全体の「ぜひ食べたい率54%」と「食べてみたい率31%」を上回った属性は、次の7つの属性です。図28でアミのかかった部分です。

「30～39歳」
「40～49歳」
「50～59歳」
「70～100歳」
「未婚」
「子供なし」
「子供あり」

この2つのクロス集計の結果を比べてみると、「40～49歳」が「ぜひ食べたい」という強い使用意向を示したにもかかわらず、価格を提示した購入意向の質問で、「ぜひ買いたい」と答えなかった人が多いことがわかります。食べたいけれど価格が高いから買わない（買えない）ということでしょう。

この分析から、価格の許容性を上げることができれば、「40～49歳」の「ぜひ買いたい率」は上がる可能性があります。

また強い使用意向を示した「40～49歳」は、子供がいる女性が多く、この層が「ぜひ買いたい」と答えなかったことで、「子供あり」の「ぜひ買いたい率」を押し下げたという仮説が立てられます。

これについては、「ぜひ食べたい」と答えた「40～49歳」のアンケート回答を抜き出して一枚一枚調べれば、立てた仮説が正しいかどうか見極めることができる場合もあります。

【顧客属性分析 補足】使用意向の理由を加えて仮説を検証する

先の**【顧客属性分析ステップ1】**では、「属性」と「購入意向」の2つの質問の回答をクロス集計して分析しました。

そして**【顧客属性分析ステップ2】**では、「属性」と「使用意向」の2つの質問の回答をクロス集計して分析しました。

さらに、**「属性」**と**「使用意向」**に、**「使用意向（非使用意向）の理由」**を加えてクロス集計

図29　30～39歳で「ぜひ食べたい」と答えた理由

「ぜひ食べたい」と答えた人の理由（女性／30～39歳）	
1	体に良い素材で、体のなかからきれいにしてくれるから。
2	ダイエットに大敵だけれど空腹を満たしたい気持ちがお菓子に手を伸ばさせるのでいつもチョコレートやクッキーなどカロリーが気になるものばかりでしたが、この商品はまるで違うタイプのもので、半生であったり濃厚なペーストが入っていたり、植物由来の成分でお腹の中で膨らんでくれたりと満足度の高い商品だと思ったからです。
3	健康的。
4	太る心配がない。一粒で満腹感があって、食べ過ぎを予防できる。
5	ダイエット効果を期待できる。
6	太る心配なくお腹を満たせるお菓子ということに興味がある。 濃厚なペーストというのも美味しそう。
7	味のバリエーションが珍しいと感じた。満腹感が持続する点も興味深いです。
8	胃で10倍膨れる植物由来成分が配合されて満腹感が持続するところが魅力。
9	従来のお菓子にはない、一つの袋で甘い味、しょっぱい味も楽しめるというバラエティーに富んでいる所。 半生菓子にもかかわらず、1個10kcalという所。
10	食べても安心なお菓子なら、ぜひ、食べたいです。中にみたらし、 大福味、カレー味のペーストが入っているから、しっかり、味を楽しむことができるし、胃の中で10倍に膨らむなら、食べ過ぎることがないからいいと思います。
11	みたらし味でおいしそう。しかも太る心配がないなら、ぜひ。
12	1粒でお腹がいっぱいになるというのはにわかに信じがたいけれど、興味があるので試してみたい。
13	半生菓子大好きです！ 本当にお腹いっぱいになるか気になりますが、なるなら凄い！ 食べてみたい。
14	低カロリーで低糖質、個包装なので色んな場面で使えそう。カレー味と甘いの以外があるのもいい。

図30　30～39歳で「ぜひ食べたい」と答えた人の上位３つの理由

	意向理由	ポイント
1	みたらし味、大福味、カレー味が楽しめて美味しそう	5
1	太る心配がなくダイエットにいい	5
1	１粒で満腹になれて満腹感が持続できる	5

してみると面白い発見がある場合があります。

前ページの図29は、１粒満腹菓子のアンケートで強い使用意向を示した「30～39歳」の人の「ぜひ食べたい」と答えた「理由」を集めたものです。これが「属性」と「使用意向」に「使用意向理由」を加えてクロス集計したものとなります。

「30～39歳」の人で「ぜひ食べたい」と答えた人は、14人いましたので、その理由は14個です。

この表をもとに、**【商品の魅力分析ステップ１】**で説明したように、同じ理由をグループ化して最終的に上位３つの理由に絞り込みます。

「30～39歳」の人で1粒満腹菓子を「ぜひ食べたい」と答えた人の上位３つの商品理由は、上の図30のようになりました。

図30にある３つの理由と、先の**【商品の魅力分析ステップ１】**を比べてみるなど、使用意向の理由の観点から、さまざまな考察

ができることと思います。このように、クロス集計することで、今まで見えなかった商品の魅力が見えてくるのです。疑問に思うことがあれば、疑問に関連するものをさまざまにクロス集計して、立てた仮説が正しいかどうか検証してください。

そして、**最終的な商品コンセプトの改良は、ご紹介したすべての分析結果を踏まえて、総合的に判断して決めるのがいいでしょう。**

以上が、アンケートの分析と商品コンセプトの改良の説明となります。

この章で解説したアンケートを使った市場調査は、100億ロケット・マーケティングの大きな柱のひとつです。

売る前に売れる商品なのかどうかを調べるために、実際にアンケート調査をおこなって、分析してみてください。自社商品の分析なら、理解がぜんぜん違ってくるはずです。

今まで市場調査をせずに新商品を売り出していた企業は、目からウロコが落ちることでしょう。

ただ分析は、最初難しいと感じるかもしれません。しかしヒット商品を意図的につくりだしている強い企業はどこも、もっと精緻《せいち》な調査で複雑な分析をおこなっています。

本書で紹介したものは基本中の基本ですから、経験を積めば誰でもできるようになります。なにごとも「習うより慣れよ」、ぜひ自社のマーケティング力向上のために、トライしてください。

■コラム■

ロングセラー商品をつくるためのパフォーマンス開発

商品パフォーマンス開発のポイント

次の4章で、テスト品（試作品）を実際に使ってもらうアンケート調査のやり方をお話しますが、ここでは、どのように商品パフォーマンスの開発をおこなってテスト品（試作品）をつくるかについてお話します。

商品パフォーマンス開発をするうえで忘れてはいけないことは、お客様が買う前に商品コンセプトから期待した満足を充たすように商品化することです。

お客様は商品に対して期待したことを基準にして、買った後の商品を評価します。いうまでもなく、期待どおりであれば、満足して「また買いたい」となり、反対に期待外れであれば、「もう二度と買わない」となります。

100億ロケット・マーケティングでは、3カ月から4カ月おきに再購入される商品をつくって、売上を着実に積み上げていきますので、再購入が起きるリピート商品をつくらなければいけません。

ですから、商品パフォーマンス開発は、初回購入率が高いことを確認した商品コンセプトを過不足なく具現化することが大事なポイントとなります。

では、具体的な商品パフォーマンス開発のやり方をお話しましょう。

設計品質づくり

まず開発メンバー全員で、「**設計品質記述書**」をつくります。

設計品質記述書は、商品コンセプトに応じて過不足なく商品パフォーマンスを具現化するために、どのような品質特性を、どの程度具現化する必要があるかを明確にするためにつくります。そして、これを元にして、技術者や製造担当者と話し合い、テスト品をつくります。

次ページの図31は、1粒満腹菓子の設計品質記述書です。

まず、図31にある項目の「品質特性」とは、商品コンセプトの「顧客に与える効用・便益」を実現するための品質特性、つまり商品の機能や状態、構造のことです。1粒満腹菓子では、商品コンセプトのアンケート結果から、「顧客に与える効用・便益」を「太る心配がなく、美味しく1粒で満腹になれて、満腹感が持続できる」に改良しました。どのように分析してどのように改良したかは、3章の【商品の魅力分析】のところで詳しく説明しました。

この「太る心配がなく、美味しく1粒で満腹になれて、満腹感が持続できる」という「顧客に与える効用・便益」を具現化するために、開発メンバー全員で話し合って、求められる品質特性を一枚の紙に書き出します。

この段階ではまだ、「設計品質記述書」には記入しないで、白紙の紙に書き出してください。

図31 １粒満腹菓子の設計品質記述書

１粒満腹菓子の「顧客に与える効用・便益」

「太る心配がなく、美味しく１粒で満腹になれて、満腹感が持続できる」

	品質特性		手段アイデア（たとえば）
「顧客に与える効用・便益」の具現化に不可欠な品質特性 →	必須条件（MUST）	満腹中枢を刺激する	?
		胃に長く成分が留まる	コンニャクマンナン
		口に入れて噛むだけの手軽さで食べられる	一口サイズ
		口に入れて噛むと本物の美味しい味	専門店の味
		口に入れると歯ごたえが美味しい	半生タイプ
		低糖質（１個あたり３グラム）	★★成分を配合する
		低カロリー（１個あたり１０キロカロリー）	甘味料に▲▲を使用
「顧客に与える効用・便益」の具現化にあれば望ましい品質特性 →	魅力条件（WANT）	満腹中枢を刺激する成分、および、胃で膨らむ成分は、植物由来	コンニャクマンナン
		６個入り	?
		個包装	■■包装機を活用
		約半日、満腹がつづくタイプもある	?

次に、書き出した品質特性を、

「必須条件（ＭＵＳＴ）」
「魅力条件（ＷＡＮＴ）」
「どちらでもない不明」

の３つに分けます。

必須条件（ＭＵＳＴ）とは、「顧客に与える効用・便益」の具現化に不可欠な品質特性のことで、必須条件（ＭＵＳＴ）が具現化できなければ、お客様に「期待はずれ」と評価されて、再購入が起きない商品となってしまいます。

２つめの、**魅力条件（ＷＡＮＴ）とは、「顧客に与える効用・便益」の具現化にあれば望ましい品質特性のこと**です。

たくさんの魅力条件（ＷＡＮＴ）を実現しようとすると、コストがかかり納期も遅くなるので、最小限にすべきです。

３つめの「**どちらでもない不明**」は、必須条件か魅力条件かの見極めが難しいものを、「どち

図32　品質特性を３つに分ける

1. **必須条件（MUST）**―「顧客に与える効用・便益」の具現化に不可欠な品質特性
2. **魅力条件（WANT）**―「顧客に与える効用・便益」の具現化にあれば望ましい品質特性
3. **どちらでもない不明**―必須条件か魅力条件かの見極めが難しいもの

らでもない不明」に分類し、今後の課題とします。

以上、３つに分類して、必須条件（ＭＵＳＴ）だけの具現化でも、競合が参入しにくいと考えられる場合は、必須条件（ＭＵＳＴ）だけを充たす商品化で大丈夫です。

逆に、必須条件（ＭＵＳＴ）だけでは不十分と考えられる場合は、魅力条件（ＷＡＮＴ）を含めて商品化します。

ここで重要なことは、必須条件（ＭＵＳＴ）の品質特性が、本当に商品コンセプトの魅力を具現化するものになっているかということです。発売前の商品コンセプトのアンケート調査では評価が高かったのに、発売してみたらお客様の満足度が低いという商品は、必須条件（ＭＵＳＴ）の選択が間違っていたか、必須条件（ＭＵＳＴ）が具現化できていなかったかのいずれかです。

さらに注意が必要なのは、この段階でコストを最優先に考えると、商品パフォーマンスが落ちて、再購入が起きない商品となってしまうことです。

一般に、商品がヒットすれば、量産できるようになり、その段階でコストダウンをはかることができます。この段階では、コストダウンよりお客様の期待と満足を最優先に考える必要があります。

1粒満腹菓子では、「顧客に与える効用・便益」の「太る心配がなく、美味しく1粒で満腹になれて、満腹感が持続できる」を実現するために、開発メンバーは、次の7つの必須条件（MUST）と4つの魅力条件（WANT）を考えました。

必須条件（MUST）

「満腹中枢を刺激する」
「胃に長く成分が留まる」
「口に入れて噛むだけの手軽さで食べられる」
「口に入れて噛むと本物の美味しい味」
「口に入れると歯ごたえが美味しい」
「低糖質（1個あたり3グラム）」

「低カロリー（1個あたり10キロカロリー）」

魅力条件（WANT）

「満腹中枢を刺激する成分、および、胃で膨《ふく》らむ成分は、植物由来」

「6個入り」

「個包装」

「約半日、満腹がつづくタイプもある」

次に、必須条件（MUST）と魅力条件（WANT）を具現化するための「手段アイデア」を考えます。

「手段アイデア」は、品質特性ごとに、「そのためにどうする」をキーワードにして、「たとえば、こういう手段アイデアが考えられる」というものを書き出します。

「手段アイデア」を考える目的は、技術者や製造担当者が見て、イメージしやすいものにすることです。

考えても、アイデアが思いつかない場合は、「?マーク」を記入しておきます。

1粒満腹菓子でいえば、たとえば、必須条件（MUST）の「胃に長く成分が留まる」を具現化するために、蒟蒻芋《こんにゃくいも》などに多く含まれる「コンニャクマンナン」を使うというアイデアが案としてあがりました。

また、必須条件（MUST）の「満腹中枢を刺激する」については、具現化するための技術的なアイデアがわからず、「？マーク」をつけています。

このようにして「設計品質記述書」をつくりましたら、技術者や製造担当者と、この記述書に基づいて打ち合わせをおこない、具体的にどの材料をどのぐらいの分量を使って具現化するかを決め、テスト品の製作にとりかかってもらいます。

まず小規模で使用テストを実施

そしてテスト品ができましたら、小規模（最低10人）で使用テストをおこなって、「設計品質記述書」で決めた品質特性が具現化されているかどうかを調べます。

実際のところ、テスト品を使ってみれば、必ず改良点が見つかります。とくに新カテゴリーの商品の場合、最初に出てきたテスト品が完璧であることは稀《まれ》です。

ですから、小規模で使用テストをおこない、改良すべき点はすべて改良して、そのあとで規模を広げてアンケート調査をおこないます。そのための小規模の使用テストなのです。

ところで、**使用テストをやってもらう場所は、商品が実際に使われる場所でおこなってください**。自宅で使う商品であれば自宅で、会社で使う商品であれば会社で使ってもらって評価してもらいます。

私（梅澤）のこれまでの経験からいえば、この使用テストの段階が最初の壁になり、発売スケジュールが狂いはじめることが多く、開発担当者は、「いついつまでに新商品を出す」という期日を与えられているので、この段階で精神的にも追い詰められます。

しかし、安易に妥協して中途半端な商品を出しても、廃棄の山をつくるだけで、売上100億円には届きません。開発担当者はこの段階で立ち止まって、新商品をつくる目的を問いなおす必要があります。たんに新商品を期日までにつくることが自分たちの目的なのか、という問いです。

新商品を期日までにつくることが目的であれば、「売れるかどうかは売ってみないとわからない」という論法で、商品づくりをしてもいいでしょう。

しかし**「梅澤式の売れる商品づくり」は、そのような「商品づくり」とはまったく違うものです**。

梅澤式は、「**お客様は買う前と買った後の二度評価する**」――その二度の評価で高く評価していただく商品づくりです。

お客様に満足していただける商品に仕上げるには時間がかかりますが、愚直にやるべきことをやることが、結果的に売上100億円への近道となります。

4　リピート率の高い商品かを調べるCP《シーピー》テスト

商品パフォーマンスと商品コンセプトの力を同時に調べるＣＰ《シーピー》テスト

商品コンセプトをもとにテスト品（試作品）ができ上がりましたら、アンケート調査をおこなって、商品が再購入してもらえるものになっているかを調べます。

調査の方法は、調査協力者にテスト品をお渡しして一定期間使っていただき、使用記録をつけていただくとともに、使用期間終了後にアンケートの質問に答えていただく形となります。

調査対象者は、商品コンセプトのアンケート調査で、「ぜひ買いたい」「買ってみたい」と答えた人です。あるいは「ぜひ買いたい」と答えた人に絞って調査をおこなってもいいでしょう。

必要なサンプル数は、100サンプルが理想です。

商品によっては、テスト品をたくさんつくることが難しい場合や、コストがかかりすぎる場合があるので、100サンプルが無理であれば、半分の50サンプルでも構《かま》いません。サンプル数が少なくても、まったくやらないより、はるかにましです。最終的なサンプル数は各社の事情に合わせて決めてください。

ところで、商品パフォーマンスの調査対象者を、商品コンセプトのアンケート調査で「ぜひ買いたい」「買ってみたい」と答えた人に限定する理由は、「ぜひ買いたい」「買ってみたい」と答えた人の期待に応じた商品に仕上がっているかどうかを調べるためです。

テスト品の使用後のアンケートでも、「ぜひ買いたい」「買ってみたい」と答えてくれれば、提示した商品コンセプトの事前期待どおりの商品パフォーマンスに商品が仕上がっているということです。

この調査で、「ぜひ買いたい」「買ってみたい」と答えた人の比率が多ければ、リピート率が高いものに仕上がっていると判断できます。

そして、この調査はリピート率が高い商品に仕上がっているかどうか、いわゆる再購入率の高さを調べると同時に、改良した商品コンセプトを再度提示して、もう一度「使用意向」と「購入意向」の質問に答えていただくことで、改良版の商品コンセプトが初回購入率の高いものに仕上がっているかどうかも確認できます。

ここでいう、改良版の商品コンセプトとは、商品コンセプトのアンケート調査の結果から改良した商品コンセプトのことを指します。

このように、この調査では、**商品コンセプトと商品パフォーマンスの力を同時に調べる**ので、私（梅澤）はこの調査を、**CP《シーピー》テスト**と呼んでいます。

CP《シーピー》とは、コンセプトの「C」とパフォーマンスの「P」の2つを並べたものです。

先に述べたとおり、買う前に初回購入を促すのは商品コンセプトの力です。買った後に再購入を促すのは商品パフォーマンスの力です。そして、その商品コンセプトと商品パフォーマンスの力を同時に調べるのが、ＣＰ《シーピー》テストなのです。

さらに、ＣＰ《シーピー》テストと呼ぶ理由は他にもあります。

それは、提示する商品コンセプトの内容によって、商品パフォーマンスの満足度が大きく違ってくるからです。

例をあげて説明しましょう。

たとえば、かゆみ止めの塗り薬の商品パフォーマンスをテストする場合に、その塗り薬は塗るとベタつくという欠点をもっていたとします。

この塗り薬のテスト品を調査協力者に使っていただくときに、「本品は、○○でかゆみを止めますが、××の理由でベタベタしてしまいます。ベタベタするのは、本品がかゆみを止める働きをしている証拠です」と、あらかじめ商品コンセプトの特徴の一つとして示しておくことで、商品パフォーマンスの評価が確実に上がります。つまり、商品コンセプトが、「ベタつくのは嫌《いや》だ」という、使った人の多くが思う不満を解消する働きをするのです。

このように、**商品コンセプトと商品パフォーマンスは切っても切り離せない関係**にあるのです。そういう意味でも、このテストはCP《シーピー》テストと呼ぶにふさわしいものです。

CP《シーピー》テストの実施方法

CP《シーピー》テストの調査対象は、前述したとおり、商品コンセプトのアンケート調査で「ぜひ買いたい」「買ってみたい」と答えた人です。

その中から、一定期間テスト品を使って、使用記録用紙に一定期間、使用記録をつけてもらって、使用期間終了後にアンケートに答えてくれる人を選び出します。

調査協力者にお渡しするものは4つ、多くて5つです。

①テスト商品
②使用記録用紙（**図33**）
③改良した商品コンセプトシート（**図34**）
④アンケート用紙（**巻末折り込み図35**）
⑤返信用封筒（※②と④を郵便で返送してもらう場合に必要）

図 33 1粒満腹菓子の使用記録用紙

1. お渡ししたテスト品の“1粒満腹菓子”は、食べたい時にご自由にお食べください。
2. 「お名前」欄にご記入の上、テスト品をお食べになった日の、「時間帯」と「個数」にチェックを入れて、ご提出ください。

【お名前】＿＿＿＿＿＿＿＿＿＿

月　　日(　)	月　　日(　)	月　　日(　)	月　　日(　)
■時間帯 ○朝食後 ○食間(朝食～昼食) ○昼食後 ○食間(昼食～夕食) ○その他 (　　　　　) ■個数 ○1個 ○2個 ○3個 ○4個 ○5個 ○6個	■時間帯 ○朝食後 ○食間(朝食～昼食) ○昼食後 ○食間(昼食～夕食) ○その他 (　　　　　) ■個数 ○1個 ○2個 ○3個 ○4個 ○5個 ○6個	■時間帯 ○朝食後 ○食間(朝食～昼食) ○昼食後 ○食間(昼食～夕食) ○その他 (　　　　　) ■個数 ○1個 ○2個 ○3個 ○4個 ○5個 ○6個	■時間帯 ○朝食後 ○食間(朝食～昼食) ○昼食後 ○食間(昼食～夕食) ○その他 (　　　　　) ■個数 ○1個 ○2個 ○3個 ○4個 ○5個 ○6個

月　　日(　)	月　　日(　)	月　　日(　)
■時間帯 ○朝食後 ○食間(朝食～昼食) ○昼食後 ○食間(昼食～夕食) ○その他 (　　　　　) ■個数 ○1個 ○2個 ○3個 ○4個 ○5個 ○6個	■時間帯 ○朝食後 ○食間(朝食～昼食) ○昼食後 ○食間(昼食～夕食) ○その他 (　　　　　) ■個数 ○1個 ○2個 ○3個 ○4個 ○5個 ○6個	■時間帯 ○朝食後 ○食間(朝食～昼食) ○昼食後 ○食間(昼食～夕食) ○その他 (　　　　　) ■個数 ○1個 ○2個 ○3個 ○4個 ○5個 ○6個

①のテスト商品は、その商品が実際に使用される場所でテストしてもらえるようにお願いします。その際、使い方は商品コンセプトシートを参考にしてもらいます。

②の使用記録用紙は、一定期間テスト品を使用してもらい、使用記録を記入するための用紙です。前ページの図33は、1粒満腹菓子でCP《シーピー》テストをおこなったときの使用記録用紙です。1粒満腹菓子では、テスト品と使用記録用紙を送って、1週間毎日試食していただきました。1週間、毎日どの時間帯に何個食べたかをこの用紙に記録してもらいます。

この使用記録を集計することで、実際に商品がどのように使用されたかがわかり、改良すべき点がわかる場合が多くあります。

③は、商品コンセプトを提示した紙です。図34は、1粒満腹菓子の商品コンセプトのアンケート調査から改良した商品コンセプトの改良版です。ピンク色の部分が改良した箇所です。

この改良版の商品コンセプトを提示してアンケート調査をおこなうことで、テスト品の満足度が違ってくるとともに、このテスト品についての初回購入率もわかります。改良版の商品コンセプトが良ければ、前回のアンケート結果より高い結果が出るはずです。

図 34　改良版の商品コンセプト

太る心配がなく、美味しく１粒で
満腹になれて、満腹感が持続できる

１粒満腹菓子

満腹感を味わいたい！でも太っちゃう…

満腹中枢を刺激する香りｘｘと、胃で10倍に膨れる植物由来成分ｙｙが入った、半生タイプで、お口に入れて噛むだけの
１粒満腹菓子なので、
太る心配がなく、美味しく１粒で満腹になれて、満腹感が持続できます。

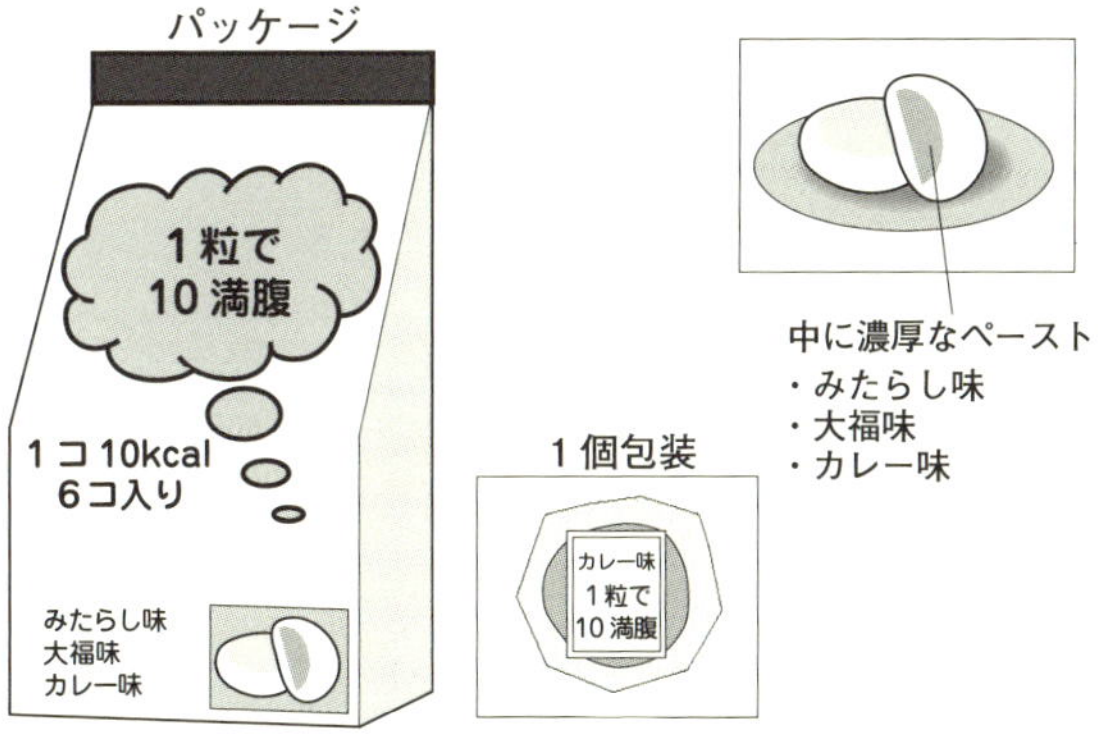

【特徴】

1．中に濃厚なペースト（みたらし味／大福味／カレー味）が入った、低糖質（１個あたり３グラム）の半生菓子です。

2．１袋６個入り（個包装タイプ）なので、空腹を感じた時に、いつでも食べられます。

3．植物由来の満腹中枢刺激成分ｘｘ（香り）が配合されているので、１個でお腹が満腹になります。

4．胃で10倍に膨れる植物由来成分ｙｙが配合されているので、満腹感が持続します。

④のアンケート用紙は、調査協力者に一定期間使用してもらった後に答えてもらうアンケートです。ここで巻末折り込みの図35をご覧ください。図35は、1粒満腹菓子のCP《シーピー》テストのアンケート用紙です。

⑤の返信用封筒は、記入した使用記録用紙とアンケート用紙を郵送で返送してもらう場合に必要になります。使用記録とアンケートをウェブ上で答えていただく場合は不要です。

次に具体的な実施方法です。

商品コンセプトのアンケート調査を市場調査会社に依頼した会社は、CP《シーピー》テストの調査も同じ調査会社に依頼してください。なぜなら、商品コンセプトのアンケート調査で「ぜひ買いたい」「買ってみたい」と答えた人の個人情報を、その市場調査会社が管理しているからです。

サンプル数分のテスト品と使用記録用紙などをまとめて市場調査会社に送り、市場調査会社から調査協力者にテスト品などを送ってもらって、使用期間終了後にウェブ上で使用記録とアンケートの回答をインプットしてもらう手順となります。

料金は調査会社によってまちまちですが、ＣＰ《シーピー》テストのアンケート調査は、一定期間テスト品を使っていただくお礼として、たとえばアマゾンのサイトで使える３０００円程度のポイントを贈呈しますので、100サンプル集める場合は、お礼金で30万円必要になります。加えて、商品を調査協力者に送る送料が別途かかります。

一方、自社で商品コンセプトのアンケート調査をおこなった会社は、ＣＰ《シーピー》テストの調査も自社でおこなってください。

「ぜひ買いたい」「買ってみたい」と答えた人に、メールか文書を郵送して、ＣＰ《シーピー》テストの協力をお願いし、了承していただいた方に、テスト品に関係書類を同封して送ります。この場合は、使用記録用紙とアンケートを郵送で返送してもらう方法と、ウェブ上で答えてもらう方法のどちらかになります。郵送で返送してもらう場合は、返信用封筒も送ってください。自社で実施する場合でも、調査協力者に対するお礼はなんらかの形で必要です。

また、私の会社（商品企画エンジン）のＺａｄａｎでも、いろんな会社から依頼を受けて、商品コンセプトテストとＣＰ《シーピー》テストの調査をおこなっています。

Ｚａｄａｎでは、サンプル数が100未満の場合は、調査協力者に使用記録用紙、商品コンセプト、アンケート用紙、返信用封筒をテスト品に同封してお送りし、テスト期間終了後、アンケートに答えてもらい、郵送で使用記録用紙とアンケート用紙を返送してもらいます。

サンプル数が100以上の場合は、集計に時間がかかるので、使用記録とアンケートはウェブ上で回答してもらいます。詳しいＺａｄａｎの活動内容は、巻末の著者紹介（梅澤伸嘉）のページをご覧ください。

商品使用後の満足度を調べる質問と分析

巻末折り込みの図35をご覧ください。ＣＰ《シーピー》テストのアンケートの質問は、全部で６つです。次ページは、折り込み図35の左半分をクローズアップしたものです。

ご覧のとおり、左半分は、３つの質問で構成されていますが、アンケートは、商品を実際に使っていただいた後で答えていただくのが基本なので、【質問１】【質問２】【質問３】は、まず商品使用後の満足度をお聞きする質問となっています。

満足度をお聞きする**【質問１】**は、一定期間テスト品を食べてみて、全体的なテスト品の満足度をお聞きする質問で、「非常に満足」「満足」「どちらともいえない」「不満」「非常に不満」の

【質問1】“１粒満腹菓子”のテスト品をお食べになって、全体的にどのようにお感じになりましたか。次の中からあなたのお気持ちに最も近いものを１つだけお選びください。

1．非常に満足
2．満足
3．どちらともいえない
4．不満
5．非常に不満

【質問2】前の設問で、そのようにお考えになったのは、この商品のどのような点からですか。どのようなことでも結構ですから、なるべく具体的にお答えください。

【質問3】この商品のいろいろな特徴があげてあります。テスト品をお食べになって、各特徴についてどの程度満足されましたか。１～５のそれぞれについて、あなたのお気持ちに最も近いものを１つずつお選びください。

	非常に満足	満足	どちらでもない	不満	非常に不満
1. １粒満腹菓子なので、太る心配なく、食事と食事の間の空腹感を満たせます	1	2	3	4	5
2. 中に濃厚なペースト(みたらし味・大福味・カレー味)が入った低糖質(1個あたり3グラム)の半生菓子です	1	2	3	4	5
3. １袋６個入り(個包装タイプ)なので、空腹を感じた時に、いつでも食べられます	1	2	3	4	5
4. 植物由来の満腹中枢刺激成分(香り)が配合されているので、1個でお腹が満腹になります	1	2	3	4	5
5. 胃で10倍に膨れる植物由来成分が配合されているので、満腹感が持続します。	1	2	3	4	5

「非常に満足＆満足率」の計算式

$$\frac{\text{「非常に満足」と答えたサンプル数＋「満足」と答えたサンプル数}}{\text{回収したサンプルの総数}}$$

5つの中から1つを選択してもらう質問となります。

分析のための計算は、上の図の計算式のとおり、【質問1】に対して「非常に満足」および「満足」と答えた人の総数を、得られた総サンプル数で割ってみましょう。そうすれば、「非常に満足＆満足率」を算出することができます。

私（梅澤）のこれまでの経験でいえば、企業によってバラツキがあるものの、

「非常に満足＆満足率」が70％以上

であれば、お客様はほぼ満足して再購入してくれるでしょう。また「非常に満足＆満足率が70％未満」の場合は、【質問2】・【質問3】の回答から不満の理由を分析し、もう1度、「非常に満足＆満足率が70％以上」になるように商品をつくりなおしましょう。

【質問２】は、質問１で答えた理由を具体的に自由に書いてもらう質問となります。

分析のやり方は、３章で説明した使用意向（非使用意向）の理由を分析した方法と同じように、「非常に満足」「満足」と答えた人の理由と、「どちらともいえない」「不満」「非常に不満」と答えた人の理由を分けて、それぞれ同じ理由をグループ化し、さらに同類をまとめて、多い順に３つに集約して、満足の理由と不満の理由を分析します。

ポイントは、提示した商品コンセプトと商品パフォーマンスの満足の理由の一貫性です。提示した商品コンセプトが満足の主な理由になっていれば問題ありませんが、もし提示した商品コンセプトと異なる理由が書かれていた場合はリピート商品にはなりえません。その場合は、商品コンセプトと商品パフォーマンスとの現状のズレを分析し、商品コンセプトと商品パフォーマンスの満足の理由が一致するように商品をつくりなおしましょう。

満足度をお聞きする最後の**【質問３】**は、商品パフォーマンスの特性項目別の満足度をお聞きする質問です。

【質問３】は、商品パフォーマンスの特性項目別に満足度を％で算出します。

たとえば、１粒満腹菓子の調査でいえば、回収できたサンプルが100サンプルで、【質問３】

の「1．1粒満腹菓子なので、太る心配なく、食事と食事の間の空腹感を満たせます」に対して、「非常に満足」および「満足」と答えた人が80人だったとしたら、【質問3】の「1」の商品特性の「非常に満足&満足率は80％」となります。計算式は前ページに掲載した式と同じです。

このようにアンケートに提示した商品特性別に「非常に満足&満足率」を算出しましょう。

そのうえで、もう1度、先の【質問2】の分析から得られた満足の理由と【質問3】の結果に一貫性があるかを見てください。

【質問2】の満足の理由と【質問3】の結果が一致していれば、提示した商品コンセプトに対して、商品パフォーマンスも申し分ないリピート商品だといえます。

以上、アンケートの左半分の3つの質問が、商品使用後の満足度を調べる質問となります。

商品使用後の使用意向度を調べる質問と分析

左ページは、アンケートの右半分をクローズアップしたものです。

先ほどの左半分の3つの質問は、商品使用後の満足度を調べる質問に対して、右半分の3つの質問は、商品使用後の使用意向度と購入意向度を調べる質問となります。

【質問4】あなたは、このテスト品を今後どの程度「食べてみたい」と思われますか。次の中からあなたのお気持ちに最も近いものを１つだけお選びください。

１．今後もぜひ食べたい
２．今後も食べてみたい
３．どちらともいえない
４．今後はあまり食べたくない
５．今後はぜんぜん食べたくない

【質問5】前の設問で、そのようにお考えになったのは、この商品のどのような点からですか。どのようなことでも結構ですから、なるべく具体的にお答えください。

【質問6】仮に、この商品が「６個入り 600 円(税込み)」で売り出されたとしたら、あなたはご自分でお金を出して買いたいと思われますか？ あなたのお気持ちに最も近いものを１つだけ選んでください。

１．ぜひ買いたい
２．買ってみたい
３．どちらともいえない
４．たぶん買わない
５．ぜんぜん買いたくない

【質問4】は、一定期間テスト品を使ってみて、【質問1】から【質問3】で商品の満足度をお聞きしたあとに、今後の使用意向をお聞きする質問です。

次の【質問5】は、【質問4】で答えた理由を具体的に自由に書いてもらう質問です。分析方法は、3章で説明した使用意向（非使用意向）の理由の分析方法と同じですが、ここでも提示した商品コンセプトが主な理由になっていれば問題ありません。また【質問2】の「満足の理由」と、【質問5】の「意向を示す理由」が一致しているか否かをみて、一致していない場合は、理由のズレについては分析しておきましょう。

そして最後の【質問6】は、今後の購入意向をお聞きする質問です。

3章でお話しした商品コンセプトのアンケートの購入意向の質問は、商品使用前の購入意向をお聞きする質問でした。ここでは、商品使用後の購入意向をお聞きする質問となり、商品パフォーマンスが再購入が起きるものに仕上がっているかどうかが、この質問の分析でわかります。

図36 「ぜひ買いたい＆買ってみたい率」の計算式

「ぜひ買いたい」と答えたサンプル数＋「買ってみたい」と答えたサンプル数
―――――――――――――――――――――
回収したサンプルの総数

＝ ぜひ買いたい＆買ってみたい率

分析のために、上の図36の計算式に従って、「**ぜひ買いたい＆買ってみたい率**」を算出します。

ご覧のとおり、「ぜひ買いたい＆買ってみたい率」は、「ぜひ買いたい」と答えた人の人数と「買ってみたい」と答えた人の人数を足したものを、総サンプル数で割れば、算出することができます。

私（梅澤）のこれまでの経験では、テスト品を一定期間使っていただいたあとのＣＰ《シーピー》テストのアンケートで、

「ぜひ買いたい＆買ってみたい率」が70％以上

であれば、再購入が起きるリピート商品に仕上がっていると判断できます。

反対に、「ぜひ買いたい＆買ってみたい率」が70％未満であった場合には、商品使用後の「価格の許容性」を分析します。

「ぜひ買いたい＆買ってみたい率」が70％未満の場合、提示し

た価格が原因であることも考えられますので、ここでの分析をおこなってください。

価格の許容性を見る分析は、すでに3章の【基本分析ステップ2】のところで、詳しく説明しました。忘れた方は、次ページの図37を見て復習してください。

たとえば、「ぜひ買いたい&買ってみたい率」が70%未満で、許容できない価格という結果が出た場合は、3章で述べたとおり、価格を許容できない理由の多くは、提示した価格が高くて、「買いたくない(買えない)」というものです。

この場合は、単純に価格を下げれば、「ぜひ買いたい&買ってみたい率」は上がります。

ただし、100億ロケット・マーケティングは、商品の粗利が7割以上という条件がありますので、安易に価格を下げることはできません。

粗利7割をキープしたまま価格を下げるためには、それに応じて原価も下げる必要があり、安易に原価を下げると、今度は商品の満足度までも下げてしまうことになりかねないので、注意が必要です。

また、私がこれまで数多くのCPテストをおこなってきて発見したのは、**新カテゴリーの商品は、満足度はそこそこであっても、使用意向度と購入意向度が高くなる傾向があるとい**

図37　価格の許容性を調べる計算式と基準

【質問４】使用意向の質問
「ぜひ使いたい」　○人
「使ってみたい」　○人
合計……Ａ

【質問６】購入意向の質問
「ぜひ買いたい」　○人
「買ってみたい」　○人
合計……Ｂ

$\frac{B}{A} \geqq 70\%$ ……許容できる価格である

$\frac{B}{A} < 70\%$ ……許容できない価格である

うことです。

お客様の生活上の問題を解決する新カテゴリーの商品は、代替商品がないために、使用後の満足度がそこそこであっても、使用意向度と購入意向度は高くなるのです。

反対に、満足度は高いのに、使用意向度と購入意向度が低い商品は、類似商品の商品上の問題を解決していることが多く、使用後の満足度は高くても、類似商品があるために、使用意向度と購入意向度は低くなる傾向があります。

1章で、商品上の問題を解決してもロングセラーにはならない、ロングセラーは、商品の問題ではなく、顧客の問題を解決する新カテゴリーの商品であることがカギになる、と申し上げました。

このことは、ＣＰテストのアンケート調査を実施すれば実感していただけることでしょう。

5

お客様の記憶に残る〈聴覚メッセージング法〉

1　表現コンセプトのつくり方

表現コンセプトをつくる目的

100億ロケット・マーケティングは、3つぐらいの新カテゴリー商品をつくり、ダイレクトマーケティングモデルで積極的に広告に投資して、売上100億円を目指します。

このとき、商品がお客様の強いニーズに応えた画期的な商品であっても、その魅力がお客様に伝わらなければ、発売しても売れません。最悪は、投資を回収できない状況になります。世の中にはそういう残念な商品があふれています。

100億ロケット・マーケティングでは、梅澤式の表現コンセプトづくりを実践していただき、みなさんがつくった商品の魅力をしっかりお客様に伝えていただきます。

当然、表現コンセプトの完成度が高いと、広告の質が高まり、最少の広告投資で最大の売上を得ることができます。そうなれば、商品はヒットし、商品に関わった人たちの努力は大いに報われることでしょう。

そもそも私（梅澤）が表現コンセプトの重要性を強く感じたのは、皮膚用虫よけ剤「スキンガード」の市場調査のときです。

1974年に発売した「スキンガード」は、発売前に20代から50代の主婦対象に電話調査をおこないましたが、調査員が電話して、まず商品名を伝えると、約60％の人が「避妊具」と間違えたのです。

「スキンガード」は大ヒットしたため、今でこそ名前が知られていますが、調査した時点では、どんな商品かがわからず、多くの人が「スキンガード」という商品名から避妊具を想像してしまったのです。

そのときから私は、新カテゴリーの商品には、「この商品は何であるか」を表わす「新カテゴリー名」を、パッケージや広告につけるようにしました。

ちなみに「スキンガード」の「新カテゴリー名」は、「皮膚用虫よけ剤」です。調査のときに、「この商品は皮膚用虫よけ剤です」といえば、避妊具と間違える人は一人もいないでしょう。

さらに「新カテゴリー名」を伝えると同時に、消費者に商品コンセプトをしっかり伝えると、「蚊やブヨにくわれたくない」と期待する人は喜んで買ってくれることがわかりました。

それ以来、商品コンセプトをどのように伝えれば、お客様が欲しいと思ってくださるか、新カテゴリー商品ならではの〝伝え方〟を開発するにいたったのです。

商品の伝え方の良し悪し、つまり表現コンセプトの良し悪しで、商品の売れ行きがまったく違ってきます。こんな大事な仕事を、外部のクリエイターに丸投げするわけにはいきません。

梅澤式表現コンセプトづくりを実践して、そのノウハウを社内で蓄積していきましょう。

表現コンセプトの全体像を理解しよう

では、具体的な表現コンセプトの説明に入ります。

まず次ページの図38をご覧ください。

この図は、梅澤式の表現コンセプトが４つの階層でできていることを示しています。

一番下の階層にある「**新カテゴリー名**」は、「**商品が何であるか**」を表わす、表現コンセプトの土台となる重要な要素です。

先のスキンガードの例で、「商品名」を伝えても、「商品が何であるか」がわからなかったように、新カテゴリーの商品は、新カテゴリー名を伝えることが重要です。

その上に、「**商品がどう良いか**」を表わす「**ユニークで売り込みのきく主張**」があります。

「ユニークで売り込みのきく主張」は、マーケティング用語でＵＳＰといいます。

ＵＳＰはUnique Selling Propositionの略で、アメリカの広告業界で活躍したロッサー・リーブス氏によって提唱されたものですが、本書では私が日本語に訳した「ユニークで売り込みのきく主張」という名前で説明します。

図38　表現コンセプトを構成する４つの階層

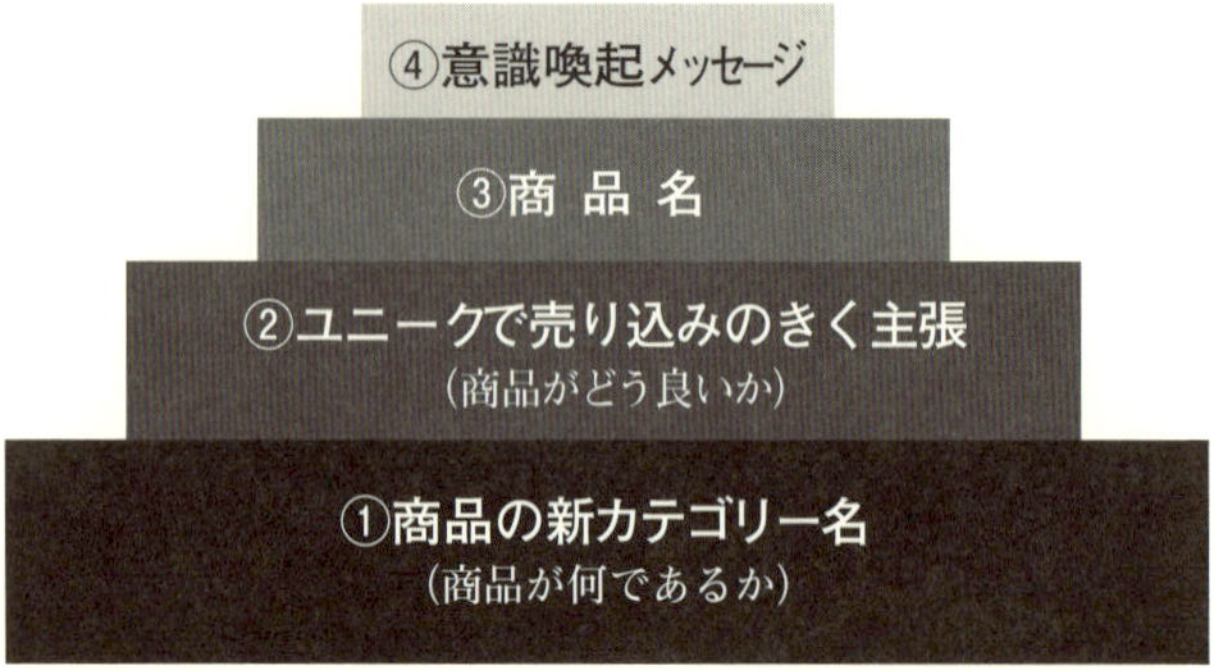

注意してほしいのは、ここでいう「ユニーク」とは「ちょっと変わった、珍しい」という意味ではなく、「**今までにない独自の**」という意味で使っているということです。

そして100億ロケット・マーケティングでは、「ユニークで売り込みのきく主張」を、さらに魅力的なキャッチコピーに置き換えていただきます。そのやり方はこのあと詳しく説明いたします。

次に、表現コンセプトの3番目の階層が、「**商品名**」となります。「商品名」の条件と役割についてはあとでお話します。

そして最後、一番上の階層は、「**意識喚起メッセージ**」となります。

「意識喚起メッセージ」は、顧客の心理を刺激して、潜在しているニーズを気づかせたり、今おこなっている方法の問題を気づかせるメッセージです。これについてものちほど詳しく説明します。

以上が、梅澤式表現コンセプトを構成する4つの階層となります。

100億ロケット・マーケティングでは、この4つの階層に基づいて、商品の魅力を表現していただきます。

表現するにあたっては、パッケージや広告に使うので、数秒という非常に短い時間で顧客に伝わるものでなければなりません。いかに短い言葉で、思わず買いたくなるような表現で訴求できるか、それによって広告の質が大きく違ってきます。

たとえば、私がコンサルタントになって初めて手掛けた商品「禁煙パイポ」は、広告予算が乏しい中で発売しました。

当時のアルマン（禁煙パイポの発売元）は、脱サラしたM氏が創業したばかりの社員3人の小さな会社でした。M社長は「すべて梅澤理論どおりにつくって、広告費をかけるマーケティングをやりたい」とおっしゃって、表現コンセプトも知恵を絞ってつくりあげました。

そして、80万円であの有名なテレビ広告をつくり、まず静岡限定でCMを流すために、学生アルバイトが静岡のたばこ販売店を1店1店回って「禁煙パイポ」を置いてもらいました。

CMが流れると、あっという間に話題になり、商品が売れ出しました。M社長は全国でCMを流すために銀行に交渉し、CMの全国放送が実現すると、さらに認知度が上がり、生産が追いつかない状況となりました。そして発売8カ月後には売上19億円となりました。じつは私が売上予測計算式で、テレビCMをやった場合の知られる率のシミュレーションで、初年度に得られる売上は19億円と予測していたので、それを8カ月で達成したことになります。

このように、広告の効果は、「広告の質」×「広告の量」で決まり、広告の質を最大限に上げれば、少ない量でも効果が上がり、広告投資以上の成果が得られるのです。

ところで、表現コンセプトは、商品の完成の目処《めど》がたった段階から考えはじめるのではありません。

実際には、商品企画の段階から発売直前まで、開発メンバーはずっと「何かいい表現はないか」「もっとインパクトを強くできないか」と模索し続けて、表現を研《と》ぎ澄《す》ませていくのです。

表現コンセプトづくりは、商品コンセプトのテストが終わった段階からスタートさせてください。

では次から、表現コンセプトの4つの階層ごとに具体的なつくり方を説明しましょう。

表現コンセプト① 新カテゴリー名

100億ロケット・マーケティングは、革新型、市場代替型、棲み分け型のいずれかの新カテゴリーの商品を3つぐらい準備していただくことが前提です。

新カテゴリーの商品は類似商品がないので、お客様に「これは今までになかった新しい商品だ！　これこそ前から欲しかったもの！」と瞬時にわかってもらうためには、パッケージや広告に「新カテゴリー名」をつけて、**商品が何であるか**を伝える必要があります。

ですから、たんに覚えやすいとか、語感やひびきがいいというだけでは不十分です。

そこで「新カテゴリー名」を考える際は、次のような問答を繰り返してください。

「この商品は何ですか？　と聞かれたら、ひとことで何といいますか？」

「この商品は、○○○○○です」

この○○○○○に当たる部分が、「新カテゴリー名」となります。

そして、「新カテゴリー名」の条件としては、

1. その商品が何であるか、何の目的で使うかがよくわかること

2. 今までにない商品のイメージを明らかに与えること

3. 1と2を充たした最短の名詞であること

の3つです。

新カテゴリーの商品は、「商品名」より「新カテゴリー名」のほうが重要です。いかに魅力的な新カテゴリー名をつけるかが知恵の絞りどころとなります。

私のこれまでの経験では、「塗るつけまつげ」や「たべるマスク」のように、「塗る」とか「たべる」というような**行動を示す用語を「新カテゴリー名」に使うと、先にあげた3つの条件を満たすことが多く、しかもヒットする確率が高くなる**ことがわかっています。

そして「新カテゴリー名」は、パッケージや広告に、図39のように、「商品名」よりも大きく表示してください。

なぜそのような表示をするかといえば、お客様は「商品名」よりも自分のニーズに応えてくれる「新しいカテゴリー」のほうに関心があるからです。

図 39　新カテゴリー名の表示の仕方

カビ取り剤　←新カテゴリー名

（カビキラー）　←商品名

たとえば「カビキラー」は発売当時、スプレーするだけで簡単にカビが取れる、世界初の「カビ取り剤」に感激した人が買ってくれました。けっしてその人たちは「カビキラー」が欲しかったわけではありません。自分の強いニーズに応えてくれる「カビ取り剤」という新カテゴリーに期待して買ってくれたのです。

結果として、カビキラーは大ヒットし、次第に商品名をいうだけで、消費者は「カビ取り剤」を思い浮かべて買ってくれるようになりました。

このように、お客様が商品名から、その商品が何であるかを認識できるようになるまでのあいだ、「新カテゴリー名」を強く訴求するのです。

表現コンセプト②　ユニークで売り込みのきく主張

梅澤式の「ユニークで売り込みのきく主張（USP）」は、よく「キャッチコピーと同じですか?」というご質問をいただきます。一見すると同じように見えますが、本質的にはキャッチコピーとは違うものです。

では「ユニークで売り込みのきく主張」とはどのようなものか、まずは具体例を5つ見ていただきましょう。

「洗うだけで頭も気分も爽快になる」
「こすらずにカビを根こそぎできる」
「吸いながらタバコをやめることができる」
「ブラシでこすらずに釜にたまった湯ドロは必ず取り去ります」
「めんどうな手間をかけずに良心的に天ぷら油を処理できます」

ご覧のとおり、どれも**「この商品を買えば、〜できる」という、他社にない独自の提案**となっています。たんに顧客の関心を惹《ひ》きつけるだけの謳《うた》い文句ではありません。この点が、単なるキャッチコピーと本質的に違うところです。

ここで、図40をご覧ください。
図40は、商品コンセプトと表現コンセプトの関係を表わしています。

図 40　商品コンセプトと表現コンセプトの関係

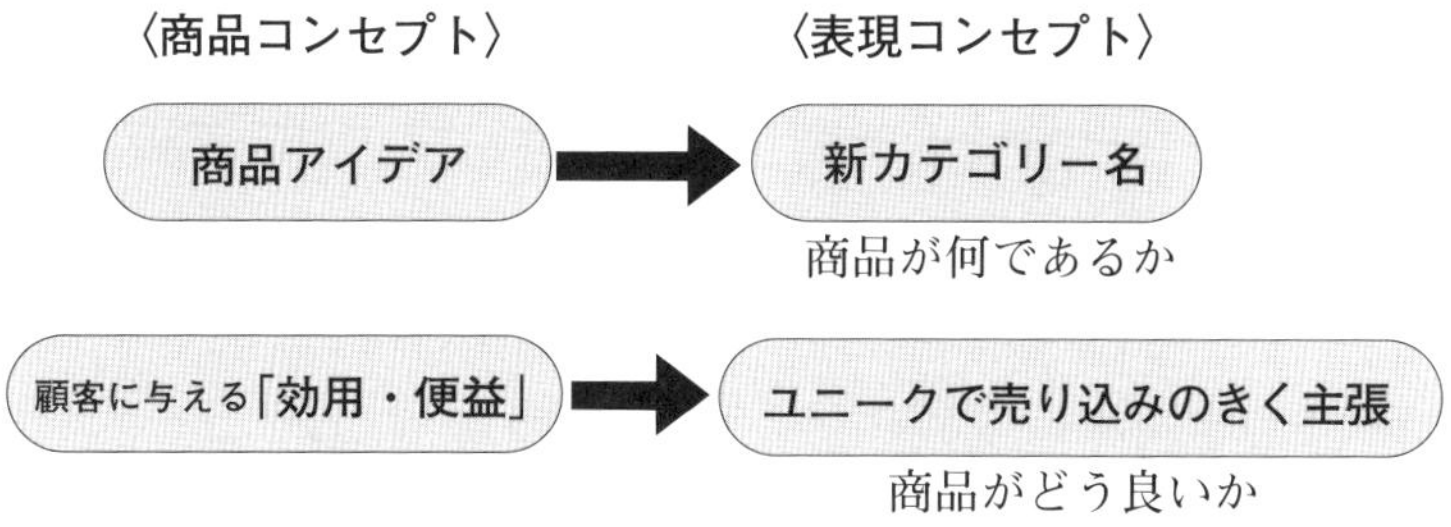

この図では、商品コンセプトの「商品アイデア」が、「新カテゴリー名」となり、商品コンセプトの「顧客に与える効用・便益」が、「ユニークで売り込みのきく主張」になるという関係を表わしています。

つまり、**「顧客に与える効用・便益」の「〜できる」という内容をより魅力的な短い言葉に置き換えたものが、「ユニークで売り込みのきく主張」となる**のです。

この関係性を頭に入れて、魅力的な「ユニークで売り込みのきく主張」を考えてください。

その際、「ユニークで売り込みのきく主張」は、商品が何であるかがわからなくても問題ありません。

商品が何であるかは「新カテゴリー名」で表わし、「ユニークで売り込みのきく主張」だけを表示することはないからです。

ところで3章でアンケート調査のやり方を説明しました。アンケート調査をする際、商品コンセプトの中に「顧客に与える効用・便益」を提示したことを覚えているでしょうか。そして、アンケートの結果の意向理由の分析から、「顧客に与える効用・便益」の内容を変えるべきかを検討しました。

ですから「ユニークで売り込みのきく主張」をつくるときは、アンケート調査の結果によって改良した、あるいは改良の必要がないとわかった「顧客に与える効用・便益」をもとに、魅力的なコンパクトでインパクトの強い言葉に置き換えてつくってください。

注意しなければならないのは、「薬事法などの法律に触れないこと」と、「ウソになるような誇大表現は避けること」です。

誇大表現とは、商品の長所を過度に表現して、実際より良く思わせる大げさな表現のことです。誇大表現となっていれば、1回は買っていただけたとしても、使用後はお客様の期待を裏切ることになるので、再購入はありません。

一方、**誇張表現**は、事実に基づくオーバーな表現です。こちらは、事実に基づいていることなので、嘘はついておらず顧客を裏切ってはいません。このように、誇張表現の範囲であればOKです。

表現コンセプト③ 商品名

次に、商品名を考えます。

商品名を考えるときのポイントは、顧客ターゲットを強く意識しながら、次の5つのことを考慮して決めてください。

1．カテゴリーを連想できる
2．商標権がとれる
3．心に残りやすい
4．ブランドを拡張できる
5．多国語に適用しやすい

この5つの中でも、とりわけ重要なのが、1の「**カテゴリーを連想できる**」という条件です。

なぜ、とりわけ重要かは、「カビキラー」の例でお話しましょう。

「カビキラー」は1982年に発売し、現在も「カビ取り剤」でシェアNo.1を維持しています。

ですから、お風呂の掃除をする人が「カビ取り剤が欲しい」と思ったときに真っ先に思い浮かべる商品名が「カビキラー」。

つまり、「カビキラー」は、「カビ取り剤」というカテゴリーの代名詞となっているのです。

一般に、商品がヒットすると、後発品が参入してきて、さまざまなブランドが乱立するようになります。しかし後発品で入り乱れる状況となる前に、そのカテゴリーの代名詞となっていれば、その商品はシェア№1の座を奪われることなく、ロングセラーとなることが経験上わかっています。

そのため、いちはやくカテゴリーの代名詞となるように、商品名はできるだけカテゴリーを連想しやすいものにすることが秘訣なのです。

先に述べたように、商品がカテゴリーの代名詞となるまでは、パッケージや広告に新カテゴリー名を大きく記載し、商品名は小さくデザインするようにします。

このことは、商品名がカテゴリーの代名詞となるまでは、商品名には価値がないことを意味しています。商品名が価値をもつのは、カテゴリーの代名詞になる過程においてです。

ちなみに、「トイレその後に」や「塗るつけまつげ」「明治おいしい牛乳」などは、「商品名」が「新カテゴリー名」を兼ねています。

なぜ兼用が可能かといえば、「新カテゴリー名」としての3つの条件を備えているうえに、商品名に必須の「カテゴリーを連想できるもの」という条件を兼ね備えているからです。

次に、商品のキャッチコピーをつくります。

梅澤式キャッチコピーは、表現コンセプト②で説明した「ユニークで売り込みのきく主張」を元にしてつくります。

つくるにあたっては、**梅澤式「聴覚メッセージング法」**を使っていただきます。

「聴覚メッセージング法」は俳句をつくる要領とほぼ同じです。

ご承知のとおり、俳句は5・7・5の17音でつくる最も短い詩です。なぜ、キャッチコピーをつくるときに俳句を使うかといえば、**キャッチコピーを視覚情報だけでなく聴覚情報にも残るようにするため**です。

その理由を詳しくお話しましょう。

日本には、古来から5音と7音でつくる詩の文化があって、日本人にとって、**5音と7音の音韻リズムがもっとも心地よく記憶にとどまります**。それは次ページの図41を見れば、理屈抜きで納得していただけると思います。

図41　日本人の心に残る５音と７音のリズム

元気ハツラツ！（７音）	オロナミンC（７音）		（1965年）
この木なんの木（７音）	気になる木（５音）		（1972年）
セブンイレブン（７音）	いい気分（５音）		（1976年）
24時間（７音）	戦えますか（７音）		（1988年）
とび出すな（５音）	車は急に（７音）	止まれない（５音）	（1967年）
飲んだら乗るな（７音）	乗るなら飲むな（７音）		（1966 年）
気をつけよう（６音）	甘い言葉と（７音）	暗い道（５音）	（1967年）
せまい日本（７音）	そんなに急いで（８音）	どこへ行く（５音）	（1973 年）
火の用心（６音）	マッチ１本（７音）	火事のもと（５音）	（1953 年）

図41は、標語や企業のキャッチフレーズを列記したものです。古いものでは60年以上前のものもあります。ご覧になって、いくつ記憶に残っているでしょうか？

50歳以上の方であれば、ほとんどすべて、出だしのフレーズを見ただけで、うしろに続くフレーズが頭の中に浮かんできたのではないでしょうか。

じつは、記憶に長く残るキャッチフレーズや標語は、5音と7音でつくられたものがとても多いのです。

なぜ5音と7音のリズムが、日本人に心地よく記憶にとどまるかについては諸説ありますが、科学的にわかっていることは、視覚から得た情報と聴覚から得た情報では、脳の中での記憶方式が違っていて、音で聴いて記憶したほうが、視覚からよりも長く記憶にとどまるということです。

ですから**キャッチコピーもできるだけ5音と7音でつくり、聴覚情報として長く記憶に残るようにする**ためにいったん俳句の形にする、というのが梅澤式「聴覚メッセージング法」です。

私（梅澤）自身もキャッチコピーの良し悪しを判断するときには、必ず目を閉じ耳だけで聴いてみて、必要なことが伝わるか、記憶に残るかをチェックするようにしています。

図42は、私がつくった梅澤式キャッチコピーです。

図42　心に残る5音と7音のリズム

キャッチコピー	商品名
すいながら（5音）タバコをやめる（7音）	禁煙パイポ（7音）
こすらずに（5音）カビを根こそぎ（7音）	カビキラー（5音）
スカッと爽快、（8音）頭に抜ける（7音）	トニックシャンプー（8音）

ご覧のとおり、多くが5音と7音でできています。「禁煙パイポ」や「カビキラー」は、商品名も5音と7音になっています。

梅澤式「聴覚メッセージング法」では、「ユニークで売り込みのきく主張」を、まず5・7・5の俳句の形にしてみます。

俳句をつくるには、17音という短い言葉の中で、いかに商品の良さを表わし、そこに顧客に訴求する感情をいかに盛り込むかという、ギリギリの表現が求められます。

そしてその**俳句の形にしたものを、さらに思い切りよく短く鋭い言葉にして、梅澤式キャッチコピーをつくります**。これが梅澤式「聴覚メッセージング法」です。

ちなみに俳句には、たとえば「トニックシャンプー」

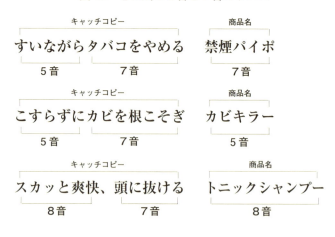

の中の小さな「ッ」や「ー（長音）」はそれだけで1音として数えるとか、小さな「ャュョ」「ァィゥェォ」は前の字と合わせて1音と数えるなど、細かいルールがありますが、細かいルールに神経を使いすぎる必要はありません。では、梅澤式キャッチコピーをつくるための「聴覚メッセージング法」の手順を解説しましょう。

【梅澤式聴覚メッセージング法　手順1】

社内のメンバーで、「ユニークで売り込みのきく主張」を頭に入れて、俳句を1人4～5個つくって、ポストイットに記入します。たとえば、カビキラーの「ユニークで売り込みのきく主張」は、「こすらずにカビを根こそぎできる」です。これを俳句の形にしたものが「こすらずにカビを根こそぎカビキラー」です。このように俳句の中に商品名を入れてもいいですし、入れなくてもいいです。

【梅澤式聴覚メッセージング法　手順2】

全員のポストイットを壁に貼り、メンバーで俳句を味わいます。味わうときに、視覚だけでなく、声を出して音のリズムを味わってみます。

そのうえで、「われわれが訴えたいポイントは何だろう」「ターゲットに響く言葉は何だろう」という2点について話し合い、良い言葉に印をつけながら、候補を絞っていきます。

【梅澤式聴覚メッセージング法　手順3】

絞った候補の俳句のニュアンスを思い切りよく短く鋭い言葉にしてキャッチコピーをつくり、10個以内に候補（なるべく種類の異なるもの）を絞ります。このとき新語を発明できれば、より魅力的なキャッチコピーができます。たとえば、空腹感解消ビスケットの「ぐーぴたっ」は、「ぐーっとなる 私のお腹 ぴたっとね」という俳句から、「お腹のぐーをぴたっ」というユニークなキャッチコピーができました。

【梅澤式聴覚メッセージング法　手順4】

全メンバーで、絞られた候補を評価チェックリストを使って評価し、候補が縛られた段階で、「なぜ我々は、この候補に◎印をつけたのか」を議論して、最終候補を絞ります。

では、これらの手順を漫画で見ていただきましょう。

ユニークで売り込みのきく主張を踏まえて梅澤式キャッチコピーを俳句で作ってみよう
目標は一人あたり4～5つだ
なんで俳句なんですか？
五音と七音は日本人の記憶に残りやすいんだよ
作った俳句は壁に貼って声に出して味わい議論する
ぐーっとなる私のお腹ぴたっとね
いいですね！
いい言葉があったら印をつけてね

私たちがターゲットに
訴えたいポイントを
押さえながら
俳句を作るのは
難しいわね……
ふぅ……
次は俳句を
思いっきり短く
鋭い言葉にしよう！
えー!?
もっと短く
するんですか!?
短くしたら10コに
絞るよ！
リーダー
これは!?
まだ長い！
これは!?
何を伝えたいのか
分からない！
これは!?
これは!?
ひえぇぇぇぇぇぇぇぇぇぇ

次はいよいよ最終段階！
梅澤式キャッチコピーのチェックリストで評価だ
選ばれた10コの梅澤式キャッチコピーを◎?×で評価してね！
先輩！私この梅澤式キャッチコピーオススメです！
なるほど覚えやすくていいコピーね◎の数も多いし……
あゴメン！ひとつ言い忘れてた！

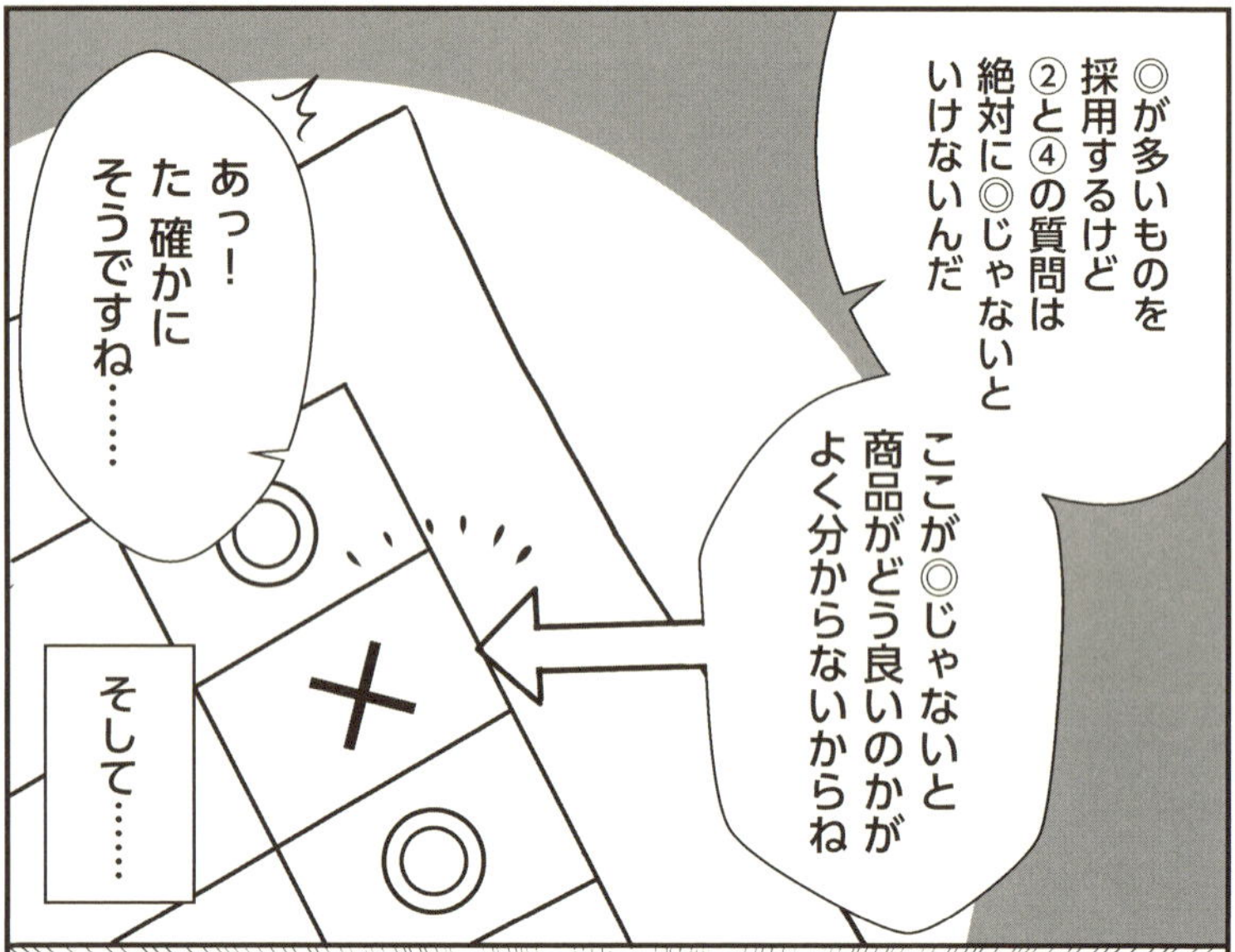
◎が多いものを採用するけど②と④の質問は絶対に◎じゃないといけないんだ
ここが◎じゃないと商品がどう良いのかがよく分からないからね
あっ! た確かにそうですね……
そして……

今回はこれが一番評価が高かったわね!
この梅澤式キャッチコピーを基に 今度こそ伝わる広告を作るぞ!
おー!!

図 43　梅澤式キャッチコピー評価チェックリスト

①独自性はあるか (斬新さ / ウチしかいえない独自性 / 変人ぽくない)	□
②商品コンセプトの「効用・便益」との整合性はどうか (主張点がズレていないか)	□
③語呂が良いか(調子が良いか)	□
④主張したいことの重要な部分が込められているか	□
⑤意味がわかり易いか(ターゲットに対して)	□
⑥違う別の意味にとられないか	□
⑦強い印象を与えるか	□
⑧ターゲットの心を動かす力は強いか	□
⑨どんな特徴をもった商品だと思うか　―オープンアンサー	

※①〜⑧は◎、？、× のいずれかで判定

以上、漫画で梅澤式「聴覚メッセージング法」の手順をお伝えしました。

ところで、漫画の中にも出てきた、梅澤式キャッチコピーを評価するチェックリストが、図43です。

ご覧のとおり、チェックリストは、全部で質問が9個あります。

①から⑧までの質問には、◎、?、×のどれかで評価します。

最後の⑨の質問に対しては、自由に意見を書いてもらいます。

メンバー全員のチェックが終わりましたら、それらを集めて集計します。

基本的に、◎印の多いものを選び

図44　梅澤式キャッチコピーと商品コンセプトの関係

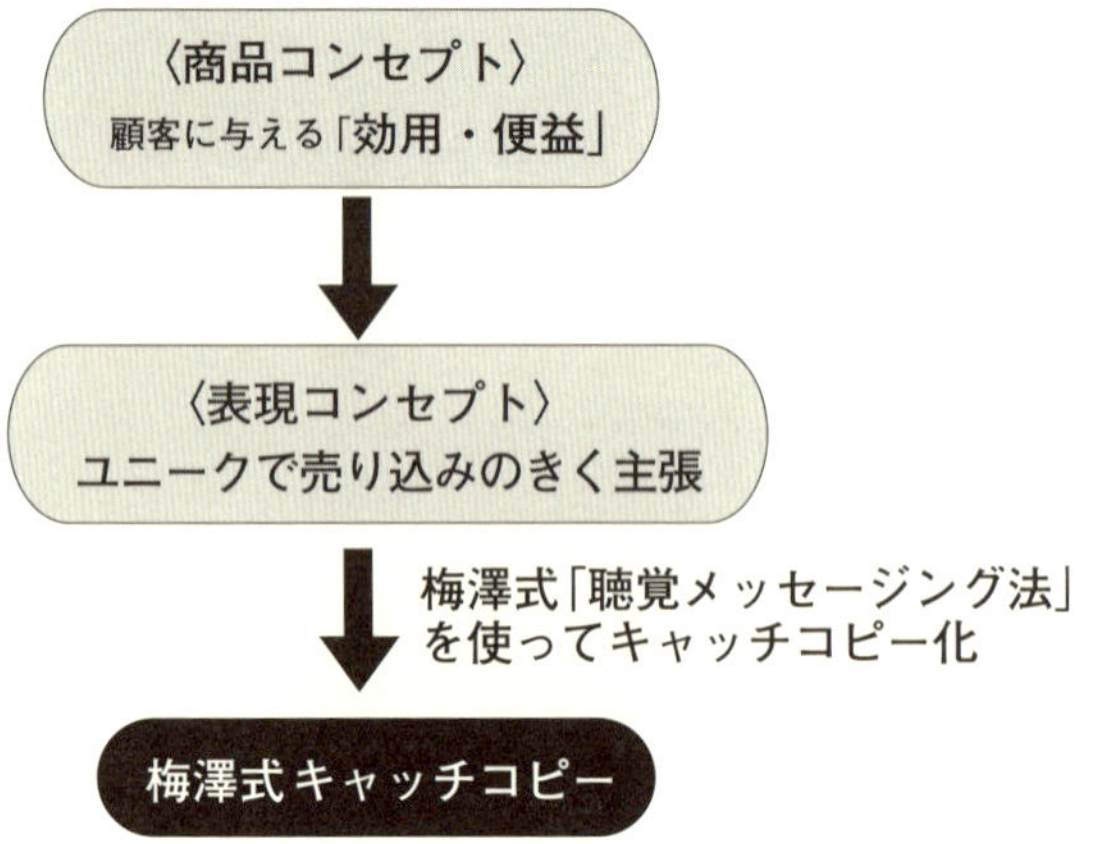

ますが、質問の②と④の評価が良いことが条件となります。⑨のオープンアンサーの答えは、候補をさらに絞り込むときの参考にします。

ところで、なぜ質問の②と④の評価が良いことが条件となるのかについては、図44で示すとおり、**梅澤式キャッチコピーは、商品がどう良いかを示す「ユニークで売り込みのきく主張」をキャッチコピー化したものであり、さらにその「ユニークで売り込みのきく主張」は、商品コンセプトの「顧客に与える効用・便益」**を元につくっているからです。

商品コンセプトとの一貫性が重要なので、質問の②と④の評価が良いことが条件なのです。

一般に、広告代理店に依頼して商品のキャッチコピーをつくってもらうと、図43のチェックリストの③、⑦、⑧の評価が高くなり、②と④の評価が低くなるケースが多いです。

広告代理店は、顧客の興味を引くだけのキャッチコピーをつくる場合が多いので注意が必要です。

また梅澤式キャッチコピーのフレーズが長い場合は、1行でパッケージや広告紙面にデザインできないこともあります。

その際は、最終的に絞った1つの梅澤式キャッチコピーのフレーズの中で、どの言葉を優先させるかを考えてください。

実際にはこれらのプロセスを経て、最終の梅澤式キャッチコピーが決まる場合もあれば決まらない場合もあります。メンバー全員で「これしかない！」と確信できればいいのですが、意見が分かれた場合は、さらに発売ギリギリまで詰めることになります。この粘《ねば》りが大切です。

表現コンセプト④ 意識喚起メッセージ

新カテゴリーの商品は、顧客の潜在的なニーズに応える商品が多いので、そのニーズを顕在化させる必要があります。

「意識喚起メッセージ」は、顧客に潜在しているニーズを気づかせたり、今おこなっている方法の問題点を指摘して、顧客が「解決したい！　この商品が解決してくれるかも！」と期待させる働きをします。

例を上げましょう。

すでに3章「アンケートの分析手順」のところで、風呂釜洗浄剤「ジャバ」を例にあげて、「意識喚起メッセージ」について少し触れました。

「奥さん、まだホース洗いやってんの？　お釜の中は湯ドロの巣です」という意識喚起メッセージによって、「ぜひ買いたい率」が0.4％から38％へ急伸したことをお話しました。

当時、多くの主婦がホース洗いすることで風呂釜が綺麗になると思い込んでいたので、ホース洗いでは綺麗にならないことを意識喚起メッセージで伝えたのです。

また、歯磨き粉の「エチケットライオン」は、「自分では気づかないお口のニオイ。でも相手には気づかれています」という意識喚起メッセージを送って、口臭がないかという不安感を想起させました。

同じ歯磨き粉の「デンターライオン」は、「リンゴをかじると血が出る人に！」という意識喚起メッセージで、「あっ、これは自分用の商品だ」と想起させて大ヒット商品となりました。

このように効果的な意識喚起メッセージを伝えることで、お客様の潜在ニーズを顕在化させるのです。

ところで、なぜ意識喚起メッセージを伝えれば、お客様は商品を買ってくれるかというと、意識喚起メッセージが、お客様の**アンバランス感情**を刺激するからです。

先ほどの「ジャバ」のケースでは、「奥さん、まだホース洗いやってんの？　お釜の中は湯ドロの巣です」という意識喚起メッセージによって、主婦の「風呂釜に湯ドロが貯まるのはイヤ（皮膚病が心配）」というアンバランス感情が刺激されたのです。

一般に、アンバランス感情は、解消したい不快な感情のことで、大きく分けて、「**心理的なもの**」と「**生理的なもの**」の2つがあります。

次ページの図45のとおり、**心理的なアンバランス感情**には、ストレスなど外的刺激を受けて起きる、「緊張」や「不安」などのさまざまな感情があります。

もうひとつの**生理的なアンバランス感情**は、生命保存本能から引き起こされる、「飢え」や「疲れ」などのさまざまな感情があります。

どちらにしても、アンバランス感情はとても不快なもので、意識するしないにかかわらず、私たちは常にアンバランス感情を解消したいと願っています。

意識喚起メッセージは、そのアンバランス感情を刺激することによって、「不快なアンバ

図45　アンバランス感情一覧

●心理的なアンバランス感情

「緊張」「不自由」「不安・心配」「不便」「苦労」「面倒くさい」「恐怖」「退屈」「未練」「挫折感」「劣等感」「自信喪失」「迷い」「淋しさ」「葛藤」「不愉快」「焦り」

●生理的なアンバランス感情

「のどの渇き」「飢え」「眠気」「病気や外傷にともなう痛み」「暑苦しい」「からだの疲れ」「音がうるさい」「膨満感」「中毒による欠乏感」

ランス感情を解消する商品はこれです！」と意識レベルで訴求し、「どんな商品なんだろう」と期待を与えるのです。

図45は、アンバランス感情を一覧で表わしています。このようなアンバランス感情が人間にはあり、自社の商品に関連しそうなアンバランス感情があれば意識喚起メッセージをつくる上でのヒントになるでしょう。

また図46にあるとおり、意識喚起メッセージはストレス源を顧客に伝える役割になっています。

なので、意識喚起メッセージを考えるポイントは、まずアンバランス感情を引き起こすストレス源は何かを考えることです。

そのストレス源がわかれば、それを意識喚起メッセージに置き換えてください。

図 46　意識喚起メッセージのメカニズム

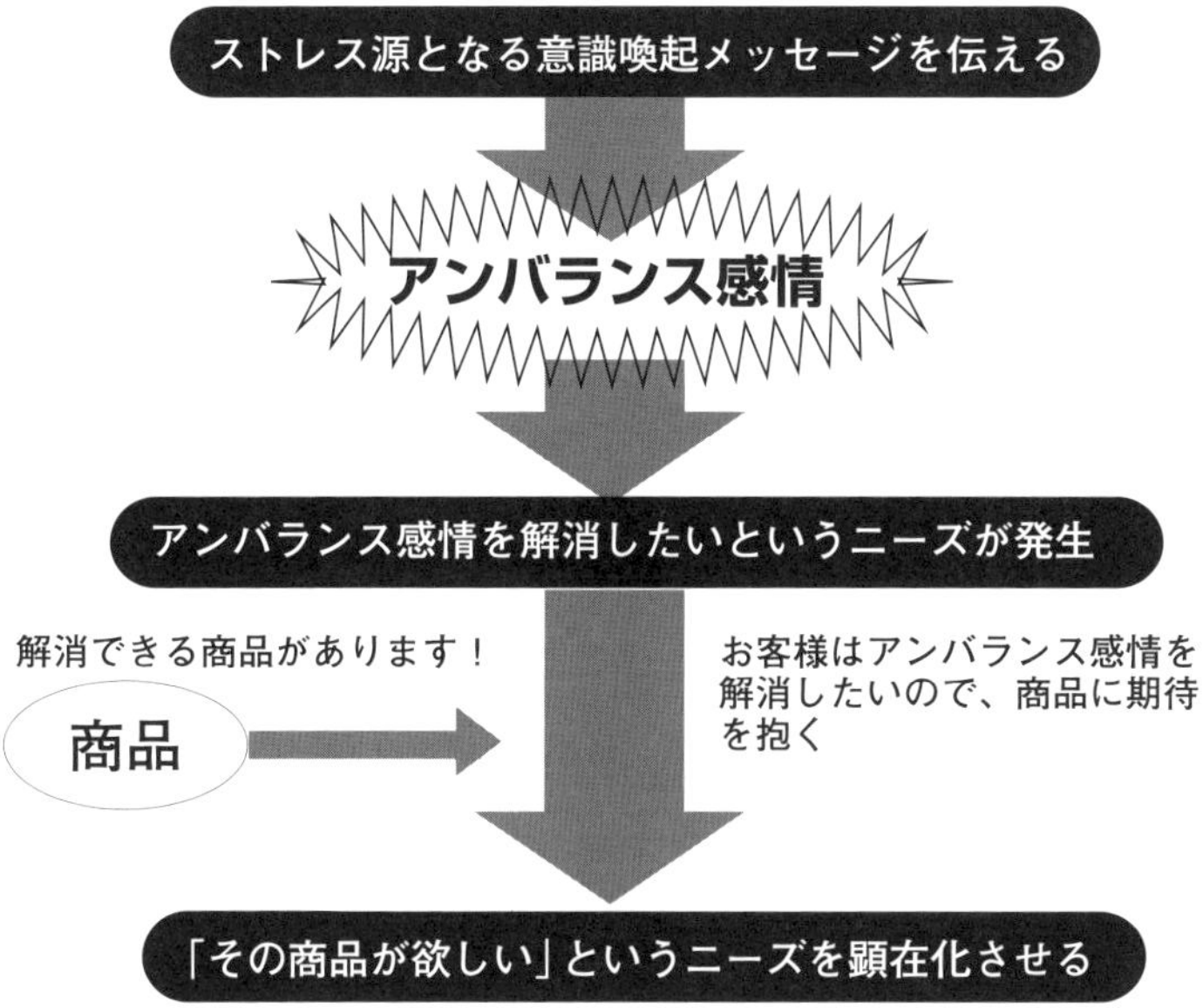

	ジャバ	エチケットライオン
ストレス源	釜に湯ドロが付着するとホースでは取れず、細菌が浴槽に広がる	口臭は他人に気づかれる
意識喚起メッセージ	奥さんまだホース洗いやってんの？お釜の中は湯ドロの巣です	自分では気づかないお口のニオイ。でも相手には気づかれています
アンバランス感情	釜に湯ドロが貯まるのはイヤ（皮膚病が心配）	口臭がないか不安
顕在化したニーズ	貯まった釜の湯ドロは必ず取りたい	相手に口臭で不快な感じを与えないようにしたい
期　待	貯まった釜の湯ドロを必ず取ってくれる	相手に口臭で不快な感じを与えずにすむ

置き換えるときの秘訣は、顧客に気づきを与え、閉じていた心の扉を開くようなメッセージにすることです。

図46の下の表は、商品「ジャバ」「エチケットライオン」それぞれの「ストレス源」と、そのストレス源を顧客に伝える「意識喚起メッセージ」、それによって顧客の心に生じた「アンバランス感情」と「顕在化したニーズ」、そして顧客にどんな「期待」を与えたいかを列記したものです。

自社商品の意識喚起メッセージを考えるときは、この表にある「ストレス源」が発生する状況をよく観察するとヒントを得られることでしょう。

以上が、梅澤式表現コンセプトの階層別のつくり方の説明です。

実際につくってみると、「新カテゴリー名」と「梅澤式キャッチコピー」づくりにかなり時間がかかるかもしれません。逆にいえば、この2つが確信あるものにならないかぎり、広告の成功はないということです。

商品が何であるかを表わす「新カテゴリー名」と、商品がどう良いかを表わす「梅澤式キャッチコピー」の2つが一体となって、顧客の心を掴む働きをします。

次に、「梅澤式キャッチコピー」を補強する役割をになう「サポート情報」と「トーン&マナー」について説明します。

サポート情報

サポート情報とは、梅澤式キャッチコピーを顧客に確信してもらうための補助的な情報のことです。

短い言葉の梅澤式キャッチコピーの中では、商品がどう良いかの根拠や理由までを示すことができないため、サポート情報が必要になります。

たとえば、1983年に発売した「固めるテンプル」という天ぷら油処理剤は、今でこそ、広く知られていますが、発売当時はどういう商品なのかを知る人が少なく、「油を固めて捨てられる」といっても、お客様は「それって本当なの?」とすぐには信じられません。

そのようなお客様の不信や疑問を払拭《ふっしょく》する情報として、「植物成分だけを原料としているので、安心して使えます」「油が冷めたあとはするっとナベからはがれます」「一包で600グラムの油を固めて、手やキッチンを汚さずに、燃えるゴミで簡単に油を捨てられます」というような、補助的な情報を明示するのです。文字数が多く、パッケージなどの紙面に制約がある場合は、小さな字で明示してもかまいません。

明示することで、お客様に梅澤式キャッチコピーの「油を固めて捨てられる」を確信してもらうことができます。

サポート情報を考えるときのポイントは、まずどのような情報を与えると、梅澤式キャッチコピーを確信してもらえるかを考えてください。

実際は、商品コンセプトの「商品アイデア」の中の主なものを列記する場合が多いです。

「商品アイデア」とは、お客様の満たされない強いニーズに応えて、お客様に効用や便益を与えることができるアイデアのことでした。「サポート情報」は、自社商品の商品アイデアの内容から考えてみてください。

トーン&マナー

「トーン&マナー」とは、パッケージデザインや、ネット広告のランディングページ、あるいはテレビCMなど、表現コンセプトをビジュアル化するためのキーワードです。

表現コンセプトをどのような印象、調子、雰囲気でターゲットに伝えたいかということを、ひとことのキーワードで表わします。

先の「サポート情報」は梅澤式キャッチコピーを確信させる情報でしたが、この「トーン&マナー」は、梅澤式キャッチコピーをイメージ面で補強するものとなります。「トーン&マナー」の例を商品ごとにあげます。なお、①と②があるのは、①が優先度が高いことを示しています。

・「カビキラー」の「トーン&マナー」　↓①こびりついた黒カビ／②信頼感
・「スキンガード」の「トーン&マナー」↓①虫に刺されて赤くはれたほっぺ／②信頼感
・「ぐーぴたっ」の「トーン&マナー」↓①「ぐー」と「ぴたっ」の文字／②コミカル
・「テンプル」の「トーン&マナー」↓①フライパン／②信頼感
・「禁煙パイポ」の「トーン&マナー」↓①コミカル

「トーン&マナー」のキーワードを考えるときのポイントは、商品のターゲットにマッチする印象、調子、雰囲気とはどんなものかをイメージして、そのイメージをビジュアルが浮かぶよう、ひとことの言葉にしてください。

キーワードが決まれば、それをもとにデザイナーや制作会社にビジュアル化を依頼します。

たとえば、禁煙パイポの「トーン&マナー」のキーワードは、「コミカル」です。「コミカル」とは「滑稽なさま、おかしなさま」という意味です。

禁煙パイポのテレビCM用の映像をつくるとき、この「コミカル」というキーワードをクリエイターに伝えてビジュアル化をお願いしました。

もちろん、商品コンセプトもクリエイターに伝えましたが、クリエイターがビジュアル化するためには、どのような調子の、どんな雰囲気の映像にするかを考える必要があり、ビジュアル化の調子や雰囲気を、「コミカル」というキーワードで考えてもらったのです。

禁煙パイポの場合、クリエイターは「コミカル」というキーワードを元に、小指を立てた「私はコレで会社を辞めました」という映像をつくってくれました。

企業側が「トーン&マナー」をつくらずにクリエイターに丸投げすれば、企業の狙いとかけ離れたものができ上がってくる確率が高くなります。そうならないために、あらかじめ「トーン&マナー」のキーワードを決めて、クリエイターにお願いする必要があるのです。

最後に、巻末折り込みの図47をご覧ください。

図47は、私が自ら開発した商品あるいはコンサルタントとしてアドバイスした商品の表現コンセプトを一覧にした表です。

「商品名」ごとに、「新カテゴリー名」「梅澤式キャッチコピー」「意識喚起メッセージ」を明記しています。どれも発売にあたって、実際にパッケージや広告に使われたものばかりです。

みなさんがつくった新カテゴリーの商品も、先に説明した要領で、「新カテゴリー名」「ユニークで売り込みのきく主張」「商品名」「梅澤式キャッチコピー」「意識喚起メッセージ」をそれぞれつくってください。

2

【実践】表現コンセプトテスト活用法

表現コンセプトテストの目的

100億ロケット・マーケティングでは、商品を発売する前に、つくった商品の売上の可能性を測るために、売上予測計算式「フォーミュラーV」を使ってシミュレーションをおこないます。

2章で、その計算のやり方を述べましたが、計算式の項目の一つに、「表現コンセプトつたわり率」が入っていたことを思い出してください。

復習ですが、「表現コンセプトつたわり率」には、定数ではなく変数を入れて、売上のシミュレーションをおこないます。入れる変数は、「0.1」から「1.0」までです。

「フォーミュラーV」の計算式は掛け算ですので、当然、0.1を掛けるのと、1.0を掛けるのでは、売上が10倍違ってきます。

ですから、社内でテストをおこなう目的は、発売する前に「表現コンセプトつたわり率」を1.0に近づけることに他なりません。1.0に近づけるためには、自分たちがつくった表現コンセプトの何が伝わり、何が伝わらないかをテストで見極め、改良のヒントを見つけだします。

ただテストといっても、大がかりなものではなく、社内でできる一種の記憶テストです。

被テスト者は、新入社員から社長まで、役職、年齢、性別を問いません。表現コンセプト開発に関わったメンバーは、すでに内容を知っているので、被テスト者からは外してください。では表現コンセプトテストの実施手順を説明しましょう。

【テスト手順1】テストに使用する「手づくり広告」をつくる

まず、テストに使用する「手づくり広告」をつくります。

つくるにあたって、PCソフトを使ってつくってもいいですし、手書きでつくってもまったく問題ありません。広告のサイズは、被テスト者が見やすいように、大きめのA3サイズでつくるとよいでしょう。

手づくり広告をつくるにあたって、広告の紙面に入れる要素は図48に明記した1から8です。1の「新カテゴリー名」から、5の「サポート情報」までは、すでに「表現コンセプトのつくり方」のところで、それぞれ説明しました。社内で考えた、1から5までの表現コンセプトを手づくり広告の紙面の中に入れてください。

とくに、**しっかりと伝えなければならないのは、「新カテゴリー名」と「梅澤式キャッチコピー」と「意識喚起メッセージ」の3つ**です。この3つがきっちり伝わるように表現することが大事なポイントです。

新カテゴリーの商品は、今までになかった商品ということが原則ですから、商品が何であ

図48　手づくり広告に入れる要素

1．新カテゴリー名
2．梅澤式キャッチコピー
3．意識喚起メッセージ
4．商品名
5．サポート情報
6．価格
7．メーカー名
8．商品イラスト（商品の使い方を伝える必要がある場合は、使い方がイメージできるもの）

るかを示す「新カテゴリー名」と、商品がどう良いかを示す「梅澤式キャッチコピー」が重要です。

加えて、新カテゴリーの商品は、お客様の潜在しているニーズに応《こた》えるものが多いので、潜在ニーズを顕在化させる「意識喚起メッセージ」が重要となります。

それ以外の「商品名」「サポート情報」「価格」「メーカー名」については、小さく表示して大丈夫です。

「商品名」は重要に思えますが、先に述べたとおり、発売当初は、「新カテゴリー名」を伝えることのほうが重要です。「サポート情報」「価格」「メーカー名」などは、商品に興味をもった人だけが見る確率が高いので、目立たせる必要はありません。

「商品イラスト」は、アンケート調査に使ったイラストや写真があれば、そのイラストや写真を使ってください。とくに使い方がわかりにくい商品の場合は、使い方がイメージできるようなイラストや写真を入れるといいでしょう。

加えて、広告全体の印象や調子、雰囲気を決める「書体」や「活字の色」あるいは「背景の模様・イラスト」などは、社内で決めた「トーン&マナー」のキーワードに合うものにしてください。

では、図49の「手づくり広告の例」を見てください。

アンケート調査の事例にあげた「1粒満腹菓子」の手づくり広告(例)です。

手づくり広告をつくるにあたって、紙面に入れた要素は、次のとおりです。

1. 新カテゴリー名「1粒満腹菓子」
2. 梅澤式キャッチコピー「1粒で満腹感が得られます!」
3. 意識喚起メッセージ「満腹感を味わいたい! でも太っちゃう…」
4. 商品名「まんぷぅ」
5. サポート情報「植物由来の満腹中枢刺激成分(香り)が配合されているので1個で

図49　1粒満腹菓子の手づくり広告

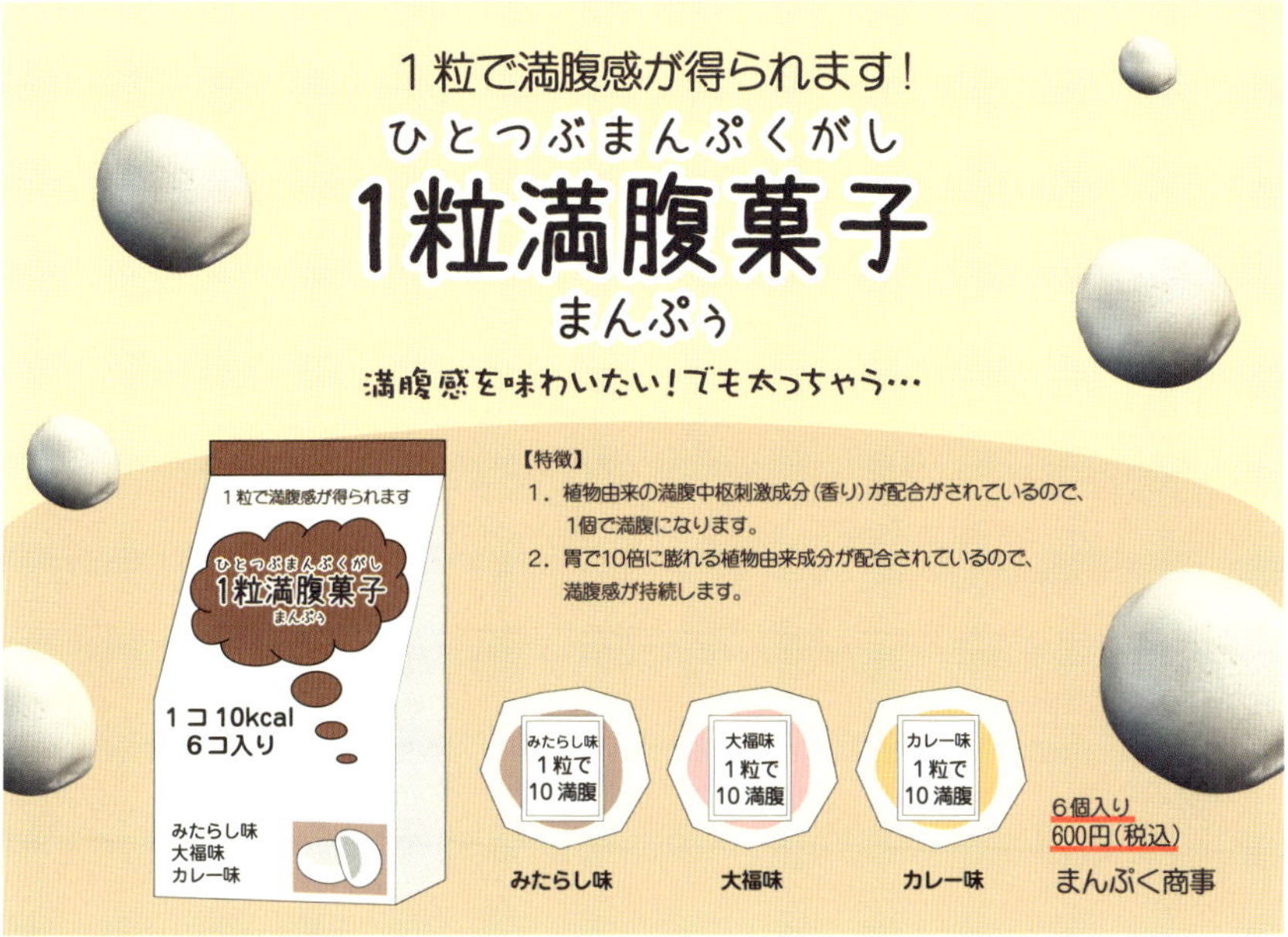

満腹になります」「胃で10倍に膨れる植物由来成分が配合されているので、満腹感が持続します」

6．価格「6個入り600円（税込）」

7．メーカー名「まんぷく商事」

8．商品イラスト

加えて、1粒満腹菓子の「トーン&マナー」のキーワードは、「まんぷく」です。

1から8までの要素を、「まんぷく」というキーワードでビジュアル化したものが図49となります。

【テスト手順2】５秒間テストを実施する

【手順1】でつくった手づくり広告を使って、次の手順で5秒間テストをおこなってください。

①5秒間、数人の被テスト者に手づくり広告を凝視してもらう

５秒間というのは、テレビCMを想定した時間です。広告媒体によって時間を変えてもいいですが、媒体が何であれ、短い時間で伝わるものが良い表現コンセプトなので、一番短い時間の５秒間でテストすることをおすすめします。

②5秒たったら凝視をやめて、記憶をたよりに広告の内容を再現してもらう

手づくり広告に書いてあった言葉やイラスト（写真）など、それらの位置も含めて、被テスト者に白紙に書いて再現してもらう。

③書いてもらった紙を回収し、開発チームに渡す

では、５秒間テストの実施を漫画で確認していただきましょう。

今から5秒間
広告をしっかり
見てください
5秒経ったら
広告の内容を思い出しながら
目の前の紙に
再現してください
1粒で満腹感が得られます!
ひとつぶまんぷくがし
1粒満腹菓子
まんぷぅ
それでは……
始め!!
じーーっ
1
2
3
4
5

はい ストップ！
シュバッ
今見た広告を紙に描き起こしてください
えーーっ!!?
意外と覚えていないもんですね～
何て書いてあったかな？
5秒って短いなぁ～

以上が、５秒間テストの流れでした。次の手順に移ります。

【テスト手順３】テスト結果から改良のヒントを見つける

５秒間テスト実施後、開発チームの手元に集まったテスト結果の例が、次ページの図50です。図50では、４人のテスト結果をあげています。

本書では、図50の４人のテスト結果を使って、改良のヒントの見つけ方を説明します。

まず、表現コンセプトの中で、とくにしっかりとターゲットに伝えたいのは、「新カテゴリー名」と「梅澤式キャッチコピー」の２つです。この２つで、「商品が何であるか」「商品がどう良いか」をターゲットに伝えることができます。

「１粒満腹菓子」の場合、「１粒満腹菓子」が「新カテゴリー名」で、「１粒で満腹感が得られます！」が「梅澤式キャッチコピー」です。

さて、テスト結果はどうなっているでしょうか。

図50の４人の結果をみると、「新カテゴリー名」の「１粒満腹菓子」は、ほぼ全員が正確に書けています。つまり５秒間凝視して、「１粒満腹菓子」という「新カテゴリー名」は、しっ

図50　テスト結果その1

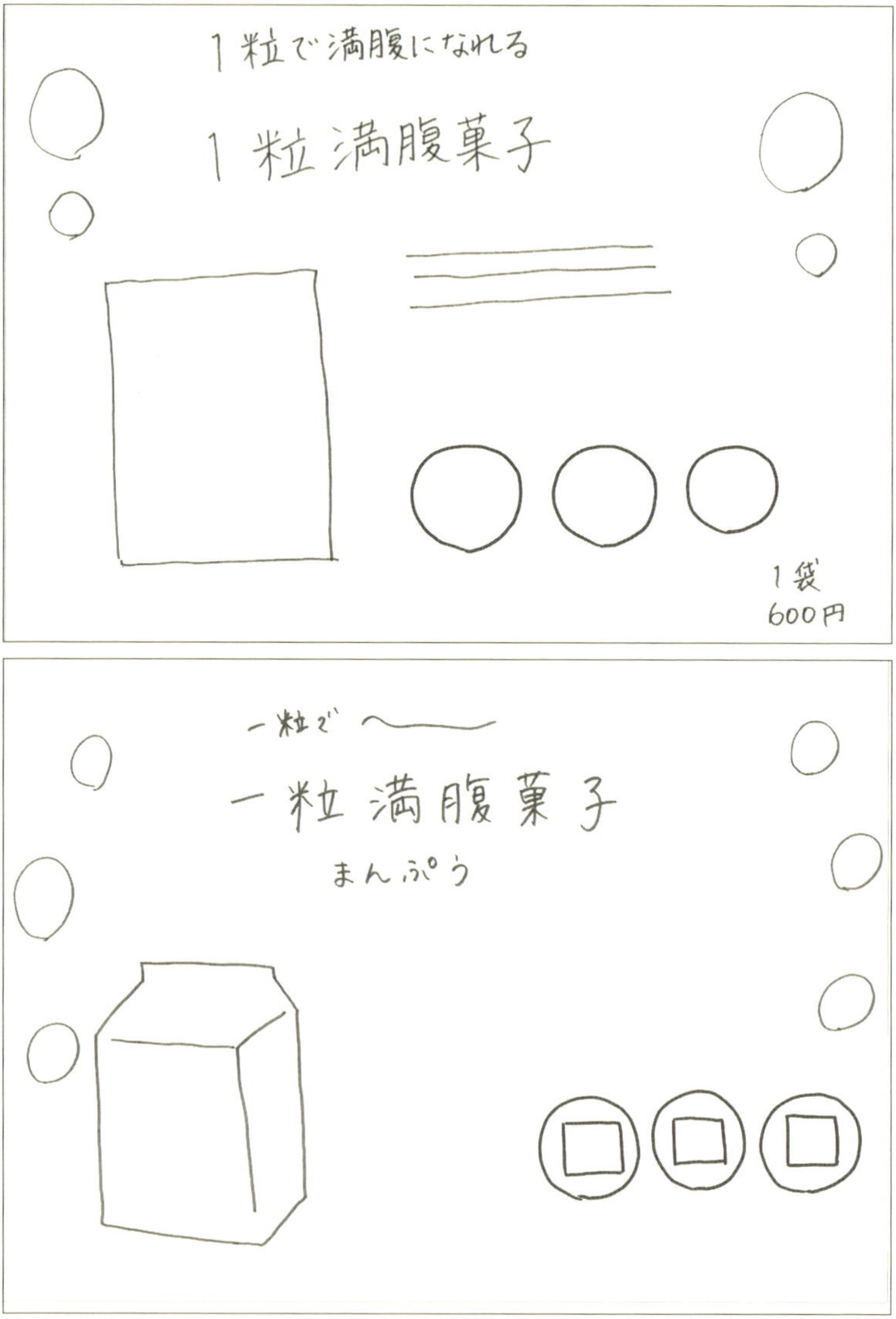

図50　テスト結果その2

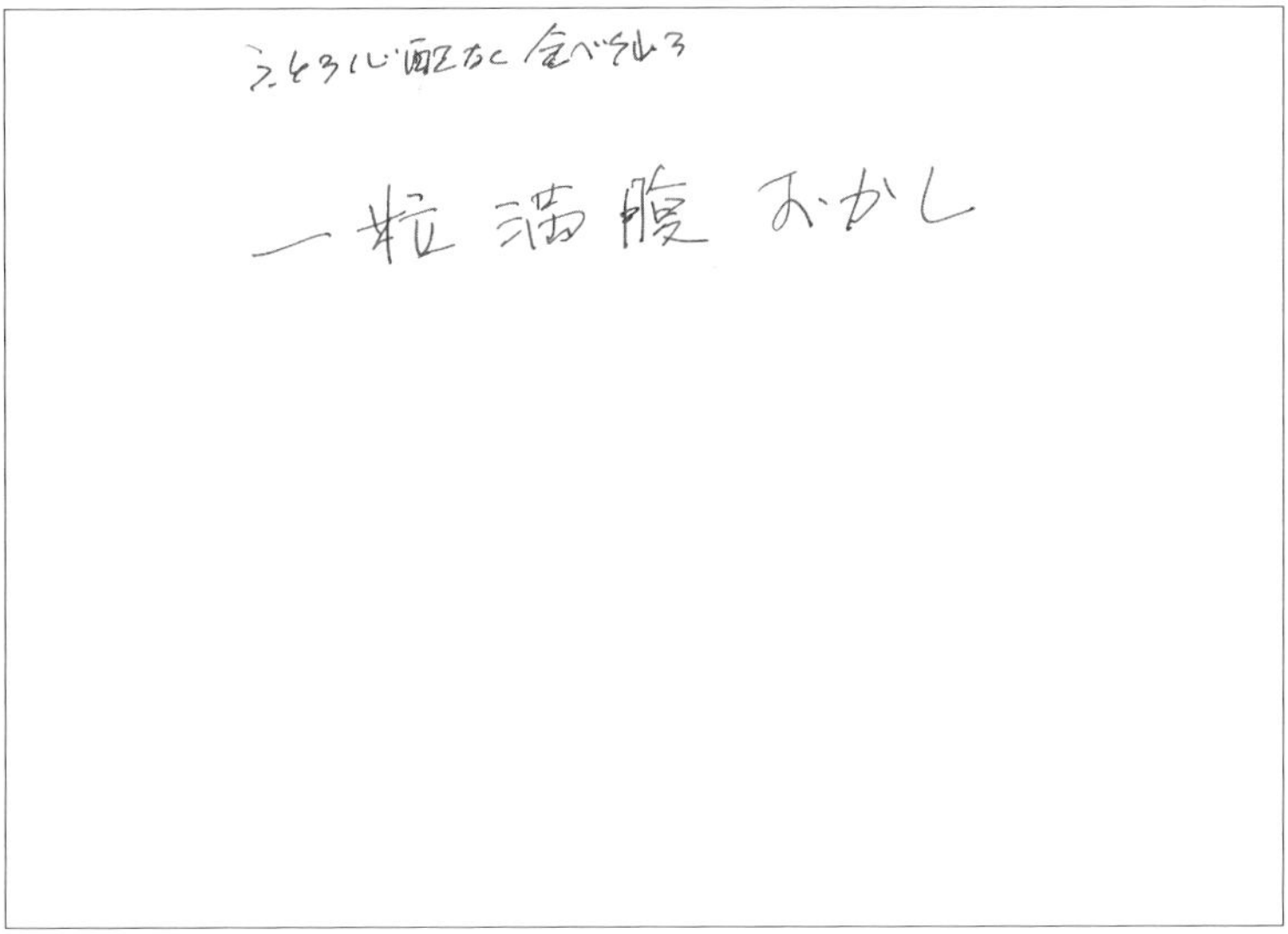

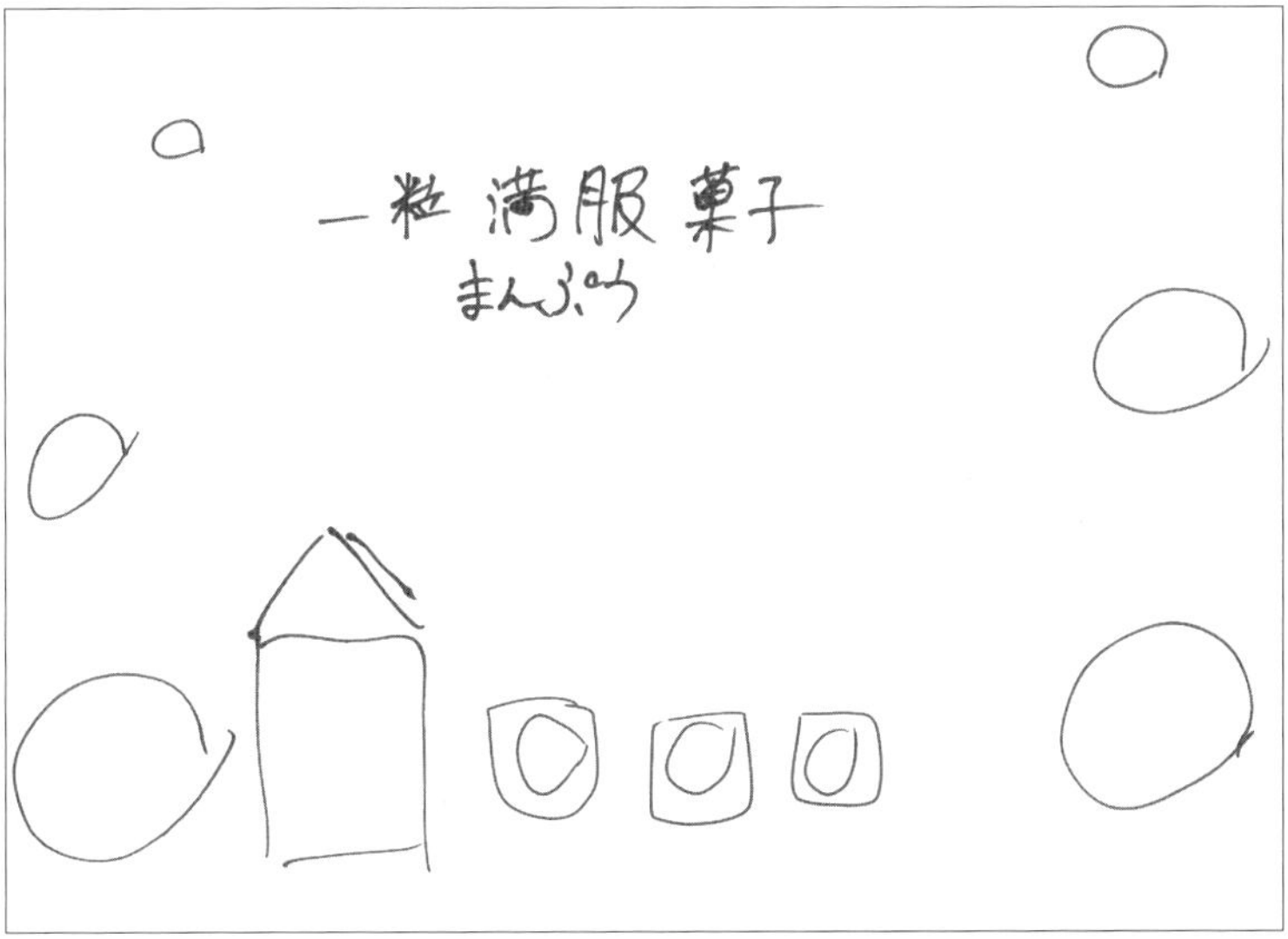

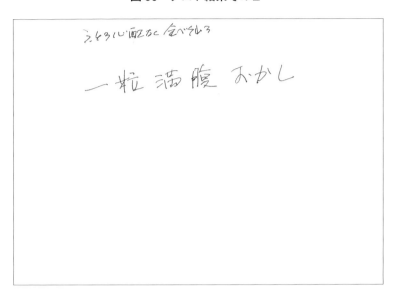

かりと伝わって記憶に残ったと結論づけることができます。

しかし、「梅澤式キャッチコピー」の「1粒で満腹感が得られます！」については、4人のうち1人はまったく書けておらず、残りの3人もほとんど書けていません。

この結果から、商品がどう良いかの「梅澤式キャッチコピー」が伝わっていないことは明らかです。それについて開発メンバーで話し合う必要があります。

「1粒で満腹感が得られます！」が記憶に残らない理由は、まず文字が小さいことです。また「1粒で満腹感が得られます！」は、先の梅澤式「聴覚メッセージング法」によって5・7・5の形になっているもののインパクトに欠けます。たとえば、「1粒満腹！」のように、さらに思いきり短く、インパクトを強める必要がありそうです。

次に、意識喚起メッセージの「満腹感を味わいたい！でも太っちゃう…」ですが、結果は4人ともまったく記憶していません。これは文字が小さいことと、書く位置の問題があります。意識喚起メッセージは、必ず最初に目に入るようにすることが必要です。

新カテゴリーの商品は、潜在ニーズに応《こた》えるものが多いので意識喚起メッセージは重要です。

次に「商品名」ですが、4人のうち2人が「商品名」をしっかり書いています。

「商品名」については、先に述べたとおり、発売当初は「商品名」よりも「新カテゴリー名」を伝えることのほうが重要なので、「商品名」が伝わらなくてもOKです。

次に、「サポート情報」「価格」「メーカー名」ですが、4人ともまったく書けていません。しかし、これらも書けていなくてOKです。なぜなら、5秒間ですべて記憶することは不可能です。またこれらの情報は、商品に興味をもった人しか見ないからです。

イラストや背景については、4人中3人が丸いお菓子のイラストをいくつか書いています。「1粒満腹菓子」のトーン&マナーは「まんぷく」でした。「まんぷく」というキーワードをビジュアル化したイラストが伝わっていることは良いことです。

【テスト手順4】全体の結果を10段階で評価

最後は、テスト結果の全体を、0.1（10％）から1.0（100％）の10段階で評価します。

評価は、担当者の主観評価でOKです。ほとんど伝わっていないと思う場合は「0.1（10％）」、すべて伝わっていると思う場合は「1.0（100％）」という具合に、担当者が判断して10段階で評価してください。もし私（梅澤）が判断するならば、この結果を見て、「表現コンセプトつたわり率は0.5（50％）」という評価をすることでしょう。

繰り返しますが、売上予測計算式「フォーミュラーV」の「表現コンセプトつたわり率」には、テスト結果の数値を定数として入れて計算しません。計算式には、0.1から1.0までの変数を入れて、売上をシミュレーションします。

担当者がテスト結果を10段階で評価する目的は、テストと改良を繰り返して、「表現コンセプトつたわり率」を限りなく100％の1.0に近づけるためです。この点を間違いやすいので注意してください。

「1粒満腹菓子」の5秒間テストでいえば、1回目のテストの結果から、梅澤式キャッチコピーをさらにインパクトを強めた言葉に改良した上で大きな文字でレイアウトし、意識喚起メッセージも最初に目に入るよう目立つようにつくり直したもので再度テストをおこなえば、重要な3要素はほぼ伝わって、「表現コンセプトつたわり率」は0.7～0.8ぐらいになるでしょう。

ちなみに、表現コンセプトの再テストをおこなう場合は、前回と同じ被テスト者でやらないようにしてください。前回のテスト内容を覚えている可能性がありますので、正しい結果が得られない場合があります。

では、5秒間テスト結果の評価と分析の手順を、漫画で確認していただきましょう。

1粒満腹菓子開発メンバー
5秒間テストの結果はこれで全部かしら
それじゃあ早速分析を始めようか
はいっ!
……って梅澤式キャッチコピーがほとんど書かれてなーい!
うわあああああ
意識喚起メッセージも全然伝わってないわ!
逆に1粒満腹菓子の名前は全員書けているね
ふむ……
こ……これは問題ですね……!

1粒で満腹感が得られます!
ひとつぶまんぷくがし
1粒満腹菓子
まんぷぅ
満腹感を味わいたい!でも太っちゃう…
1コ 10kcal 6コ入り
梅澤式キャッチコピーが記憶に残らなかった原因は何かな?
ハイ!
梅澤式キャッチコピーも意識喚起メッセージも文字が小さすぎます!
インパクトがなかったかな
お菓子のイラストは記憶に残るみたい……
今回の広告は伝わり率50%ってとこかなぁ……
50%
広告を改良してまた違う人にテストするわよ!
ゴオオ…
新カテゴリー名は伝わったし……

以上、漫画では5秒間テストの結果を分析して、開発メンバーは今回のテストの表現コンセプトつたわり率は50％（0.5）である、という評価をくだしました。

このあと、表現コンセプトつたわり率を100％（1.0）に近づくよう改良を重ねていくのです。そして、確信のもてる手づくり広告ができましたら、それをクリエイターに渡してビジュアル化を依頼します。そうすれば、クリエイターから方向性のまったく違う広告原稿が出てくる可能性はゼロになり、さらに質の高い広告に仕上げてくれるでしょう。

さらにいえば、実際に使用する広告原稿を使って、このテストを社内でおこなえば、広告原稿の良し悪しもテストできます。テレビＣＭの映像でも、クリエイターがつくった映像を被テスト者に見せて、15秒のＣＭなら15秒提示してテストすれば、映像の良し悪しも判断できます。このように簡単なテストで広告の質を上げることができるので、ぜひ実践してください。

最終決定は企業によってさまざま

ところで、「最終的な表現コンセプトの決定は誰がどうやって決めればいいでしょうか」というご質問をよくいただきます。これについては企業によってさまざまです。

たとえば、２００１年に発売された大ヒット商品「塗るつけまつげ」は、新カテゴリー名も「塗るつけまつげ」です。

しかし、発売直前までの商品名は「液体つけまつげ」で、「新カテゴリー名」は「リキッドつけまつげ」でした。

私が試作品を見て、「もうひとつピンときませんね。液体という状態を表わす言葉より、塗るという行動を表わす言葉にしたほうがよいのでは？」とアドバイスしたときは、すでにパッケージの印刷にとりかかっていました。

私から「ピンとこない」といわれて、化粧品メーカー「イミュ」の担当部長（当時）、鳥居さんはとても困った顔をして帰られました。

おそらく「液体つけまつげ」という商品名は、何十もの候補から、社内で侃々諤々《かんかんがくがく》の会議をおこなって決めた商品名だったのでしょう。私はそういうことに頓着《とんじゃく》せず、見た瞬間の感じたままを正直に申し上げたのです。

しかし数日後、鳥居さんは全面的に印刷を止め、商品名も新カテゴリー名も「塗るつけまつげ」に変える決断をされました。

結果は大正解でした。「塗るつけまつげ」は生産が追いつかないほど大ヒットし、発売４

年後には累計１０００万本を超え、２００９年からは、スウェーデン、韓国、中国でも販売をスタートし、２０１４年には累計５０００万本を超え、今も記録を更新し続けています。

このように、最後の最後で、いち担当部長が決断して、大成功した例もあります。ですから、最終的な決定はケースバイケースで、一概に「こうすればいい」とはいえないのです。理想は、開発メンバーが確信をもって全員一致で決めることですが、現実的には意見が分かれることが多いものです。

私のこれまでの経験からいえることは、「多数決では決めないほうがいい」ということと、社内で５秒間テストをおこなって、「表現コンセプトつたわり率」を1.0に近づける努力をすること。最後のギリギリまで粘ることが大事です。

6

5年で売上100億円を超える
広告投資シミュレーション表の見方

100億ロケット発射！

100億ロケット・マーケティングでは、新カテゴリーの商品で、商品コンセプトと商品パフォーマンスの力が強い売りモノが準備できましたら、その商品をロケットに搭載し、強力な広告エンジンで空高く打ち上げます。

ロケットは大気圏を脱して宇宙空間に達すると、ロケット本体から衛星を切り離します。切り離された衛星は軌道に乗って地上に落ちることなく、地球や惑星のまわりを回り続けて任務を果たしますが、そのような衛星と同じく、軌道に投入された商品はロングセラーとなって売れ続け、売上を積み上げていきます。

私(西野)がこれからお伝えすることは、**広告投資によって商品を軌道に乗せ、ダイレクトマーケティングモデルで売上を短期間に伸ばしていく手法**です。

そのために、採算をとりながら広告投資を積極的におこないますが、それらは、

すべて計算ずくでおこないます

回収できない投資はしない、無借金でやること、が鉄則で、私がお伝えすることを社内で

しっかりPDCAを回していただければ、必ず目標に到達することができます。

ところで、私（西野）が5年で売上100億円を超える手法をお伝えできるのは、健康食品メーカーの「やずや」と、ゼロから立ち上げた「九州自然館」で、この手法を使って無借金で売上を急伸させた経験があるからです。

ダイレクトマーケティングモデルの事業は、お客様の数が増えて、安定的にリピートしてくれる優良顧客の層が大きくなってくると、売上は3年先まで読めて、しかも簡単には売上が落ちない盤石な体制となります。私の経験では、その盤石な体制が、売上でいうと100億円です。

もともと私はシステム会社の社長をやっていましたが、偶然「やずや」の創業者、矢頭宣男《やずのぶお》氏と出会い、「やずや」のコンピュータシステムを依頼されて頻繁《ひんぱん》に接するようになって、次第に矢頭《やず》社長の人としての器《うつわ》の大きさに惚《ほ》れ込んでしまい、結果的に、矢頭《やず》社長のもとで、「やずや」のマーケティングと広告を担当するようになりました。

私が入った当時の「やずや」の売上は5億円。毎年、売上を伸ばしていましたが、1997年には売上30億円を目前にして、売上が20億円へと急降下したことがありました。その理由はお客様の減少ですが、それまで既存のお客様に対して何もフォローしていなかったことが原因でした。その段階でお客様との関係を築く顧客フォローの仕組みをつくり、同時に、計算ずくで広告投資を積極的におこなって新規のお客様を継続的に増やしていきました。

その結果、**3年後には売上100億円を突破し、5年後に150億円、10年後には470億円へと売上が急伸しました。売上470億円当時の社員数は97人で、社員1人当たりの売上が約5億円、しかも無借金という高収益会社に成長することができました。**

残念なことに、尊敬する矢頭《やず》社長は、売上30億を超えた頃、突然病《やまい》に倒れて他界されたので、その後の成長をご覧になっていないのですが、矢頭《やず》社長は亡くなる2年前、「やずやは売上30億になるまでに13年もかかってしまった。でも西野君がつくった仕組みがあれば、3年ぐらいで30億の会社がつくれるのではないか。やずやから1千万円資金を出すから、子会社をつくって挑戦してみないか」とおっしゃって、私は九州自然館という会社を立ち上げました。

しかし会社をつくったものの、売る商品もない、社員も1人だけという状態からのスタートでしたので、最初は他社の商品を販売して苦戦しましたが、その後、自社商品をつくり、「やずや」でおこなった同じ手法を使って、4年で売上23億円の会社にしました。広告は一番多い月で、前月売上の8割を翌月の広告に投資したこともありました。この経験が私にとって大きな自信となっています。

このあと5年で売上100億円を超える広告投資シミュレーション表をご覧いただきますが、5年で売上100億円はじゅうぶん実現可能な目標です。現在、売上が20億ある会社は、3年で売上100億円も夢ではありません。

読者の皆さんには、次章で自社の5年の広告投資シミュレーション表をつくっていただきますが、広告に大金を投資しますので、広告投資シミュレーション表は経営者または販売責任者がつくるようにしてください。

シミュレーションに使っていただくエクセル（Excel）データは、巻末に記載したURLからダウンロードしてお使いください。

そして8章と9章では、実際の広告のやり方を説明します。広告の採算をとりながら、社内でしっかりPDCAを回すためのツール「広告投資検討表」と「広告表現検討表」を初公開します。さらに10章では、「西野式の顧客離脱防止法」を解説します。

５年の広告投資シミュレーション表

では本題に入りましょう。

なにはともあれ、巻頭折り込みの図51を拡げて見てください。

図51は、５年で売上100億円を超える広告投資シミュレーション表です。

この章では、この図51を例にして、ダイレクトマーケティングモデルで販売するときの重要なポイントをお話しします。

この章で何回か、この折り込みの表を見ていただきますので、本書の巻頭から切り離して手元に置きながら、本章をお読みいただくことをおすすめします。

まずはじめに、なぜこのような広告投資シミュレーション表が必要かといえば、**経営者が自分でいろいろと数字を入れてシミュレーションすることで、広告投資への決意を固めるため**です。広告投資は常に不安との闘いです。大きな投資金額になればなるほど、途中で不安になり、「もう、このへんで止めてしまおうか」と躊躇《ちゅうちょ》してしまうものです。この広告投資への決意を固める作業が、広告投資シミュレーションです。

たとえば、「5年後に売上を30億にしたい」「50億にしたい」「100億にしたい」と思って計画を立てるときに、目標を達成するには、1年目、2年目、3年目、4年目、5年目にどれぐらいの数のお客様を集客する必要があるのか、お客様が買ってくれる商品の回転数が何回転ならば、年間ＬＴＶ（1人の顧客の1年間の購入金額）はいくら、集客に必要な広告費はいくらなど、実際に数字をシミュレーションしてみないかぎり、決意を固めることはできません。シミュレーションして具体的な数字をつかむことで、大きな投資への決意を固めるのです。

実際に広告をやりだすとわかりますが、なかなか計画どおりにはいきません。現実には計画の数字とズレが出ます。

大事なことは、計画した「顧客残存率」「購買単価」「顧客回転数」「年間ＬＴＶ（ライフタイムバリュー）」「稼働顧客数」「新規顧客数」「ＣＰＯ（1人の新規のお客様を集客するのに必要な広告宣伝費）」などのモノサシ（基準値）が、どれぐらい計画からズレたのか、ズレを数字でつかんで、ズレた原因を考え、基準値に近づける施策を考えて、また広告を打つ、という広告投資のＰＤＣＡを回していくことです。これをやらないかぎり目標を達成することはできません。

船が航海するときに海図とコンパスを用いるように、広告投資は広告投資シミュレーション表を用いて目標の到達地点を目指すのです。

経営者が必ずチェックしなければならない大事な項目

次に、経営者や販売責任者が、とくに注意して見てほしい広告投資シミュレーション表の中の項目についてお話しします。

ここでは、図51の表の中のピンク色の部分に注目して見てください。

ピンク色になっている項目のうち、ここで見ていただきたいのは、次の2つです。

- **年間LTV**（ライフタイムバリュー）**（万円）**
- **年間稼働顧客数（人）**

この2つの項目が、広告投資シミュレーション表の中で、経営者または販売責任者にとくに注意してほしい大事な項目です。

この2つを見て、記憶力のいい方は、1章で説明があったことに気づかれるでしょう。

図52　ダイレクトマーケティングで年商を決める２つの要因

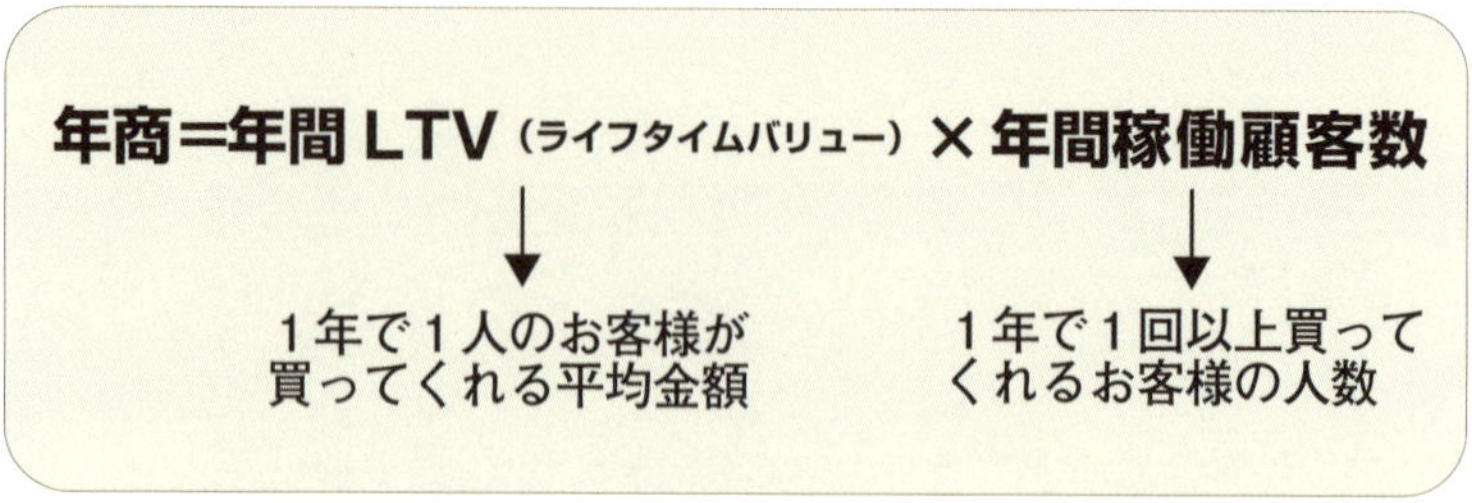

「年間ＬＴＶ（ライフタイムバリュー）」とは、１年のあいだに１人
　のお客様が買ってくれた平均金額

「年間稼働顧客数」は、１年のあいだに商品を１回以上買って
　くれたお客様の数

のことでした。

そして、図52のとおり、「年間ＬＴＶ（ライフタイムバリュー）」と「年間稼働顧客数」を掛け合わせると、「年商」になりました。

つまり、「年間ＬＴＶ（ライフタイムバリュー）」と「年間稼働顧客数」の２つが重要なのは、ダイレクトマーケティングモデルで年商を決める要因であり、「年間ＬＴＶ（ライフタイムバリュー）」と「年間稼働顧客数」を増やしていけば、年商が増えていくのです。

ですから、経営者や販売責任者は、

年商＝年間LTV（ライフタイムバリュー）×年間稼働顧客数

の計算式をしっかり頭に入れましょう。

そして、実際に広告投資をスタートさせたら、この2つの数字が増加傾向にあるのか、減少傾向にあるのかを、自社で立てた5年間の広告投資シミュレーション表の数字と照らし合わせて必ずチェックするようにしましょう。

ここで、巻頭折り込みの図51の5年で売上100億円を超える広告投資シミュレーション表で、5年目の年商を確認してみましょう。

どこの数字を見ればいいかは、シミュレーション表の一番上の項目の「経過月数（カ月）」「60」のところの「年間稼働顧客数（人）」と「売上高（年計・万円）」の数字です。

次ページ図53が、巻頭折り込みのシミュレーション表上で数字を探すときの見方です。

ご覧のとおり、見つけてほしい数字のところには、わかりやすいようにピンク色の四角で囲んでいます。

図 53　巻頭折り込み図 51 の数字の探し方

「経過月数（カ月）」「60」の「年間稼働顧客数（人）」の数字は、図53にあるとおり、①のところにありますので、巻頭折り込みの図51で、その数字を探してください。

「経過月数（カ月）」「60」の「売上高（年計・万円）」の数字は、図53とおり、②のところにありますので、巻頭折り込みの図51で、その数字を探してください。

図51のシミュレーション表上で、①と②の部分の数字を見つけましたら、その数字に鉛筆かボールペンで○印をつけてください。

次に、同じく「経過月数（カ月）」が「49」のところの「年間LTV（ライフタイムバリュー）（万円）」の数字を見つけて、○印をつけてください。

「経過月数（カ月）」が「49」の「年間LTV（ライフタイムバリュー）（万円）」の数字は、図53のとおり、③のところにありますので、巻頭折り込みの図51で、その数字を探して

図54　広告投資計画の60カ月後の数字

年間LTV（ライフタイムバリュー）→ 2.5万円
年間稼働顧客数 → 419,100人
売上高年計 → 1,047,750万円

↓

売上高年計 ＝ 年間LTV × 年間稼働顧客数

1,047,750万円＝2.5万円×419,100人
（約105億円）　（約42万人）

ください。

シミュレーション表上で、３つの数字に○印をつけましたら、上の図54の数字と同じであることを確認してください。

数字が一致しましたらＯＫです。

年間ＬＴＶ（ライフタイムバリュー）については、前述したとおり、毎月大きく変化するものではないので、この表では、１年ごとに入力するようになっています。

したがって、49カ月のところに入っている「年間ＬＴＶ（ライフタイムバリュー）」の2.5万円は、60カ月のところも同じで2.5万円となります。

つまり、巻頭折り込み図51の「５年で売上100億円を超える広告投資シミュレーション表」では、

60カ月後、つまり5年後の、

年間LTV（ライフタイムバリュー）は、2.5万円

年間稼働顧客数は、約42万人

で、2.5万円と42万人を掛け算して、

5年目の年商が、約105億円

という計画になっているのです。

この年商105億円というのは、5年目の1年間の売上のことで、5年間の累計売上ではないので、注意してください。

稼働顧客数が月次売上の先行指標

さらに重要なので「年間LTV（ライフタイムバリュー）」と「年間稼働顧客数」についてお話し

図55「年間LTV（ライフタイムバリュー）」と「年間稼働顧客数」の伸び

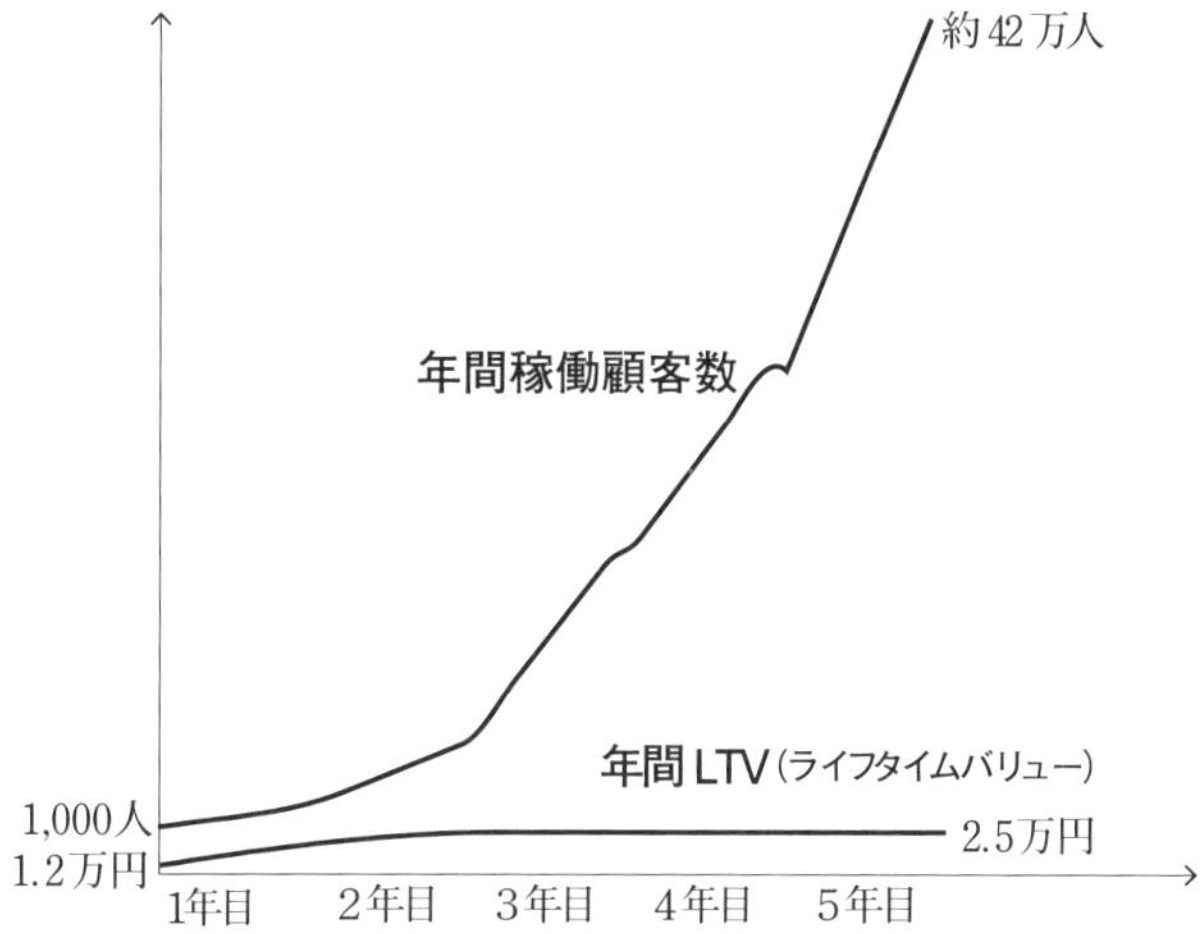

ます。

上の図55は、巻頭折り込み図51の5年で売上100億円を超える広告投資シミュレーション表の「年間LTV（ライフタイムバリュー）」と「年間稼働顧客数」の伸びを折れ線グラフで表わしたものです。

ご覧のとおり、「年間稼働顧客数」はスタート時の1千人から5年後には約42万人にまで増え、数が420倍になり、右肩上がりの曲線で伸びています。

折り込み図51の5年で売上100億円を超える広告投資シミュレーション表では、1年目はEC広告のみでスタートし、2年目からは新聞折込チラシ広告もスタートさせ、4年目からはテレビ広告もおこなう計画になっています。

年間稼働顧客数が４年目から急激に伸びている理由は、テレビ広告による効果です。テレビ広告を始める４年目の初めは、売上が35億円を超えているので、テレビ広告に投資することは可能です。

一方、「年間ＬＴＶ（ライフタイムバリュー）」のほうは、１万２千円からスタートして、５年後は２万５千円になっています。折れ線グラフで伸びを見ると、低い位置で低迷しているように見えますが、「年間ＬＴＶ（ライフタイムバリュー）」は、１年のあいだにお客様１人が平均して買ってくれる金額ですから、このぐらいの金額が一般的な金額のラインです。

ですから、100億円を達成するために、

何百倍も数を伸ばすべきものは、「年間稼働顧客数」

なのです。さらに経営にとって大事なことは、

年間稼働顧客数が月次売上の先行指標である

図56「稼働顧客数」と「月次売上」の関係

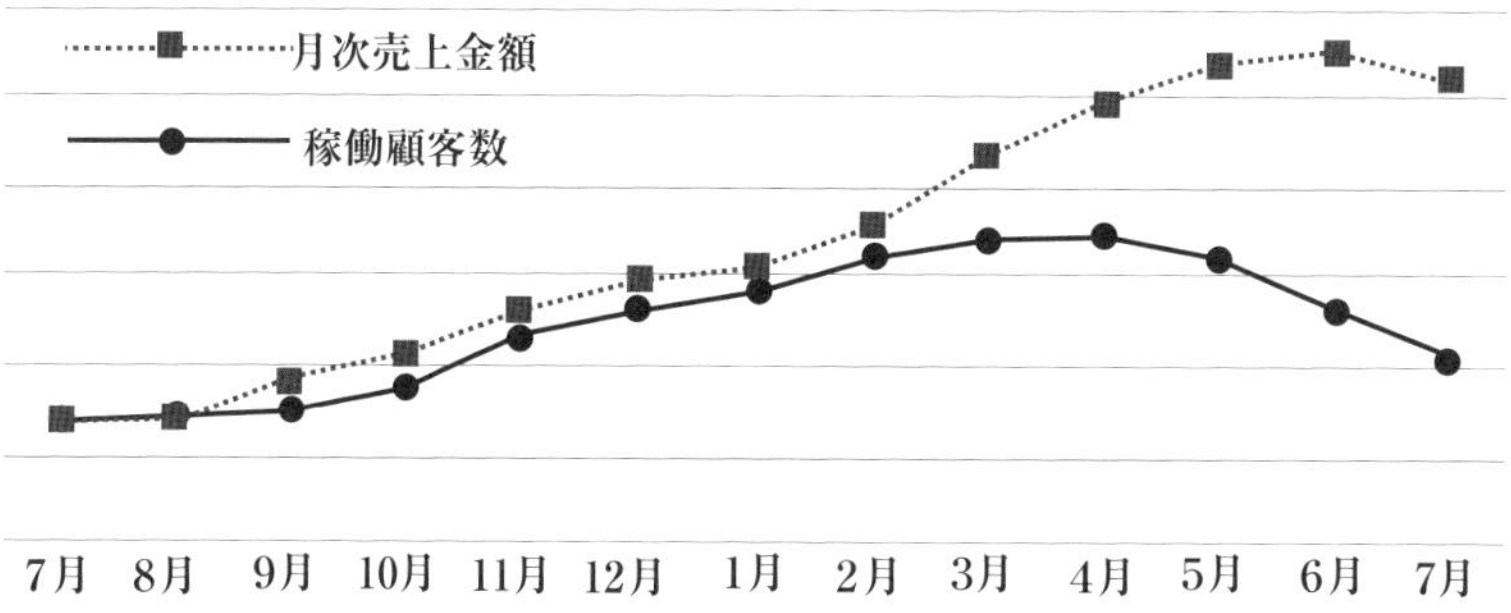

という事実です。

上の図56は、「年間稼働顧客数」と「月次売上金額」の推移を示したものです。

ご覧のとおり、先に「年間稼働顧客数」が減りだして、そのあと「売上」の減少が始まっています。

経営者や販売責任者が注意しなければならないのは、「年間稼働顧客数」の減少が始まったときです。なぜなら、月次売上は「年間稼働顧客数」が減少し始めても、数カ月は伸び続けるので、その減少に気がつかないことが多いからです。

なぜ売上の減少が遅れるかといえば、売上の8割をもたらしてくれる優良顧客よりも、おつきあいの浅い、売上金額の少ない顧客のほうから減り始めるからです。なので数カ月は売上に影響が出ず、逆に売上が伸びることがあるのです。実は、「やずや」が1997年、売上30億円を目前にして、売上が20億円へと急降下したのは、「年間稼働顧客数」の減少に気づくのが遅れたことが一つの要因でした。このように「年間稼働顧客数」は経営者にとって、常に注意しておくべき指標なのです。

広告投資計画を成功させる重要ポイント

ここまでお読みいただいて、とにかく「年間稼働顧客数」の推移に注目して、「年間稼働顧客数」を継続的に増やしていけばいい、ということをご理解いただけたと思います。

では、どうやって「年間稼働顧客数」を継続的に増やしていくかについて説明しましょう。

まず、「年間稼働顧客」とは、1年間に1回以上買ってくれたお客様のことですが、そもそもひと口に「顧客」といっても、「**新規客**」と「**既存客**」と「**離脱客**」の3つがあります。

結論を先にいえば、稼働顧客数を継続して増やしていくには、

①新規客を継続して増やす
②既存客にリピートしてもらう

③離脱客を戻す

の3つのことを同時におこなう必要があります。

この3つについて、それぞれ経営者や販売責任者に知っておいてほしいポイントを説明しましょう。

①新規客を継続して増やす

新規客を集客するには、広告費を使って広告する必要があります。

広告しなければ、新規客を集客できないので年間稼働顧客数は増えません。増えないどころか、年間稼働顧客数は減少します。まずは、

ダイレクトマーケティングモデルとは、広告投資を最優先するビジネス

であることを理解してください。

今、ダイレクトマーケティングモデルの会社で、売上が低迷している会社の多くは、広告投資をケチっている会社です。

広告投資をケチると、確実に年間稼働顧客数が減って、経営が悪循環に陥り、売上30億以下の会社は3年で売上が3分の1にまで下がるケースもあります。ダイレクトマーケティングモデルで成功しようと思うなら、広告投資に対して躊躇《ちゅうちょ》してはいけません。

これは「1年単位の利益を重視する」ようなPL志向の会社ではダイレクトマーケティングモデルを実践することは難しいということでもあります。ダイレクトマーケティングモデルに取り組むためには、将来の利益を最大化するための投資を重視するファイナンス志向で取り組まなければいけないのです。

たとえば、その代表的な例としてアマゾンがあります。アマゾンは、着実に先にあげた3つの「**新規客を継続して増やす**」「**既存客にリピートしてもらう**」「**離脱客を戻す**」を実践し、積極的に研究開発、商品開発、広告宣伝に投資しています。

ですから、5年で売上100億円を目指すのであれば、**広告投資を含めた経費を大きく使って、将来の利益を大きくしていくファイナンス志向で、広告や顧客管理システムに投資する**必要があるのです。

たとえば、粗利7割以上の商品をダイレクトマーケティングモデルで販売して、売上が20億、30億になってくると、利益もしっかり出るようになります。しかしこの段階で満足して、広告投資を止めると、何十年かかっても売上100億円には到達しません。

巻頭折り込み図51のシミュレーション表でいえば、3年目に入ると、年商が約30億円になります。そして3年目の1年間で使う広告費は約12億9千万円の計画になっています。もしこの時点で広告を止めれば、約12億9千万円のお金が残るわけですが、広告投資を止めると、売上100億円には到達しません。

最初の1年間で集客する新規客の数と広告費

ここで、巻頭折り込み図51のシミュレーション表では最初の1年間でどれぐらいの広告費を使って新規客を集客するかを見てみましょう。

次ページの図57を見てください。最初の1年間に集客する新規客の数は、1万2千人となっています。

折り込みの表で、1万2千人を確認したい場合は、シミュレーション表の中の「経過月数（カ月）」「12」のところの「新規顧客数（累計・人）」の数字を見てください。見つけやすいように、

図57　最初の１年間に集客する新規客の数

■ 最初の１年間に集客する新規客の数は、**１万２千人**

経過月数（ヵ月）	1	▶	12
新規顧客数（累計・人）	1,000	▶	12,000

■ 最初の１年間に使う広告費は、**９千６百万円**

経過月数（ヵ月）	1	▶	12
年間新規広告費（累計・万円）	800	▶	9,600

■ 最初の１年間の累計売上は、**１億４千４百万円**

経過月数（ヵ月）	1	▶	12
売上高（年計・万円）	1,200	▶	14,400

ブルーの四角で囲んでいます。

次に、1万2千人の新規客を集客するのに1年間で使う広告費ですが、図57のとおり、9千6百万円となっています。

この数字も折り込みの表で確認したい場合は、「経過月数(カ月)」「12」の「年間新規広告費(累計・万円)」のブルーの四角で囲んだ数字を見てください。

そして、1年間で得られる累計売上は、図57のとおり、1億4千4百万円となります。

これも巻頭折り込みの表で確認したい場合は、「経過月数(カ月)」「12」の「売上高(年計・万円)」のピンク色の四角で囲んだ数字を見てください。

要するに、「シミュレーション表」では、

「1年間で集客する新規客の数」↓1万2千人
「1年間で使う広告費」↓9千6百万円
「1年間の累計売上」↓1億4千4百万円

となっていますが、1人の新規客を集客するのに、どれぐらいの広告費がかかっているかというと、「1年間で使う広告費」を「1年間で集客する新規客の数」で割ると算出できます。

つまり、9千6百万円÷1万2千人＝8千円で、1人の新規のお客様を集客するのに必要な広告費である「CPO」は8千円となります。「CPO」の金額としては、一般的な数字です。

ところで、1年目の広告費は9千6百万円ですが、5年目ともなると54億円となります。

そう聞くと、「そんなにお金を使って大丈夫？」と、不安に思う人もいることでしょう。

じつは、私も最初は不安でした。しかし1章で述べたとおり、正式なBSの下に「顧客BS」の図と金額を記入して、3年先まで得られる年商を見ることで、広告投資に対する不安はなくなりました。

私のこれまでの経験では、**「年間稼働顧客数」が年々増えている状況にあれば、3年後までの年商は下振れすることはほぼありません。**

また、もし突発的な金融危機が起こって景気が悪化したり、災害の被害にあうようなことが起きた場合は、一時的に広告投資を中断すれば、その分のキャッシュは残りますので大丈夫です。

②既存客にリピートしてもらう

100億ロケット・マーケティングは、リピートが起きる商品でおこなうことを前提にしています。梅澤式のCPテストのアンケート調査を実施し、「ぜひ買いたい&買ってみたい率」が70%以上の商品ならば、リピート商品だといえます。

しかし、そのような商品パフォーマンスがいい商品であっても、ダイレクトマーケティングモデルで販売する場合、何年もお客様にリピートしてもらうには、「顧客フォロー」の仕組みを使って、お客様との関係性を強くし、お客様が流出しないような手を打つ必要があります。

お客様との関係性を強くする仕組みは、このあと10章で解説しますが、どんなに良い商品であっても、またどんなに多く新規客を集客しても、顧客フォローをしなければ、年間稼働顧客数は増えていきません。

ここで、巻頭折り込みの図51の項目「稼働顧客残存率（%）」の行を見てください。図58がその行をピックアップしたものです。

ご覧のとおり、5年で売上100億円を超える広告投資シミュレーションでは、顧客の数がゼ

図58　５年間の顧客残存率の推移

	１年目	２年目	３年目	４年目	５年目
経過月数（ヵ月）	1～12	13～24	25～36	37～48	49～60
年　　月					
稼働顧客残存率（%）	100%	70.0%	65.0%	60.0%	55.0%

ロからスタートしますので、１年間は「稼働顧客残存率」は100％となります。

２年目、３年目、４年目になるにつれて、「稼働顧客残存率」が下がっていって、５年目には「稼働顧客残存率」は「55％」となっています。

現在、通販などダイレクトマーケティング事業をされている会社の方が、この「稼働顧客残存率」の数字を見ると、「高い！」と思うことでしょう。

なぜなら、２年目の「稼働顧客残存率」が「30％」を切っている会社がザラにあるからです。しかしそのような会社の多くが、お客様との関係を強くする「顧客フォロー」を実施していません。

しかし10章で紹介する「西野式の顧客離脱防止法」をきっちり実施していただければ、２年目の「稼働顧客残存率80％」も実現可能です。

ここで図59を見てください。

図59の絵は、バケツが傾き底に穴が開いているため、水を注ぎ続

図59　傾いて穴のあいたバケツ

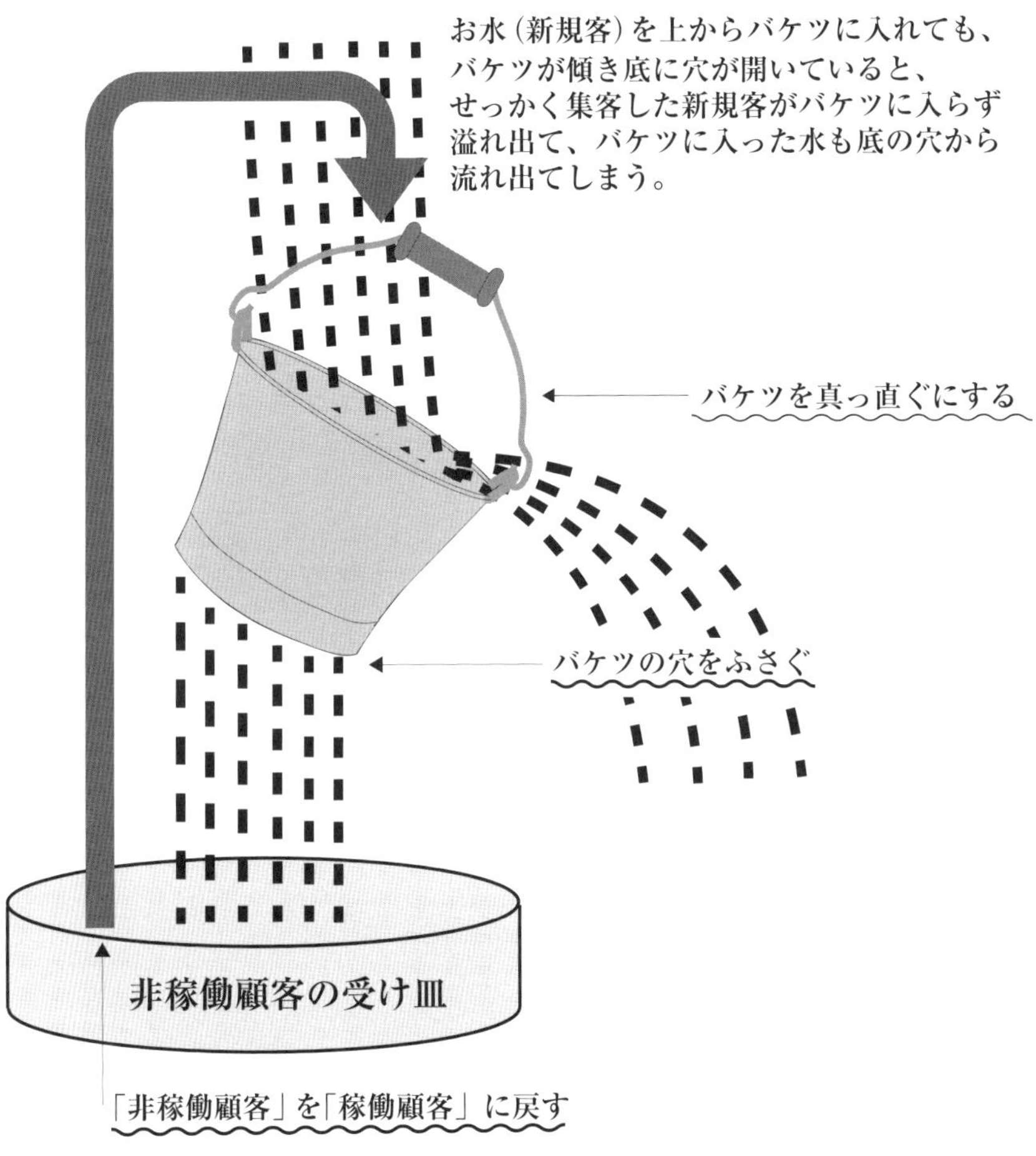

※「非稼働顧客」とは、すでに１回以上の購入があり、集計日から１年（365日）以内に購入がなかった顧客のこと

けても、上から入った水はバケツには入らず溢《あふ》れ出てしまい、バケツに入った水も底からドンドン漏《も》れています。これは、新規客を集客し続けても、お客様がバケツから溢《あふ》れ出て既存客にならず、底からも既存客が流出するので、年間稼働顧客が増えないことを表わしています。

10章でお話しする私の顧客離脱防止法は全部で３つの仕組みがありますが、そのうちの２つは稼働顧客をバケツから流出させないための仕組みです。

③離脱客を戻す

顧客離脱防止法の３つの仕組みの残り１つは、前ページの図59にあるように、**初回購入から1年以上購入がない「非稼働顧客」**になってしまったお客様を、もう一度「稼働顧客」に戻す仕組みです。これも大切な仕組みです。

注意が必要なのは、「非稼働顧客」になると、時間がたてばたつほど、「稼働顧客」に戻る確率が低くなるということです。

私(西野)の経験では、**「非稼働顧客」は1カ月たつごとに、0.1％ずつ「稼働顧客」への復活率が下がっていきます。**

ですから、「非稼働顧客」になったお客様に対して、毎月定期的にフォローをする必要があります。

この仕組みも、10章で詳しくお話しますが、このような既存のお客様、あるいは非稼働顧客となったお客様に対しておこなう顧客維持コストは、費用でなく広告投資と考えましょう。

ちなみに、1人のお客様を「非稼働顧客」から「稼働顧客」へ戻すコストは、1人の新規のお客様を集客するコストの30～40％でできます。

よって、すでにダイレクトマーケティング事業をやられていて、「非稼働顧客」が多い会社は、新規客を集客すると同時に、隠れた資産である「非稼働顧客」の復活に投資してください。

ロケットのように急カーブで売上をあげるメリット

最後に、本書の100億ロケット・マーケティングを使い、急カーブで売上をあげるメリットを説明しておきます。

短期間に売上をあげるメリットは、「商品上の理由」と「販売上の理由」の2つがあります。

まず「商品上の理由」ですが、梅澤式でつくった未充足の強い顧客ニーズに応《こた》えた新カテゴリーの商品は、発売後にそのカテゴリーの市場で、「**カテゴリー代表度**」**が50％を超えると、**

そのあとは広告費をそれほど使わなくてもロングセラー商品になって売れ続けることが、梅澤伸嘉《のぶよし》氏がおこなった調査でわかっています。

ここでいう「カテゴリー代表度50％」とは、あるカテゴリーの中で、思い浮かぶブランド名を答えてもらうというアンケート調査で、調査対象者の50％の人が答えたブランド（商品名）が、カテゴリー代表度50％の商品です。

たとえば、カテゴリー代表度が高いブランドとして、「食品包装用ラップのサランラップ」や「男性用シェービングフォームのシック（Schick）」「宅急便のクロネコヤマト」「カビ取り剤のカビキラー」などいろいろありますが、そのような商品はそれぞれのカテゴリーで、**カテゴリーの代名詞**となっています。

つまり、梅澤式の新カテゴリーの商品は、発売当初はそのカテゴリーで類似商品がないのでNo.1商品としてスタートしますが、売れ出すと競合商品が出てくるので、発売後はいちはやくカテゴリーの代名詞となるよう、広告で知名度の率である「知られる率」を上げて、「カテゴリー代表度50％」を超える必要があります。そうすることで、梅澤式の売上予測シミュレーションで計算した、最多の売上に近づけることができます。

「5年で売上100億円を超える広告投資シミュレーション」では、目安として、1年目に1つ目の商品、３年目に２つ目の商品、５年目に３つ目の商品を発売することを想定していますが、それら３つの商品の売上を伸ばすために、集中的に広告して「知られる率」を上げ、カテゴリー代表度50％を超えれば、あとは衛星と同じように、強力なエンジンがなくても、何年も売上に貢献してくれるのです。

もう１つの「販売上の理由」は、私（西野）の経験から得たものです。

大きな目標を目指す場合、３年では、さすがに時間も足りないので、準備不足で終わってしまうこともあるでしょう。かといって、10年では世の中が大きく変わってお客様の嗜好も変わり、目標に届かない可能性があります。

必ず100億円を達成するという決意を固め、躊躇《ちゅうちょ》なく投資をするには5年間という期間は、ちょうどよい期間であるといえるでしょう。

7

自社の広告投資シミュレーション表をつくってみよう！

自社で自由にシミュレーションしてみよう！

この章では、読者の皆さんに、自由に広告投資のシミュレーションをおこなっていただきます。

巻末に掲載しているURLから、広告投資シミュレーション表のエクセル（Excel）データをダウンロードしてお使いください。**ダウンロードしたエクセル（Excel）データはまず保存用として1つ残し、コピーしたデータをお使いください。**

データへの入力自体は簡単で、エクセル（Excel）初心者でも大丈夫です。

今までエクセル（Excel）を一度も使ったことのない方は、まず本章をお読みいただき、入力する項目を理解したあとで、エクセル（Excel）の得意な人にシミュレーション表をダウンロードしてもらい、その人の横に座って入力する数字をいろいろ指示してシミュレーションをおこなってください。

このシミュレーションのメリットは、経営者が「この計画でやろう！」という広告投資計画ができるまで、何度も数字を入れ直して自由に試せること、そして、シミュレーションすることで、広告投資で売上を伸ばす重要な要因を理解できることです。

ではさっそく、広告投資シミュレーション表の入力項目を見ていただきましょう。

次ページ図60をご覧ください。ご覧のとおり、「5年の広告投資シミュレーション表」の項目は全部で16あります。そのうち入力が必要な項目は、朱色で囲まれた7つの項目です。

その7つの項目のうち、②の「年月」はシミュレーションが完成した後で入力してもいいので、「必須」ではなく「任意」の入力項目です。

また⑦の「最初の年間稼働顧客数」は、これからダイレクトマーケティング事業を始める方は入力不要です。よって、**必須の入力項目としては、次の5つとなります。**

- **稼働顧客残存率(%)**
- **購買単価（万円）**
- **顧客回転数（回）**
- **新規顧客数(月間・人)**
- **CPO(万円)**

図60で「自動計算で表示」と書いてある項目は、必須の入力項目に数字を入れると、自動的に計算されて数字が表示される項目です。

図60　広告投資シミュレーション表の入力項目

① 経過月数（ヵ月） →	初期設定で数字が入っています
② 年　月 →	入力項目（任意）
③ 稼働顧客残存率（%） →	入力項目（必須）
④ 購買単価（万円） →	入力項目（必須）
⑤ 顧客回転数（回） →	入力項目（必須）
⑥ 年間 LTV（万円） →	自動計算で表示
⑦ 最初の年間稼働顧客数（人） →	入力項目（任意）
⑧ 新規顧客数（月間・人） →	入力項目（必須）
⑨ 新規顧客数（累計・人） →	自動計算で表示
⑩ 年間稼働顧客数（人） →	自動計算で表示
⑪ 売上高（年計・万円） →	自動計算で表示
⑫ CPO（万円） →	入力項目（必須）
⑬ 当月新規広告費（万円） →	自動計算で表示
⑭ 年間新規広告費（累計・万円） →	自動計算で表示
⑮ 経過月数（ヵ月） →	初期設定で数字が入っています
⑯ 売上高広告費比率（年間・%） →	自動計算で表示

各項目の詳細は、このあとひとつずつ説明しますが、まず、

シミュレーションは、1年ごとに表を完成させる

ということを頭に入れてください。

たとえば、5年で売上100億円を目指す広告投資シミュレーション表（巻頭折り込み図51）では、1年目の売上目標は「約1億4千万円」、2年目は「10億5千万円」、3年目は「約36億1千万円」、4年目は「60億3千万円」、5年目は「約104億8千万円」となっています。

自社の5年後の売上目標を定めたら、その目標を達成するための各年の目標売上を決めてください。そして「1年目の売上目標」が決まりましたら、その目標を達成できるまで、必須の入力項目に数字を入れましょう。

とくに、売上を大きく上下させる項目は「新規顧客数（月間・人）」です。この項目にいろんな数字を入れてみてシミュレーションすれば、「1年目の売上目標」をクリアするために必要な新規顧客の数がわかります。そして1年目のシミュレーションが終わりましたら、2年目、3年目、4年目、5年目へと、1年ごとに完成させていきましょう。

図61　経過月数（カ月）　非入力項目

▶ 最初の1年目 ◀

経過月数（ヵ月）	1	2	3	4	5	6	7	8	9	10	11	12
∫						∫						
経過月数（ヵ月）	1	2	3	4	5	6	7	8	9	10	11	12

↓ 広告投資スタート1カ月目　　↓ 広告投資スタート12カ月目

ではシミュレーションの項目を上から順番に説明します。

①経過月数（カ月）

「経過月数」という項目は、シミュレーション表の一番上と、下から2番目のところの2カ所に入っています。

「経過月数」には、**エクセル（Excel）データに、初期設定ですでに数字が入っていますので、入力は不要です。**

たとえば、「経過月数」の「1」は、5年計画をスタートさせる最初の1カ月目のことで、「経過月数」の「12」は、12カ月目を意味します。

さらに「経過月数」の「13」は2年目のスタート月、「25」は3年目のスタート月、「37」は4年目のスタート月、「49」は5年目のスタート月となります。

最後の「経過月数」「60」は、5年計画の最終月となります。

図62　年　月　入力項目（任意）

	経過月数（ヵ月）	1	2	3	4	5	6	7	8	9	…
任意の入力項目②	年　月	1909	1910	1911	1912	2001	2002	2003	2004	2005	…

5年計画をスタートして最初の年月を入力する。
たとえば、2019年9月スタートであれば「1909」と入力

②年　月

「年月」は、図62のように、5年の広告投資計画をスタートする年月から、60カ月分（5年分）入力する項目です。

ただ入力するタイミングはいつでもよく、かりに「年月」の項目に入力しなくても、シミュレーションすることは可能です。

つまり、「年月」は入力項目の一つではありますが、必要になったときに、「年月」を入力すればいいので、「必須」ではなく「任意」の入力項目となります。

新商品ができ上がって、広告をスタートする年月が確定するまでは、この項目は入力せず、先にシミュレーションを始めましょう。

図63　稼働顧客残存率　入力項目（必須）

	最初の1年目	2年目	3年目	4年目	5年目
入力項目③　稼働顧客残存率（%）					

これまでに集客した累計の新規客数のうち、年間稼働顧客数が占める割合のこと

③稼働顧客残存率（%）

「稼働顧客残存率」**とは、これまでに集客した累計の新規客の数のうち、年間稼働顧客数**（この1年間に1回以上買ってくれたお客様の数）**が占める割合のことです。**

シミュレーション表では、「稼働顧客残存率」は1年ごとに入力します。

■これからダイレクトマーケティング事業を始める方

新たにダイレクトマーケティング事業を始める方は、最初1年目の「稼働顧客残存率」は、100%を意味する「100」と入力してください。

2年目以降については、10章で解説する西野式「顧客離脱防止法」を実践していただくことを前提に、「5年で売上100億円を超える広告投資シミュレーション表」（巻頭折り込み図51）と同じ、2年目「70%」、3年目「65%」、4年目「60%」、5年目

「55%」を、目標の稼働顧客残存率として入力しましょう。

ところで、これからダイレクトマーケティング事業を始める場合、なぜ最初の1年目の稼働顧客残存率が「100%」なのかを説明します。

まず「稼働顧客残存率」の「稼働顧客」とは、これまでお話してきた「年間稼働顧客」とまったく同じものです。

「年間稼働顧客」とは、「**1年のあいだに商品を1回以上買ってくれたお客様**」という意味でした。つまり、購入してから1年間は稼働顧客となりますので、集客した新規客は1年間、全員、稼働顧客としてカウントされます。

「5年で売上100億円を超える広告投資シミュレーション表」（巻頭折り込み図51）では、顧客ゼロからスタートすることを想定していますので、最初の1年目の顧客は、全員新規客で全員稼働顧客としてカウントされますので、稼働顧客残存率は「100%」となるわけです。

さらに、「5年で売上100億円を超える広告投資シミュレーション表」の2年目の稼働顧客残存率は「70%」となっていますが、これは10章で解説する西野式「顧客離脱防止法」を実践していただくことを前提にした数字です。

図 64 「稼働顧客残存率」の入力方法

■これからダイレクトマーケティング事業を始める方

最初の１年目の「稼働顧客残存率」は、100% を意味する「100.0」を入力してください。

２年目以降の「稼働顧客残存率」は、西野式「顧客離脱防止法」を実践される場合は、下記の巻頭折り込み図 51 の「稼働顧客残存率」と同じ数字を、２年目以降も入力してください。

または自社が目標としたい「稼働顧客残存率」を入力してください。

図 51「5 年で売上 100 億円を超える広告投資シミュレーション表」

	最初の1年目	2年目	3年目	4年目	5年目
稼働顧客残存率（%）	100.0	70.0	65.0	60.0	55.0

■すでにダイレクトマーケティング事業をやっている方

自社が把握している稼働顧客残存率を、最初の１年の「稼働顧客残存率」として入力してください。

２年目以降は、目標とする「稼働顧客残存率」を入力してください。

「稼働顧客残存率」の計算の方法は、下記の計算式に当てはめて算出してください。

「稼働顧客残存率」の計算式

$$稼働顧客残存率＝\frac{年間稼働顧客数}{これまでに集客した累計の新規顧客数}$$

※　「年間稼働顧客数」とは「この１年間に１回以上買ってくれた顧客数」です。「年間稼働顧客数」は、同じお客様が１年間に５回買ってくれても「１」となりますので、注意してください。

そうでなければ、2年目の「稼働顧客残存率」は「70％」にはなりません。実際は、自社の「稼働顧客残存率」が「30％」を切っている場合も多いかもしれませんが、西野式「顧客離脱防止法」をしっかり実践していただければ、2年目の「稼働顧客残存率80％」も夢ではありません。

■すでにダイレクトマーケティング事業をやっている方

すでにダイレクトマーケティング事業をやっている方は、自社の「稼働顧客残存率」を1年目の「稼働顧客残存率」のところに入れてください。

2年目以降は、目標とする「稼働顧客残存率」を入力してください。「稼働顧客残存率」の計算のやり方は、前ページの図64で示した計算式を使って算出してください。

実際にシミュレーションするとおわかりいただけますが、「稼働顧客残存率」の項目に、70％とか80％を入れた場合と、20％や30％など低い数字を入れた場合とでは、「年間稼働顧客数」と「売上高」の伸びがぜんぜん違ってきます。

たとえば、「5年で売上100億円を超える広告投資シミュレーション表」(巻頭折り込み図51)では、新規客を広告によって右肩上がりに増やし、５年で「年間稼働顧客数」を約42万人まで増やしますが、新規客が継続して増えている中でも、「年間稼働顧客数」が減少した月が３つあります。

その３つをピックアップした図が、次ページ図65です。

ご覧のとおり、「年間稼働顧客数」が減少した１つ目の月は、２年目に入って「稼働顧客残存率」が100％から70％に下がったとき、２つ目は、４年目に入って「稼働顧客残存率」が65％から60％に下がったとき、そして、３つ目が、５年目に入って「稼働顧客残存率」が60％から55％に下がったときです。

図65が示すように、前月比で「稼働顧客残存率」が下がると、「年間稼働顧客数」が減少することもあります。

売上30億円を目前にしていた「やずや」が、１年で売上20億円まで下がったのは、「年間稼働顧客数」を減少させてしまったことが原因でした。その当時は、「なんとなくリピートしていないな」と感じていたものの、具体的な離脱対策をとっていませんでした。

このように既存顧客に対して離脱対策をしなければ、「年間稼働顧客数」の減少が続きますので、西野式「顧客離脱防止法」の実践をおすすめします。

図 65 「稼働顧客残存率」が下がって「年間稼働顧客数」が減少する例

			▶2年目スタート			▶4年目スタート			▶5年目スタート	
経過月数（ヵ月）	…	12	13	…	36	37	…	48	49	…
⋮										
稼働顧客残存率（%）	…	100.0	70.0	…	65.0	60.0	…	60.0	55.0	…
⋮										
新規顧客数（累計・人）		12,000	16,000		222,000	237,000		402,000	432,000	
年間稼働顧客数（人）	…	12,000	11,200	…	144,300	142,200	…	241,200	237,600	…

〈新規客が増えていても、年間稼働顧客数が下がるケース〉

上の図の経過月数 12 カ月目と 13 カ月目の稼働顧客残存率（%）と
新規顧客数（累計・人）を例にあげると…

経過月数 12 カ月目の新規顧客数（累計・人）は、12,000 人
経過月数 13 カ月目の新規顧客数（累計・人）は、16,000 人
↓ 133%

経過月数 12 カ月目の稼働顧客残存率（%）は、100%
経過月数 13 カ月目の稼働顧客残存率（%）は、70%
↓ 70%

⬇

新規顧客数（累計）増減率 × 稼働顧客残存率＝年間稼働顧客数増減率

1.33（133%） × 0.7（70%）＝ 0.931

↓

「1.0」未満であれば、年間稼働顧客数は減少する

「1.0」以上であれば、年間稼働顧客数は増加する

図66　購買単価（万円）　入力項目（必須）

経過月数（ヵ月）	1		13		25		37		49
⋮									
入力項目④　購買単価（万円）									

「購買単価」は、１人のお客様が１回に購入してくれる金額のこと。
１年ごとに入力する。

「購買単価」の計算式

$$\text{購買単価} = \frac{\text{1年間の売上高}}{\text{1年間の購入件数}}$$

④購買単価（万円）

「購買単価」は、お客様（＝稼働顧客）が１回当たり、いくら購入するのかという金額です。**「商品単価」とは違うので注意してください。**シミュレーション表には、１年ごとに「購買単価」を入力します。

■これからダイレクトマーケティング事業を始める方

通常、ダイレクトマーケティング業界では、「商品単価」の1.5倍が「購買単価」になることが多いものです。

これからダイレクトマーケティング事業を始める方は、商品の1.5倍の価格を「購買単価」として、最初の１年目のスタート月に入力してください。

2年目以降の「購買単価」は、「このくらいになるといいな」という、目標とする「購買単価」を入力してください。「購買単価」の出し方は、前ページの図66の計算式を使って算出してください。

■すでにダイレクトマーケティング事業をやっている方

自社の「購買単価」がわかっている場合は、その価格を1年目の「購買単価」のところに入力してください。2年目以降の「購買単価」は、目標とする「購買単価」を入力してください。

「購買単価」は、新商品を出すと数字が上下します。高価格の商品を出せば、「購買単価」は上がりますし、低価格の商品を出せば、「購買単価」は下がります。

また、買ってくれた商品に関連する別の商品や組み合わせ商品をすすめる「クロスセリング」を実施すれば、「購買単価」は高まりますが、2年目以降は、ご自身の目標とする「購買単価」を入れてください。

図 67　顧客回転数（回）　入力項目（必須）

経過月数（ヵ月）	1		13		25		37		49
⋮									
顧客回転数（回）									

入力項目⑤

「顧客回転数」とは、１年間のうちに１人のお客様が買ってくれる平均の回数のこと。１年ごとに入力する。

「顧客回転数」の計算式

$$顧客回転数＝\frac{１年間のお客様（＝稼働顧客）の総購入件数}{年間稼働顧客数}$$

「5年で売上100億円を超える広告投資シミュレーション表」（巻頭折り込み図51）では、1年目の「購買単価」は「6千円」、2年目以降の「購買単価」は「1万円」で設定しています。

⑤顧客回転数（回）

「顧客回転数」とは、1年間のうちに1人のお客様（＝稼働顧客）が買ってくれる平均の回数のことです。シミュレーション表には、「顧客回転数」は1年ごとに入力します。

■これからダイレクトマーケティング事業を始める方

最初の1年目の「顧客回転数」は、「5年で売上100億円を超える広告投資シミュレーション表」（巻頭折り込み図51）と同じ、2回転を意味する「2.0」

を入力してください。2回転というのは、ダイレクトマーケティングでは、平均的な数字です。

2年目以降は、ご自身の目標とする「顧客回転数」を目標数字として入れてください。

「顧客回転数」の出し方は、前ページ図67のとおり、「1年間のお客様（＝稼働顧客）の総購入件数」を「年間稼働顧客数」で割れば、算出できます。


ところで、**「顧客回転数」は、顧客離脱防止法の顧客フォローの仕組みをしっかり回せば増やすことができます。しかし、増やすといっても限度があります。**

私の経験では、「5回以上」の「顧客回転数」はほとんど見たことがありません。

そこで、「5年で売上100億円を超える広告投資シミュレーション表」では、1年目は「2回転」、2年目以降はずっと「2.5回転」で設定しています。

■すでにダイレクトマーケティング事業をやっている方

自社の「顧客回転数」を把握されている場合は、その数字を1年目の「顧客回転数」の項目に入力してください。2年目以降の「顧客回転数」は、目標とする「顧客回転数」を入力してください。

図68　年間ＬＴＶ（万円）　非入力項目（自動計算）

	経過月数（ヵ月）	1	13	25	37	49
	⋮					
入力項目	購買単価（万円）	A1	B1	C1	D1	E1
入力項目	顧客回転数（回）	A2	B2	C2	D2	E2
自動計算	年間ＬＴＶ（万円）	A3	B3	C3	D3	E3
		↓ A1×A2＝A3	↓ B1×B2＝B3	↓ C1×C2＝C3	↓ D1×D2＝D3	↓ E1×E2＝E3

「年間ＬＴＶ（ライフタイムバリュー）」は、１年のあいだに１人のお客様が買ってくれた平均金額のこと。１年ごとに入力する。

⑥年間ＬＴＶ（万円）

「年間ＬＴＶ」とは、**1年のあいだに1人のお客様**（＝稼働顧客）**が買ってくれた平均金額の**ことです。

この「年間ＬＴＶ」の項目は、**自動計算で数字が表示されますので入力不要です。**

シミュレーション表では、経過月数「1」「13」「25」「37」「49」の5カ所で表示しますが、**自動計算に必要な「購買単価」と「顧客回転数」の2つの項目に数字を入力しないと表示されませんので、注意してください。**

図68にあるとおり、「年間ＬＴＶ」は、**「購買単価」と「顧客回転数」の2つを掛け合わせて算出します。**シミュレーション表では、

この計算を自動でおこない、計算した数字（結果）を表示します。

ところで、「年間ＬＴＶ」は、前章でお話したとおり、売上（年商）を決める重要な要因の一つでした。売上（年商）を決める計算式を思い出してください。

「売上（年商）＝年間ＬＴＶ（ライフタイムバリュー）×年間稼働顧客数」でした。

５年の広告投資計画をスタートさせたあとは、経営者や販売責任者は「年間ＬＴＶ」が増加傾向にあるのか、減少傾向にあるのかを必ずチェックしましょう。

「５年で売上100億円を超える広告投資シミュレーション表」（巻頭折り込み図51）では、最初の１年目の「年間ＬＴＶ」は、「1.2万円」、２年目以降は「2.5万円」となっています。

私（西野）の経験では、特殊な商品でないかぎり「年間ＬＴＶ」は２万円台が一般的で、３万円を超えることはほとんどありません。

例外として、たとえば商品が癌《がん》などに効くと認知されている特殊なサプリメントなどの場合は、購買単価が10万円に近く、それにともなって「年間ＬＴＶ」が「５万円以上」という

図 69　最初の年間稼働顧客数（人）　入力項目（任意）

	経過月数（ヵ月）	1
	⋮	
任意の入力項目⑦	最初の年間稼働顧客数（年計・人）	

すでにダイレクトマーケティング事業をやられている方は、過去1年の「年間稼働顧客数」を入力する。
これからダイレクトマーケティング事業を始める方は入力不要

会社がありますが、こういう特殊な商品を除けば、一般的な「年間LTV」は2万円台が上限であるとお考えください。

⑦最初の年間稼働顧客数（人）

「最初の年間稼働顧客数」は、**これからダイレクトマーケティング事業を始める方には関係のない項目ですので、入力不要です。**

すでにダイレクトマーケティング事業をやられている方は、過去1年間の「年間稼働顧客数」を、「最初の年間稼働顧客数」の項目に入力してください。

「年間稼働顧客数」は、次の3つのデータがあれば、エクセルでも計算できます。

図70　新規顧客数（月間・人）　入力項目（必須）

	最初の1年目											
経過月数（ヵ月）	1	2	3	4	5	6	7	8	9	10	11	12
〜					〜							
入力項目⑧　新規顧客数（月間・人）												

新規顧客数（月間・人）の項目は、1カ月で集客する新規客の目標人数を入れる。

①顧客ID
②売上金額
③購入年月日

同じお客様が1年に複数回買ってくれても、1人の稼働顧客とカウントするように計算してください。

⑧新規顧客数（月間・人）

「新規顧客数（月間・人）」は、1カ月で集客する新規客の目標人数のことです。

1年目、2年目、3年目、4年目、5年目、それぞれ各年の売上目標を達成するために必要な「新規顧客数（月間・人）」の数字を入れてシミュレーションしてみましょう。

この「新規顧客数（月間・人）」には、上限がないので、シミュレーションするときに、月ごとに数字を変えて入力できますが、シミュレーションを自由におこなう段階では、ざっくりと12カ月間同じ数字を入れてシミュレーションしたほうが、結果的に自社が目標とする売上を達成するために、何人の新規客を集客すればいいか、その数字を早く見つけることができます。

月々の新規顧客数を細かく入力したい方は、まずは1年目の売上を達成するのに必要な新規客の総数をつかんだあと、季節変動などの要因を考慮して、月々の数字を微調整すればいいでしょう。

自社の売上目標を達成するために必要な「新規顧客数（月間・人）」がわかりましたら、その数字が1カ月に集客する目標の「新規顧客数」となります。

ちなみに、「5年で売上100億円を超える広告投資シミュレーション表」では、最初の1年間で、1万2千人の新規客を集客する計画で、そのために12カ月間、毎月千人ずつ新規客を集客する設定になっています。

図 71　新規顧客数（累計・人）　非入力項目（自動計算）

	経過月数（ヵ月）	1	2	3	…
	⋮				
入力項目	新規顧客数（月間・人）	A1	B1	C1	…
自動計算	新規顧客数（累計・人）	A1	A1＋B1	A1+B1+C1	…

「新規顧客数（累計・人）」の項目は、5年にわたって毎月集客した累計の新規客の数を自動計算で表示します。

⑨新規顧客数（累計・人）

新規顧客数（累計・人）は、5年にわたって毎月集客した新規客の累計数を表示する項目です。

自動計算によって表示されますので、入力不要です。

ただし、**自動計算に必要な「新規顧客数（月間・人）」の項目に数字を入れないと、表示されないので注意してください。**

シミュレーション表の中で、5年にわたって累計を表示する項目は、この新規顧客数（累計・人）だけです。

「5年で売上100億円を超える広告投資シミュレーション表」（巻頭折り込み図51）では、千人の新規顧客数からスタートして、60カ月後、累計で76万2千人の新規顧客を集客する設定になっています。

図 72　年間稼働顧客数（人）　非入力項目（自動計算）

	経過月数（ヵ月）	1	…	13	…	25	…
	⋮		…		…		
入力項目	稼働顧客残存率（%）	A1	…	B1	…	C1	…
	⋮		…		…		
入力項目	新規顧客数（月間・人）	A2	…	B2	…	C2	…
自動計算	新規顧客数（累計・人）	A3	…	B3	…	C3	…
自動計算	年間稼働顧客数（人）	A4	…	B4	…	C4	…

A3×A1＝A4　B3×B1＝B4　C3×C1＝C4

「年間稼働顧客数」とは、１年のあいだに商品を１回以上買ってくれたお客様の数のこと

⑩年間稼働顧客数（人）

「年間稼働顧客数」とは、1年のあいだ**に商品を1回以上買ってくれたお客様の**数のことです。

シミュレーション表では、この「年間稼働顧客数」を自動計算によって表示しますので、入力不要です。

図72のとおり、**自動計算に必要な「稼働顧客残存率」と「新規顧客数（月間・人）」の2つの項目に数字を入れると、自動計算で「年間稼働顧客数」を表示します。**

自動計算に必要な「稼働顧客残存率」と「新規顧客数（月間・人）」の項目に数字を入れないと、「年間稼働顧客数」は表示されませんので注意してください。

この項目の自動計算式は、図72のとおり、「新規顧客数（累計・人）」に「稼働顧客残存率」を掛けて、「年間稼働顧客数」を算出します。

繰り返し述べたように、5年の広告投資計画をスタートさせたあと、経営者や販売責任者が自社の目標を達成するために、その達成度合いを計測して定期的に見なければならないKPI（Key Performance Indicator）は、

年間稼働顧客数

です。

「年間稼働顧客数」が継続的に増えていれば、売上も安定して増え続けます。

私（西野）が顧客ポートフォリオマネジメントの考え方をつくったときに、売上（年商）＝年間LTV×年間稼働顧客数という、売上の概念をもつようになり、「年間稼働顧客数」に注目するようになりました。

前章でもお伝えしましたが、「年間稼働顧客数」を見続けた結果、わかったことがあります。それは、**「年間稼働顧客数」は未来の売上の先行指標になっている**ということでした。

図 73　売上高（年計・万円）　非入力項目（自動計算）

	経過月数（ヵ月）	1	…	13	…	25	…
	⋮		…		…		
自動計算	年間LTV（万円）	A1	…	B1	…	C1	…
	⋮		…		…		
自動計算	年間稼働顧客数（人）	A2	…	B2	…	C2	…
自動計算	売上高（年計・万円）	A3	…	B3	…	C3	…

↓ A1×A2＝A3　↓ B1×B2＝B3　↓ C1×C2＝C3

売上（年商）＝年間LTV（ライフタイムバリュー）× 年間稼働顧客数

※売上（年商）と売上高（年計・万円）は同じ意味です

だからこそ常に「年間稼働顧客数」の変化には注意を払わなければいけないのです。この「年間稼働顧客数」は、新規の集客数とともに稼働顧客の再購入率がカギとなりますので、それ以後は顧客のリピートについて言及する場合は「稼働顧客残存率」を使用するようにもなりました。また「稼働顧客残存率」を落とさないために西野式「顧客離脱防止法」を編み出したのです。

西野式「顧客離脱防止法」を実践し、**経営上、「年間稼働顧客数」が目標どおりに推移していれば、売上（年商）はシミュレーションどおりに推移しますので、ぜひ「年間稼働顧客数」の変化には常に注**

図 74　売上（年商）を出す計算式を分解すると…

売上（年商）＝年間ＬＴＶ× 年間稼働顧客数

↓

上の式をさらに分解すると…

売上（年商）＝（購買単価×顧客回転数）×（新規顧客数累計×稼働顧客残存率）

（購買単価×顧客回転数）＝年間 LTV

（新規顧客数累計×稼働顧客残存率）＝年間稼働顧客数

目するようにしてください。

⑪売上高（年計・万円）

「売上高（年計・万円）」とは、1カ月の売上ではなく、当月を含む過去1年間の売上のことです。

シミュレーション表では、この「売上高（年計・万円）」を自動計算で表示しますので、入力は不要です。

前ページ図73に、自動計算式を示しています。

ダイレクトマーケティングモデルで「売上（年商）」を決める「売上（年商）＝年間ＬＴＶ×年間稼働顧客数」の計算式に基づいて算出しています。

ちなみに、「売上高（年計・万円）」と「売上（年商）」は同じものと理解してください。

この売上高（年計・万円）を自動計算で表示させるには、次の４つの項目に数字を入れる必要があります。

図75　年計とは

1. **「稼働顧客残存率（%）」**
2. **「購買単価（万円）」**
3. **「顧客回転数（回）」**
4. **「新規顧客数（月間・人）」**

図74は、これまでに繰り返し説明した、ダイレクトマーケティングの売上（年商）の計算式です。

「年間ＬＴＶ」と「年間稼働顧客数」を掛け合わせた数字が、売上（年商）となります。

ここで、「売上高（年計・万円）」の「年計」について説明しましょう。上の図75をご覧ください。

図75は、**1年（12カ月）間の累計額を、1カ月ずつ移動させて計算した年計**です。

シミュレーション表の「売上高（年計・万円）」は、1カ月ずつ移動させる年計で見ます。

「売上高」を「年計」で見るメリットは、たとえば、夏によく売れる商品や、あるいは冬によく売れる商品などを販売する場合、季節によって1カ月の「売上高」が大きく上下します。また偶発的な出来事などが起きた場合も、1カ月の「売上高」が大きく上下します。

経営者や販売責任者が「売上高」を見るときに、なんらかの要因によって上下する毎月の売上高を見ていても、経営上、正しい判断ができません。

一方、「売上高」を「年計」で見れば、当月を含む過去1年間の売上を毎月見ますので、季節変動や偶発的な要因による売上の上下は吸収されて、売上が自社の目標に向かって順調に増えているか、減っているかの傾向がすぐわかります。

ダイレクトマーケティングでは、「年間稼働顧客数」や「年間ＬＴＶ」、そして「購買単価」や「顧客回転数」、「稼働顧客残存率」など、重要な項目はすべて1年（12カ月）単位で数字を見ることを頭に入れてください。

図76　CPO（万円）入力項目（必須）

経過月数（ヵ月）	1	2	3	4	5	6	7	8	9	…
～						～				
入力項目⑫ CPO（万円）										…

1人の新規客を集客するのに必要な広告費のこと

⑫CPO（万円）

「CPO」とは、「Cost Per Order」の略で、**1人の新規客を集客するのに必要な広告費のこと**です。

シミュレーション表では必須の入力項目で、毎月入力してください。

実際に広告を始めるとわかりますが、商品や広告媒体によって、「CPO」は大きくバラつきます。

シミュレーション表に入れる数字は、目標とする「CPO」の数字を入れてください。

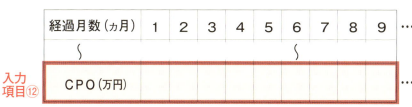

そして、その「CPO」の数字に近づけるように、広告をおこなっていきます。

■これからダイレクトマーケティング事業を始める方

はじめて広告投資をする方は、最初の1年目は、「5年で売上100億円を超える広告投資シミュレーション表」と同じ、「8千円」の「0.8」を、「ＣＰＯ」の項目に入力してください。

最初の1年目はＥＣだけで広告することを想定しています。ＥＣ広告で「ＣＰＯ８千円」は一般的な金額ですので、1年目は「ＣＰＯ８千円」を目標にしましょう。

2年目以降の「ＣＰＯ」は、過去1年でおこなった、さまざまな広告の平均「ＣＰＯ」を参考にして、目標とする「ＣＰＯ」を入力してください。

「5年で売上100億円を超える広告投資シミュレーション表」では、1年目から3年目までの「ＣＰＯ」が「8千円」、4年目が「1万1千円」、5年目が「1万5千円」で設定してあります。

シミュレーション表の欄外下を見ていただくとわかりますが、最初の1年目はＥＣ広告だけでおこなうという設定になっています。売上の上昇にともなって、新聞折込チラシ広告やテレビ広告をやっていきますが、媒体によって「ＣＰＯ」が違ってきますので、自社でどのような広告をやるかを考慮して、目標とする「ＣＰＯ」を入力してください。

■すでにダイレクトマーケティング事業をやっている方

これまでに自社でおこなった広告の「ＣＰＯ」を参考にして、目標とする「ＣＰＯ」を入

力してください。次章で具体的な広告のＰＤＣＡの回し方を説明しますが、

経営者や販売責任者が広告の成果を判断する指標は「ＣＰＯ」です

広告代理店にＥＣ広告を依頼すると、広告の効果を説明するときに、「ＣＶＲ（コンバージョン率）」とか「ＰＶ（ページビュー）」など、いろんな専門用語を使って説明してくれますが、**広告投資で一番大事な指標は、広告によって商品が売れて、1人の新規客を集客するのにいくらかかったのかという**「ＣＰＯ」だけです。それ以外の指標は、広告投資の判断には不要です。次々と新しい広告の専門用語が出てきますが、惑《まど》わされず「ＣＰＯ」だけをみるようにしましょう。

図 77　当月新規広告費（万円）　非入力項目（自動計算）

	経過月数（ヵ月）	1	2	3	4	5	…
	⋮						
入力項目	新規顧客数（月間・人）	A1	B1	C1	D1	E1	…
	⋮						
入力項目	CPO（万円）	A2	B2	C2	D2	E2	…
自動計算	当月新規広告費（万円）	A3	B3	C3	D3	E3	…

A1×A2=A3　　C1×C2=C3　　E1×E2=E3

⑬当月新規広告費（万円）

「当月新規広告費」は、1カ月で使う広告費のことです。

シミュレーション表では、自動計算で当月新規広告費を表示しますので、入力不要です。

前ページ図77のとおり、「当月新規広告費」は、「新規顧客数（月間・人）」と「CPO（万円）」を掛け合わせて算出します。

「CPO」は、1人の新規顧客を集客するのに必要な広告費ですから、1カ月で集客する目標の新規顧客数がわかれば、1カ月の広告費が計算できます。

「当月新規広告費」は、「新規顧客数（月間・人）」と「CPO（万円）」の項目に数字を入れないかぎり、数字は表示されないので注意してください。

図78　年間新規広告費（累計・万円）　非入力項目（自動計算）

	経過月数（ヵ月）	1	2	3	…	11	12
	⋮						
自動計算	当月新規広告費（万円）	A1	B1	C1	…	K1	L1
自動計算	年間新規広告費（累計・万円）	A1	B2	C2	…	K2	L2

A1＋B1＝B2　B2＋C1＝C2　K2＋L1＝L2

※経過月数12ヵ月の年間新規広告費に表示される数字（L2の部分）が1年目の1年間に使った新規広告費となります。経過月数13ヵ月からは、新たに2年目の年間新規広告費の累計が表示されます。

⑭年間新規広告費（累計・万円）

「年間新規広告費（累計・万円）」は、前述の「当月新規広告費（万円）」を1年間累計する項目です。

シミュレーション表では、自動計算で「年間新規広告費（累計・万円）」を表示しますので、入力不要です。

毎月の広告費の1年間の累計ですから、「経過月数」の「12」「24」「36」「48」「60」のところの「年間新規広告費（累計・万円）」を見れば、1年目の1年間に使った広告費の総額、2年目、3年目、4年目、5年目、それぞれ1年間に使った広告費の総額がわかります。

この項目は、必須の入力項目である「新規顧客数（月間・人）」と「CPO（万円）」に数字を入れると「当月新規広告費」とともに表示されます。

図 79　売上高広告費比率（年間・%）　非入力項目（自動計算）

	経過月数（ヵ月）	…	12	…	24	…	36	…	48	…	60
	⋮										
自動計算	売上高（年計・万円）	…	A1	…	B1	…	C1	…	D1	…	E1
自動計算	年間新規広告費（累計・万円）	…	A2	…	B2	…	C2	…	D2	…	E2
	⋮										
自動計算	売上高広告費比率（年間・%）	…	A3	…	B3	…	C3	…	D3	…	E3

A2÷A1＝A3　　C2÷C1＝C3　　E2÷E1＝E3

「売上高広告費比率（年間・%）」は、１年間の売上に占める広告費の割合のこと。

⑮経過月数

15番目の項目「経過月数」は、1番目の項目の「経過月数」とまったく同じです。エクセル(Excel)データに初期設定で数字が入っていますので入力は不要です。

⑯売上高広告費比率（年間・%）

シミュレーション表の一番下に位置する項目の「売上高広告費比率（年間・%）」は、1年間の売上に占める広告費の割合です。**自動計算で数字が表示されますので、入力不要です。**

「売上高広告費比率（年間・%）」は、シミュレーション表の各年の最終月、経過月数でいうと、「12」「24」「36」「48」「60」のところに表示されます。

「5年で売上100億円を超える広告投資シミュレーション表」（巻頭折り込み図51）では、1年目の「売上高広告費比率（年間・％）」は「67％」、2年目「37％」、3年目「36％」、4年目「33％」、5年目「52％」となっています。

1年目の「売上高広告費比率67％」をご覧になって、「広告費の比率が高い！」と驚く人もいるでしょう。

私（西野）が「やずや」の創業者・矢頭《やず》社長に1千万円の資金を出してもらって立ち上げた九州自然館で、多い月で前月の売上の8割を広告に投資したことがあります。それができたのも、社員が2人で固定費が少なかったからですが、広告投資によって短期間に売上を伸ばそうと思えば、固定費が少ないほうが断然有利です。私の経験からいうと、売上1億円に対して社員1人ぐらいが理想といえます。

たとえば、いま現在、労働集約型や設備集約型のビジネスをやっていて、これからダイレクトマーケティング事業も始めようと考えている方は、固定費が高い本業とは切り離して、別会社をつくってやられることをおすすめします。

以上が、シミュレーション表の項目の説明です。

顧客管理と数字（結果）管理

最後に、広告投資をスタートさせた後の顧客管理と数字（結果）管理について説明します。

自社の「5年の広告投資シミュレーション表」ができ上がり、その計画に基づいて、実際に広告投資をスタートしたあとは、経営者や販売責任者は、「年間稼働顧客数」が目標どおりに推移しているかを定期的にチェックしなければなりません。

できれば毎週、最低でも月1回は「年間稼働顧客数」を見てください。

なお、毎週「年間稼働顧客数」をチェックする場合は、**1年間の「稼働顧客数」を1日ずつ移動して計算した**「年間稼働顧客数」を見る必要があります。

前述したとおり、「年間稼働顧客数」が目標どおり推移していれば問題ありませんが、そうでない場合は、原因を調べ、解決すべき課題をみつけて対策を実行する必要があります。

「5年で売上100億円を超える広告投資シミュレーション表」（巻頭折り込み図51）では、1年目に集客する新規客の数が1万2千人で、3年目には10万人を超えますので、広告投資をスタートする前に、顧客管理と数字の管理について、自社で独自のシステムを構築するか、市販のソフトを導入するかを決めて準備する必要があるでしょう。

その場合、1章で、「システムにかかる費用も広告投資の一部と考えましょう」と申し上げましたが、広告投資をスタートさせる前に、管理システムも準備しましょう。

たとえば、次ページ図80のような「年間稼働顧客数」「年間ＬＴＶ」「購買単価」「顧客回転数」等の推移が一覧表示される分析システムを用意します。

分析システムを用意し、各指標を毎月一覧表示することで、事前におこなったシミュレーションとの差をすばやく把握します。分析システムを用意することで、打つべき対策を早期に実施しましょう。

たとえば、「年間ＬＴＶ」が下降傾向にある場合、「年間ＬＴＶ」は「購買単価」と「顧客回転数」という２つの要因に分けられますので、「購買単価」と「顧客回転数」では違う対策を考える必要があります。

「購買単価」を上げる場合は、クロスセリングの促進や、次に出す新商品は付加価値が高い商品を用意すること。また「顧客回転数」を上げる場合は顧客フォローの頻度《ひんど》や内容の見直しをするなどです。

このように事前におこなったシミュレーションとの差をすばやく把握し対策を打つために、ぜひ各指標を一覧で把握できるシステムを使うようにしましょう。

図 80　分析システムの例

最終締め年月日　2019年05月15日

年間ＬＴＶ（ライフタイムバリュー）の推移表&グラフ

現在顧客数　2,678 件 （更新：2019年05月15日 16:12）

売上データ数　49,504 件 （更新：2019年05月15日 16:12）

2019　04　集計

稼働顧客の平均在籍期間(年)	4.56	LTV (年間LTV ×稼働顧客の平均在籍期間)	17.29

年月	2018/05	2018/06	2018/07	2018/08	2018/09	2018/10	2018/11	2018/12	2019/01	2019/02	2019/03	2019/04	増減数	増減率
月間売上高（万円）	384	391	368	306	438	470	471	410	288	387	471	372	---	---
売上高（年計・万円）	4,365	4,358	4,283	4,285	4,300	4,379	4,536	4,559	4,579	4,632	4,719	4,756	391	8.96%
年間稼働顧客数（人）	1229	1234	1246	1258	1239	1230	1244	1248	1241	1246	1252	1254	25	2.03%
月間出荷数（件）	475	578	544	483	502	537	531	556	472	479	575	560	---	---
出荷数年計（件）	6228	6222	6228	6179	6120	6101	6118	6150	6192	6205	6241	6292	64	1.03%
年月	2018/05	2018/06	2018/07	2018/08	2018/09	2018/10	2018/11	2018/12	2019/01	2019/02	2019/03	2019/04	増減数	増減率
年間LTV (売上高 (年計) ÷年間稼働顧客数)	3.55	3.53	3.44	3.41	3.47	3.56	3.65	3.65	3.69	3.72	3.77	3.79	0.24	6.76%
購買単価(売上高 (年計) ÷出荷数年計)	0.70	0.70	0.69	0.69	0.70	0.72	0.74	0.74	0.74	0.75	0.76	0.76	0.06	8.57%
顧客回転数(出荷数年計÷年間稼働顧客数)	5.07	5.04	5.00	4.91	4.94	4.96	4.92	4.93	4.99	4.98	4.98	5.02	-0.05	-0.99%

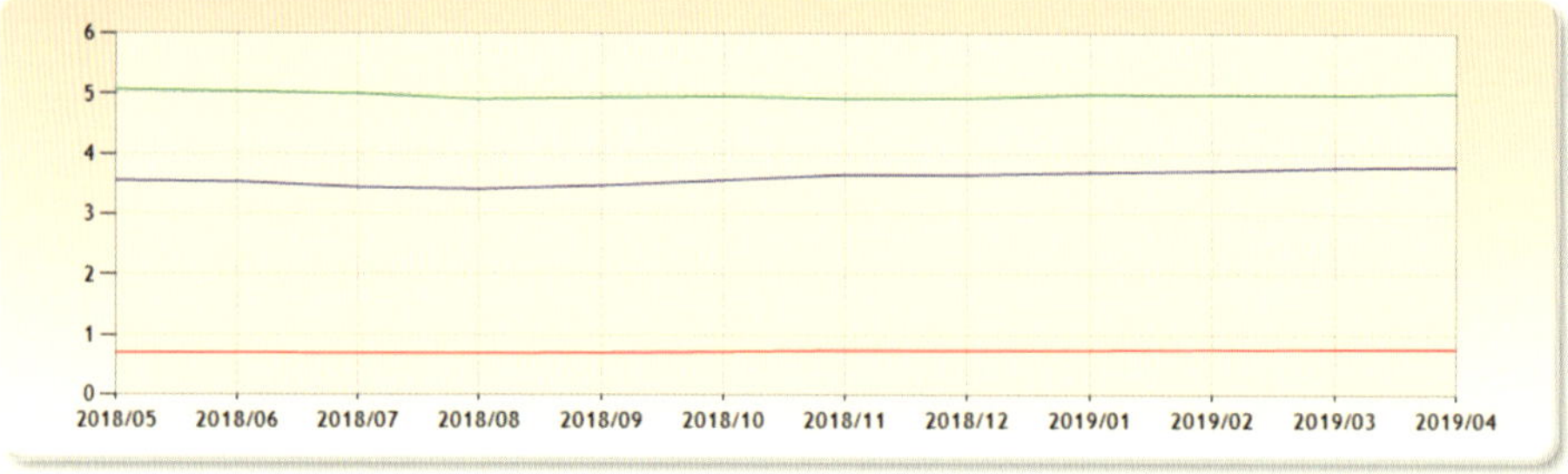

年間LTV（売上高（年計）÷年間稼働顧客数）　購買単価(売上高（年計）÷出荷数年計）　顧客回転数(出荷数年計÷年間稼働顧客数)

※赤文字は減少した状態を表しています。

※年間 LTV & CPM 分析システム（http://www.1cpm.jp/b）

管理システムについては、自社で構築されてもよいですし、もしも、簡易的なシステムで素早く実践したい場合には、図80の分析システムを提供するリピート顧客倍増実践会(http://www.1cpm.jp/b) のシステムを使用されることをおすすめします。

8 広告投資の採算のとり方

1

100億ロケット・マーケティング 広告投資の基本

売上規模に応じて広告媒体を選ぶ

「5年で売上100億円を超える広告投資シミュレーション表」（巻頭折り込み図51）では、**【スタート期】EC広告、【加速期】新聞折込チラシ広告、【爆速期】テレビ広告**をおこなうことを明記しています。

それぞれのスタート時期は、売上規模に応じて、「EC広告」は1年目から、「新聞折込チラシ広告」は2年目から、「テレビ広告」は4年目から始める設定になっていますが、この設定はあくまでも目安です。

資金に余裕がある場合は、1年目からEC広告と併用して新聞折込チラシ広告をおこなっても何ら問題ありません。

また売上100億円を目指す場合は、EC広告だけでは売上を伸ばすのに限界がありますので、「新聞折込チラシ広告」や「テレビ広告」にも挑戦してください。

EC広告については、ここ数年CPO（1人の新規客を集客するのに必要な広告費）が上がっているものの、他の広告に比べると低料金で実施できます。

日本の個人のインターネット利用率が約81％（総務庁調査2017年）になった今、EC広告は欠かせません。

ただし「ＥＣ広告」は、検索サイトでキーワードを入力したり、表示されるさまざまな広告の中から選んでもらう必要があり、「新聞折込チラシ広告」や「テレビ広告」のように、直接的に商品を告知することができません。そこがＥＣ広告とその他の広告との違いです。「新聞折込チラシ広告」は、ここ数年、購読者数が減少していますが、商品によっては新規客の集客に効果を発揮します。

私（西野）はほぼすべての新聞媒体を使って折込チラシ広告を全国でおこなった経験がありますが、やり方次第で、採算をとりながら新規客を集客することができます。

「テレビ広告」については、売上が30億円を超えてくると、お願いしなくても大手広告代理店のほうから営業をかけてくるでしょう。

私の経験では、「テレビ広告」によって、新規客を集客すると同時に、既存客のリピート率が高まります。それは商品に対する信頼性が高まることが理由ですが、そういう意味では、既存客のボリュームが大きくなったあとで「テレビ広告」をおこなうのが効果的です。

「5年で売上100億円を超える広告投資シミュレーション表」（巻頭折り込み図51）では、年間稼働顧客数が14万人を超えた4年目から「テレビ広告」をスタートする設定になっています。

シミュレーション表（巻頭折り込み図51）の4年目以降の年間稼働顧客数の伸びに注目す

ると、テレビ広告をスタートさせた時点の年間稼働顧客数は14万人、それが2年で約3倍の42万人に増え、売上も約3倍になっています。

一概にテレビ広告といっても、いろいろなやり方があるので、年間稼働顧客数のボリュームが大きくなりましたら挑戦してください。

広告投資の基本

5年で売上100億円を目指す100億ロケット・マーケティングでは、1年目の広告費として、毎月800万円、年間で9千6百万円を投資します。

これぐらいの投資規模になると、基本的に広告は代理店を通じておこないます。

広告代理店と取引したことがない方は、数社とつきあってみて、その中から自社のやりたいことに協力してくれる広告代理店を選びましょう。

そして、広告代理店を通じてさまざまな広告をおこなっていきますが、広告の成果の判断や広告クリエイティブの選定は自社でおこない、**広告の主導権は自社でもつようにしましょう。**

次に、広告投資の基本についてお話します。

広告投資の基本は、5年で売上100億円を目指す場合も、30億円目指す場合も、10億円目指す場合もまったく同じです。

まず経営者や販売責任者が広告の成果を評価する指標は、

CPO（1人の新規客を集客するのに必要な広告費）

です。

広告代理店を通じて広告を始めると、広告代理店の担当者はいろいろな専門用語を使って広告の成果を説明しますが、経営者や販売責任者が見るべき指標は、1人の新規客を集客するのにいくらかかったかを示す「CPO」だけで充分です。

これからダイレクトマーケティング事業を始める方は、まず広告代理店に自社が目標とする「CPO」の金額を伝えて、「CPOがその金額内に収まるように」と広告を依頼してください。

いうまでもなく、どのような投資でも投資額よりリターンが多ければいいので、広告投資については、「ＣＰＯ」を下げていくと同時に、「年間ＬＴＶ」を上げていくことを目指します。

しかし、ＣＰＯは大きくバラつきますので、「目標ＣＰＯ」を基準にして幅をもって考えていく必要があります。それについては、あとで詳しくお話します。

広告投資のＰＤＣＡを回す２つのツール

広告投資を継続して新規客を集客し、年間稼働顧客を年々増やしていくために、次の２つのツール、

1. **広告投資検討表**（広告の量的な仮説を立てるときに使うツール）

2. **広告表現検討表**（広告の質的な仮説を立てるときに使うツール）

を使って、広告投資のＰＤＣＡを回していきます。
1の**「広告投資検討表」は、広告の採算を見ながら広告投資を継続していくためのツールで、経営者または販売責任者に使っていただきます。**

この「広告投資検討表」は、私（西野）が考案し、実際に「やずや」と「九州自然館」で広告投資したときに使っていたものです。

2の**「広告表現検討表」は、反応のいい広告クリエイティブと媒体を同時に選定するツールで、主に広告担当の社員に使っていただくツールとなります。**

この「広告表現検討表」は、監修者の橋本陽輔氏が考案したもので、本書では、守秘義務から広告例はモチーフに変えてありますが、私の支援先の実際の数字を元にご説明します。

では、1の「広告投資検討表」から説明しましょう。

2　「広告投資検討表」のつくり方

広告投資検討表とは？

「広告投資検討表」は、**広告投資の採算性をシミュレーションするツール**です。

一般に、広告の担当者は誰でも「商品が何個売れれば、売上がいくらで、粗利がいくらになるから広告の採算がとれるだろう」ぐらいの計算は頭の中でおこなっていると思います。

しかし、その程度の仮説だと、読みがハズれたとき、どのように対応してよいのかわからなくなってしまいます。

ですから、「広告投資検討表」で、

「1年間で採算がとれる範囲はどこまでか？」
「目標CPO内に収めるには、何人の新規客を集客すればよいのか？」
「何回転させれば、1年で採算がとれるのか？」
「もし目標CPO内に収まらない場合、許容できる最大のCPOはいくらまでか？」

など、経営上成り立つ仮説をいくつか考えておけば、広告の成果に対して、幅をもって判断ができて、当初の読みとは違う結果が出たときも、事前にやるべき課題を明確化できます。

ここで、巻頭折り込み図81の「**広告投資検討表**」の一例を見ていただきましょう。

ご覧になると、数字が上から下までびっしり詰まっていて、一瞬ぎょっとされることでしょう。しかし、ご安心ください。けっして難しいツールではありません。

この「広告投資検討表」は、皆さんも簡単につくることができます。

「広告投資検討表」を商品ごとに1つつくっておけば、EC広告、新聞折込チラシ広告、テレビ広告など、すべての広告に使えるので大変便利です。

このあと、「広告投資検討表」のつくり方の説明をします。

先の「広告投資シミュレーション表」と同じく、エクセル(Excel)でシミュレーションしてつくりますので、エクセル(Excel)データを巻末記載のURLからダウンロードしてお使いください。

では、さっそく「広告投資検討表」のつくり方をお話しましょう。

図82 広告投資検討表の項目

入力	入力	広告コスト÷新規顧客数	入力	新規顧客数×購買単価	入力	新規売上高×粗利益率	新規粗利益額÷広告コスト	入力	新規売上高×顧客回転数	新規年間売上高×粗利益率	新規年間粗利益額÷広告コスト	購買単価×顧客回転数
広告コスト(万円)	新規顧客数(人)	CPO(万円)	購買単価(万円)	新規売上高(万円)	粗利益率(%)	新規粗利益額(万円)	新規採算性(%)	顧客回転数(回)	新規年間売上高(万円)	新規年間粗利益額(万円)	年間採算性(%)	最大許容CPO(万円)
↓	↓	↓	↓	↓	↓	↓	↓	↓	↓	↓	↓	↓
①	②	③	④	⑤	⑥	⑦	⑧	⑨	⑩	⑪	⑫	⑬
入力項目	入力項目		入力項目		入力項目			入力項目				

上の図82は、「広告投資検討表」の項目の一覧です。

ご覧のとおり、項目は全部で13項目あります。そのうち**入力する項目は朱色で明記した5つ**です。

残りの項目は、自動計算で表示されますので、入力は不要です。

また入力項目も、行数が多いものの、作業は単純で、エクセル(Excel)の機能を使えば、簡単に入力できます。

さっそく、ダウンロードしたエクセル(Excel)データを使って、自社の商品の「広告投資検討表」をつくってみましょう。

次から、各項目の入力方法を説明します。

そのあと、「広告投資検討表」の見方と活用法を解説します。

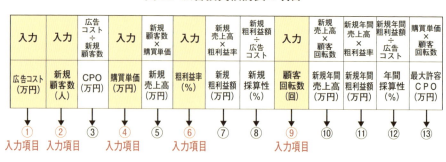

図83 広告コスト(万円) 入力項目

入力	入力	広告コスト÷新規顧客数	入力	新規顧客数×購買単価	入力
①広告コスト(万円)	新規顧客数(人)	CPO(万円)	購買単価(万円)	新規売上高(万円)	粗利益率(%)

①広告コスト(万円)

1番目の項目の「広告コスト」は、**1つの広告にかかる広告費を入力する項目**です。

たとえば、費用が30万円かかる広告をやる場合は「30万円」、50万円かかる場合は「50万円」を、1行目から100行ぐらい同じ数字を入力します。

エクセル(Excel)には、連続してコピーする機能がありますので、それを使えば、同じ数字を100行でも200行でも、簡単にコピーできます。

巻頭折り込み図81の「広告投資検討表」の一例は、「100万円」の広告をするという設定で、全行に「100万」の数字が入力されています。

「広告投資検討表」は商品ごとにつくって、広告コストが変われば、「広告コスト」の項目に入れる数字を変えて使っていきます。

図84　新規顧客数（人）入力項目

入力	入力	広告コスト÷新規顧客数	入力	新規顧客数×購買単価	入力
広告コスト（万円）	②新規顧客数（人）	CPO（万円）	購買単価（万円）	新規売上高（万円）	粗利益率（%）

②新規顧客数（人）

「新規顧客数」の項目は、広告によって集客する新規顧客の人数を入力する項目です。

広告の結果が出る前ですから、仮説の「新規顧客数」を入力します。

たとえば、1人、2人、3人…と、1人ずつ増やして入力してもかまいません。エクセル(Excel)で「連続データ」入力をすれば、簡単にできます。

巻頭折り込み図81の「広告投資検討表」の「新規顧客数（人）」の項目は、「10人」から始まって、「5人」ごとの数字が入っています。

このような5人ごとの入力についても「連続データ」入力の機能を使えば、簡単にできます。

図85　CPO（万円）自動計算

入力	入力	広告コスト÷新規顧客数	入力	新規顧客数×購買単価	入力
広告コスト（万円）	新規顧客数（人）	③ CPO（万円）	購買単価（万円）	新規売上高（万円）	粗利益率（％）

③ＣＰＯ（万円）

「ＣＰＯ」とは、１人の新規客を集客するのに必要な広告費のことです

この項目は、自動計算で表示されますので、入力不要です。

自動計算の式は、図にあるとおり、

ＣＰＯ（万円）＝広告コスト÷新規顧客数

となります。

計算式の分子に入る「広告コスト」は一定ですので、分母の「新規顧客数」が増えれば増えるほど、「ＣＰＯ」は安くなります。

図 86　購買単価（万円）　入力項目

入力	入力	広告 コスト ÷ 新規 顧客数	入力	新規 顧客数 × 購買単価	入力
広告コスト （万円）	新規 顧客数 （人）	CPO （万円）	④ 購買単価 （万円）	新規 売上高 （万円）	粗利益率 （%）

④購買単価（万円）

「購買単価」は、お客様（＝稼働顧客）が1回当たり、いくら購入するのかという金額です。

「5年で売上100億円を超える広告投資シミュレーション表」に入力した「購買単価」を入れてください。

前述したとおり、「購買単価」は「商品単価」とは違うものです。

通常、ダイレクトマーケティング業界では、「商品単価」の1.5倍が「購買単価」になることが多いです。

これからダイレクトマーケティング事業を始める方は、商品の1.5倍の価格を「購買単価」として、「広告投資検討表」の「購買単価」に入力してください。

これもエクセル（Excel）で、同じ数字を連続コピーで入力すれば簡単です。

図 87　新規売上高（万円）自動計算

入力	入力	広告コスト÷新規顧客数	入力	新規顧客数×購買単価	入力
広告コスト（万円）	新規顧客数（人）	CPO（万円）	購買単価（万円）	⑤新規売上高（万円）	粗利益率（%）

⑤新規売上高（万円）

「新規売上高」とは、**広告によって集客した新規客の初回購入から得られた売上高のこと**です。

この項目は、**自動計算で表示されますので、入力不要です。**

自動計算の式は、図にあるとおり、

新規売上高（万円）＝新規顧客数×購買単価

となります。

計算式の「購買単価」は一定ですので、「新規顧客数」が多ければ多いほど、「新規売上高」は増えます。

図88　粗利益率（%）　入力項目

入力	入力	広告コスト÷新規顧客数	入力	新規顧客数×購買単価	入力
広告コスト（万円）	新規顧客数（人）	CPO（万円）	購買単価（万円）	新規売上高（万円）	⑥粗利益率（%）

⑥粗利益率（%）

「粗利益率」とは、商品の粗利益率のことです。

商品の粗利益率は、次の計算式で算出できます。

粗利益率（%）＝粗利（販売価格－原価）÷商品の販売価格

自社の商品の粗利益率を入力してください。

100億ロケット・マーケティングでは、**商品の粗利は少なくとも7割以上、理想は8割以上というのが条件でした。**

いうまでもなく、「粗利益率」が高いほど、広告の採算はとりやすくなります。

巻頭折り込み図81の「広告投資検討表」の「粗利益率」の項目には、70%が入力されています。

図89　新規粗利益額（万円）自動計算

新規 売上高 × 粗利益率	新規 粗利益額 ÷ 広告コスト	入力	新規 売上高 × 顧客 回転数	新規年間 売上高 × 粗利益率	新規年間 粗利益額 ÷ 広告 コスト	購買単価 × 顧客 回転数
⑦ 新規 粗利益額 （万円）	新規 採算性 （%）	顧客 回転数 （回）	新規年間 売上高 （万円）	新規年間 粗利益額 （万円）	年間 採算性 （%）	最大許容 CPO （万円）

⑦新規粗利益額（万円）

「新規粗利益額」とは、広告によって集客した新規客の**初回購入の粗利益額のことです。**

この項目は、自動計算で表示されますので、入力不要です。

自動計算の式は、図にあるとおり、

新規粗利益額（万円）＝新規売上高×粗利益率

となります。

次の⑧の項目の「新規採算性（%）」を算出するのに、この「新規粗利益額（万円）」の数字を使います。

図 90　新規採算性（%）　自動計算

新規 売上高 × 粗利益率	新規 粗利益額 ÷ 広告コスト	入力	新規 売上高 × 顧客 回転数	新規年間 売上高 × 粗利益率	新規年間 粗利益額 ÷ 広告 コスト	購買単価 × 顧客 回転数
新規 粗利益額 （万円）	⑧ 新規 採算性 （%）	顧客 回転数 （回）	新規年間 売上高 （万円）	新規年間 粗利益額 （万円）	年間 採算性 （%）	最大許容 CPO （万円）

⑧新規採算性（%）

「新規採算性」とは、広告によって集客した新規客の初回購入の粗利益額と広告コストを比較して、広告投資の採算がとれているかをみるものです。

この項目は、自動計算で表示されますので、入力不要です。

自動計算の式は、図にあるとおり、

新規採算性（%）＝新規粗利益額÷広告コスト

となります。

「新規採算性（%）」が100%以上であれば、広告によって集客した新規客の初回購入の粗利益額で、広告コストの採算がとれることを意味します。

図91　予想顧客回転数(回)　入力項目

新規 売上高 × 粗利益率	新規 粗利益額 ÷ 広告コスト	入力	新規 売上高 × 顧客 回転数	新規年間 売上高 × 粗利益率	新規年間 粗利益額 ÷ 広告 コスト	購買単価 × 顧客 回転数
新規 粗利益額 (万円)	新規 採算性 (%)	⑨ 顧客 回転数 (回)	新規年間 売上高 (万円)	新規年間 粗利益額 (万円)	年間 採算性 (%)	最大許容 CPO (万円)

⑨顧客回転数（回）

「顧客回転数」とは、広告によって集客した新規客1人が、1年間のうちに平均何回買ってくれるかを予想した数のことです。

あくまでも予想ですから、自社の5年の広告投資シミュレーションで目標として立てた「顧客回転数」を基本にして、予想の回転数をいくつか入力します。

「5年で売上100億円を超える広告投資シミュレーション表」(巻頭折り込み図51)の1年目の目標の「顧客回転数」は「2回転」ですので、「2回転」を基準にして、「広告投資検討表」(巻頭折り込み図81)には、「1.0」と「1.5」と「2.0」の3パターンを、顧客回転数として入力しています。

図 92　新規年間売上高（万円）自動計算

新規 売上高 × 粗利益率	新規 粗利益額 ÷ 広告コスト	入力	新規 売上高 × 顧客 回転数	新規年間 売上高 × 粗利益率	新規年間 粗利益額 ÷ 広告 コスト	購買単価 × 顧客 回転数
新規 粗利益額 （万円）	新規 採算性 （%）	顧客 回転数 （回）	⑩ 新規年間 売上高 （万円）	新規年間 粗利益額 （万円）	年間 採算性 （%）	最大許容 ＣＰＯ （万円）

⑩新規年間売上高（万円）

「新規年間売上高」は、広告によって集客した新規客から得られるであろう年間の売上高のことです。

この項目は、自動計算で表示されますので、入力不要です。

自動計算の式は、図にあるとおり、

新規年間売上高（万円）＝新規売上高×顧客回転数

となります。

前述の項目⑤の「新規売上高（万円）」は、新規客の初回購入から得られた売上高でした。それに対して、「新規年間売上高（万円）」は、新規客から得られるであろう1年間の売上高となります。

図 93　新規年間粗利益額（万円）自動計算

新規売上高×粗利益率	新規粗利益額÷広告コスト	入力	新規売上高×顧客回転数	新規年間売上高×粗利益率	新規年間粗利益額÷広告コスト	購買単価×顧客回転数
新規粗利益額（万円）	新規採算性（%）	顧客回転数（回）	新規年間売上高（万円）	⑪新規年間粗利益額（万円）	年間採算性（%）	最大許容CPO（万円）

⑪新規年間粗利益額（万円）

「新規年間粗利益額」とは、広告によって集客した新規**客から得られるであろう1年間の粗利益額のことです。**

この項目は、**自動計算で表示されますので、入力不要で**す。

自動計算の式は、図にあるとおり、

新規年間粗利益額（万円）＝新規年間売上高×粗利益率

となります。

次の⑫の項目の「年間採算性（%）」を算出するのに、この「新規年間粗利益額（万円）」の数字を使います。

図94　年間採算性（％）自動計算

新規 売上高 × 粗利益率	新規 粗利益額 ÷ 広告コスト	入力	新規 売上高 × 顧客 回転数	新規年間 売上高 × 粗利益率	新規年間 粗利益額 ÷ 広告 コスト	購買単価 × 顧客 回転数
新規 粗利益額 （万円）	新規 採算性 （％）	顧客 回転数 （回）	新規年間 売上高 （万円）	新規年間 粗利益額 （万円）	⑫ 年間 採算性 （％）	最大許容 ＣＰＯ （万円）

⑫年間採算性（％）

「年間採算性」とは、**広告によって集客した新規客から得られるであろう1年間の粗利益額と広告コストを比較して、広告投資の採算がとれているかをみるものです。**

この項目は、**自動計算で表示されますので、入力不要です。**

自動計算の式は、図にあるとおり、

年間採算性（％）＝新規年間粗利益額÷広告コスト

となります。

「年間採算性（％）」が100％以上になれば、広告によって集客した新規客から得られるであろう1年間の粗利益額で、広告コストの採算がとれることを意味します。

図 95　最大許容 CPO（万円）自動計算

新規 売上高 × 粗利益率	新規 粗利益額 ÷ 広告コスト	入力	新規 売上高 × 顧客 回転数	新規年間 売上高 × 粗利益率	新規年間 粗利益額 ÷ 広告 コスト	購買単価 × 顧客 回転数
新規 粗利益額 （万円）	新規 採算性 （%）	顧客 回転数 （回）	新規年間 売上高 （万円）	新規年間 粗利益額 （万円）	年間 採算性 （%）	⑬ 最大許容 ＣＰＯ （万円）

⑬最大許容ＣＰＯ（万円）

最後の項目の「最大許容ＣＰＯ」とは、目標ＣＰＯ内に収まらない場合、どのラインまでＣＰＯを高くしてもよいのかを考える概算値です。

これまでの経験から、「5年で売上100億円を超える広告投資シミュレーション表」（巻頭折り込み図51）の年間ＬＴＶ（万円）あたりまでは大丈夫だということで、年間ＬＴＶ（万円）を最大許容ＣＰＯとして表示しています。

こちらは参考までの概算値ですので、会社の資金量なども考えて最大許容ＣＰＯを考えるようにしてください。

なおこの「最大許容ＣＰＯ（万円）」は、**自動計算で表示されますので入力不要**です。

3 「広告投資検討表」の見方と活用法

図 96　広告投資検討表の変動要因

変動要因 ↓								変動要因 ↓				
入力	入力	広告コスト÷新規顧客数	入力	新規顧客数×購買単価	入力	新規売上高×粗利益率	新規粗利益額÷広告コスト	入力	新規売上高×顧客回転数	新規年間売上高×粗利益率	新規年間粗利益額÷広告コスト	購買単価×顧客回転数
広告コスト（万円）	新規顧客数（人）	CPO（万円）	購買単価（万円）	新規売上高（万円）	粗利益率（%）	新規粗利益額（万円）	新規採算性（%）	顧客回転数（回）	新規年間売上高（万円）	新規年間粗利益額（万円）	年間採算性（%）	最大許容CPO（万円）
①	②	③	④	⑤	⑥	⑦	⑧	⑨	⑩	⑪	⑫	⑬

⑤〜⑧：広告で集客した新規客の初回購入額で、広告コストの採算性をみる

⑨〜⑬：広告で集客した新規客の年間購入額で、広告コストの採算性をみる

広告投資検討表の変動要因

ここでは、「広告投資検討表」の見方と活用法を説明します。

まずは図96をご覧ください。

図96は、「広告投資検討表」の全項目を掲載しています。

ご覧のとおり、「広告投資検討表」の項目⑤から⑧で、広告で集客した**新規客の初回購入額**（**粗利**）で、広告コストをどの程度賄《まかな》えたか、その採算性をみることができます。

そして、項目の⑨から⑫は、広告で集客した**新規客の1年間の予想購入額**（**粗利**）で、どの程度、広告コストを賄《まかな》えるか、その採算性をみることができます。

「年間採算性」の見方は簡単です。

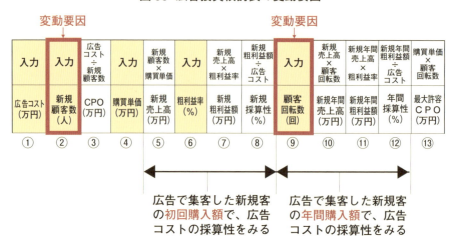

「年間採算性」の数字が「100％以上」であれば、1年間で広告コストの採算がとれることを意味します。

反対に、「100％未満」なら、1年間では広告コストの採算がとれないことを意味します。

そして「広告投資検討表」では、「広告コスト」「新規顧客数」「購買単価」「粗利益率」「顧客回転数」の5つが、入力項目です。

そのうち「広告コスト」と「購買単価」と「粗利益率」の3つは、決まった数字を全行に入れます。

残り2つの項目である「**新規顧客数**」と「**顧客回転数**」の数字は変動します。

つまり、「広告投資検討表」のシミュレーションでは、「新規顧客数」と「顧客回転数」の2つの項目が、「年間採算性」の数字を変動させる変動要因となります。

以上のことを頭に入れたうえで、「広告投資検討表」の見方と活用法を説明しましょう。

【シミュレーション1】1年間で広告コストの採算をとるためには最低何人の新規客が必要か？

はじめに、「広告投資検討表」で1年間で100万円の広告コストの採算がとれる「新規顧客数」と「顧客回転数」をみてみましょう。

そのための作業として、巻頭折り込み図81の「広告投資検討表」の中の項目「年間採算性（%）」の数字を、大きい順にエクセル(Excel)の並び替え機能を使って全列並び替えます。（※並び替える前に、元データをコピーしてコピーしたデータを使ってください）

この並び替えの作業をおこなったものが、巻頭折り込みの図97となります。

では、図97を広げてみてください。

図の中の**文字が朱色になっている部分が「年間採算性が100%以上」のところ、つまり1年で広告コストの採算がとれる**ところです。

集客する新規顧客数が多いほど、顧客回転数が多いほど、採算がとれやすいことがわかります。

そして、図97の中で緑色の四角で囲んだ部分をクローズアップしたのが、次ページの図98です。図98から、1年で採算をとるためには、

図 98 年間採算性をみる

	広告コスト（万円）	新規顧客数（人）（変動要因）	CPO（万円）	・・・	顧客回転数（回）（変動要因）	・・・	年間採算性（%）
	⋮	⋮	⋮	⋮	⋮	⋮	⋮
	100	265	0.4	・・・	1.0	・・・	111.3
①→	100	125	0.8	・・・	2.0	・・・	105.0
	100	250	0.4	・・・	1.0	・・・	105.0
	100	165	0.6	・・・	1.5	・・・	104.0
	100	235	0.4	・・・	1.0	・・・	98.7
	100	150	0.7	・・・	1.5	・・・	94.5
	100	110	0.9	・・・	2.0	・・・	92.4
	100	220	0.5	・・・	1.0	・・・	92.4
	100	205	0.5	・・・	1.0	・・・	86.1
	100	135	0.7	・・・	1.5	・・・	85.1
	100	95	1.1	・・・	2.0	・・・	79.8
	100	190	0.5	・・・	1.0	・・・	79.8
②→	100	120	0.8	・・・	1.5	・・・	75.6
	100	175	0.6	・・・	1.0	・・・	73.5
	100	80	1.3	・・・	2.0	・・・	67.2
	100	160	0.6	・・・	1.0	・・・	67.2
	100	105	1.0	・・・	1.5	・・・	66.2
	100	145	0.7	・・・	1.0	・・・	60.9
	100	90	1.1	・・・	1.5	・・・	56.7
	100	65	1.5	・・・	2.0	・・・	54.6
③→	100	130	0.8	・・・	1.0	・・・	54.6
	100	115	0.9	・・・	1.0	・・・	48.3
	⋮	⋮	⋮	⋮	⋮	⋮	⋮

1年で広告コストの採算がとれる↑

「最低125人の新規客を集客して、1年で2回転すれば1年で採算がとれる」

そしてこのときの「CPOが8千円」

ということがわかります。

2回転は10章でお話しする新規客のフォローをしっかり実践すれば難しくないので、この「**最低125人の新規客を集客して、1年で2回転すれば1年で採算がとれる**」という仮説は実現性が高いといえます。

次に、前ページ図98の青色で囲んだ①②③の行に注目してみましょう。

①は、新規顧客数125人、顧客回転数2、で採算(年間)がとれています。

②は、新規顧客数120人、顧客回転数1.5、で採算(年間)がとれていません。

③は、新規顧客数130人、顧客回転数1、で採算(年間)がとれていません。

①と③を比べてみると、「新規顧客数」を5人多く集客しても、「顧客回転数」が2回転から1回転に減ると、採算がとれません。

このように、「年間採算性」は、「新規顧客数」と「顧客回転数」という2つの変動要因の数字の組み合わせによって変わってきます。

次に、巻頭折り込み図97の中で、茶色の四角で囲んだ行の「新規採算性(%)」の数字を見てください。

「新規採算性(%)」が「100.8%」となっています。

「新規採算性」とは、広告によって集客した新規客の初回購入の粗利益額と広告コストを比較して、初回購入で採算がどれくらいとれているかをみる項目です。

そして「新規採算性100%以上」が、新規客の初回購入の粗利益額で、広告コストの採算がとれることを示します。

「新規採算性100.8%」の行の「新規顧客数」は何人になっているでしょうか。

「新規採算性100.8%」の行の「新規顧客数」は「240人」となっています。

つまり、新規客の初回購入の粗利益額で広告コストの採算をとるには、

「最低240人の新規客を集客しなければならない」そしてこのときの「ＣＰＯが４千円」

であることがわかります。

先の１年間で採算がとれる「125人」と比べると、２倍近くの新規客を集客しなければなりません。

新規客の初回購入の粗利益額で広告コストの採算がとれれば、投資したお金はすぐに回収することができますが、集客しなければいけない新規客の数が大幅に増えるので、ハードルが高くなります。

初回購入で採算がとれるシミュレーションよりも、少なくとも１年ぐらいかけて採算をとるシミュレーションのほうが現実的でしょう。

【シミュレーション２】広告コストが変わると年間採算性はどう変わるか？

次に、「広告投資検討表」の中の、広告コスト150万円と50万円のケースでそれぞれシミュレーションをおこなって、それぞれの「年間採算性」をみてみましょう。

次ページの図99の上は、広告コスト150万円のケースで「年間採算性」をみた表です。そして図99の下は、広告コスト50万円のケースで「年間採算性」をみた表です。

図99の上の表をみればわかるとおり、広告コストが150万円のケースでは、

「360人の新規客を集客して、1年で1回転すれば1年で採算がとれる」

そしてこのときの「ＣＰＯが４千円」（図99の中の①参照）

そして、一番少ない新規顧客数で採算をとるには、

「最低185人の新規客を集客して、1年で2回転すれば1年で採算がとれる」

そしてこのときの「ＣＰＯが８千円」（図99の中の②参照）

一方、広告コストが50万円のケースでは、

図 99　広告コストが変わっても

	広告コスト（万円）	新規顧客数（人）	CPO（万円）	・・・	顧客回転数（回）	・・・	年間採算性（%）
	⋮	⋮	⋮	⋮	⋮	⋮	⋮
	150	375	0.4	・・・	1.0	・・・	105.0
②→	150	185	0.8	・・・	2.0	・・・	103.6
	150	240	0.6	・・・	1.5	・・・	100.8
①→	150	360	0.4	・・・	1.0	・・・	100.8
	150	345	0.4	・・・	1.0	・・・	96.6
	150	170	0.9	・・・	2.0	・・・	95.2
	150	225	0.7	・・・	1.5	・・・	94.5
	150	325	0.5	・・・	1.0	・・・	91.0
	⋮	⋮	⋮	⋮	⋮	⋮	⋮

↑1年で広告コストの採算がとれる

	広告コスト（万円）	新規顧客数（人）	CPO（万円）	・・・	顧客回転数（回）	・・・	年間採算性（%）
	⋮	⋮	⋮	⋮	⋮	⋮	⋮
	50	145	0.3	・・・	1.0	・・・	121.8
	50	90	0.6	・・・	1.5	・・・	113.4
④→	50	65	0.8	・・・	2.0	・・・	109.2
③→	50	130	0.4	・・・	1.0	・・・	109.2
	50	115	0.4	・・・	1.0	・・・	96.6
	50	75	0.7	・・・	1.5	・・・	94.5
	50	50	1.0	・・・	2.0	・・・	84.0
	50	100	0.5	・・・	1.0	・・・	84.0
	⋮	⋮	⋮	⋮	⋮	⋮	⋮

↑1年で広告コストの採算がとれる

「130人の新規客を集客して、1年で1回転すれば1年で採算がとれる」

そしてこのときの「CPOが4千円」（図99の中の③参照）

そして、一番少ない新規顧客数で採算をとるには、

「最低65人の新規客を集客して、1年で2回転すれば1年で採算がとれる」

そしてこのときの「CPOが8千円」（図99の中の④参照）

であることがわかります。

前述の【シミュレーション1】は、広告コストが100万円のケースでしたが、広告コスト100万円で1年で採算をとるには、

「最低125人の新規客を集客して、1年で2回転すれば1年で採算がとれる」

そしてこのときの「CPOが8千円」

でした。

つまり、広告コストが150万円であっても、100万円であっても、50万円であっても、1年で採算がとれる「CPO」と「顧客回転数」は同じです。

このように「広告コスト」を変えても、「購買単価」「粗利益率」「顧客回転数」を変えなければ採算性は変化しません。

年間採算性に影響を及ぼすのは、「購買単価」「粗利益率」「顧客回転数」になります。

【シミュレーション3】最大許容CPOを設定しよう

実際にさまざまな広告をやりだすと、CPOが1年で採算がとれる範囲内に収まらないケースがたびたび出てきます。

そういうことに備えて、あらかじめ自社として許容できる最大のCPOを決めておくと、

CPOの幅が広がって、広告を継続しやすくなります。

自社として許容できるCPOを「**最大許容CPO**」といいますが、通常、ダイレクトマーケティングの業界では、「年間LTV」の金額を「最大許容CPO」とする場合が多いのは前述したとおりです。

「5年で売上100億円を超える広告投資シミュレーション表」(巻頭折り込み図51)の1年目の「年間LTV」は、1万2千円です。

ここで「最大許容CPO」を「1万2千円」として考えた場合に、年間採算性がどうなるかをみてみましょう。

巻頭折り込み図81の「広告投資検討表」で、オレンジ色の四角で囲まれた「CPO1万2千円」の行をみてください。

図81の「広告投資検討表」は、5人おきに「新規顧客数」を入力していますので、「CPO1万2千円」になる「新規顧客数」を詳しく調べるために、エクセル(Excel)で行を挿入して、「新規顧客数」「81人から86人」のケースも見てみます。

その作業をおこなった表が、次ページの図100です。

図100　最大許容ＣＰＯまで広告をおこなう

広告コスト（万円）	新規顧客数（人）	CPO（万円）	…	顧客回転数（回）		年間採算性（%）	最大許容ＣＰＯ（万円）	採算がとれる月数（月）
⋮	⋮	⋮	⋮	⋮	⋮	⋮	⋮	
100	81	1.2	…	1.0	…	34.0	0.6	35.3
100	82	1.2	…	1.5	…	51.7	0.9	23.2
100	83	1.2	…	2.0	…	69.7	1.2	17.2
100	84	1.2	…	1.0	…	35.3	0.6	34.0
100	85	1.2	…	1.5	…	53.6	0.9	22.4
100	**86**	**1.2**	…	**2.0**	…	**72.2**	**1.2**	**16.6**
100	87	1.1	…	1.0	…	36.5	0.6	32.8
⋮	⋮	⋮	…	⋮	…	⋮	⋮	⋮

→ 採算がとれる月数＝12÷(年間採算性÷100)

→ １年以上で最短で採算がとれる（86人の行）

ご覧のとおり、「ＣＰＯ１万２千円」の場合は、「新規顧客数」は81人から86人集客する計算になります。

その中で、現実的な「回転数」で「年間採算性」が一番高いのが、「新規顧客数86人」「回転数２回」「最大許容ＣＰＯ１万２千円」で、「年間採算性」が「72.2％」です。

「年間採算性72.2％」というのは、16.6か月で採算がとれる計算となります。

１年で採算がとれることは理想ではありますが、資金に余裕があれば、**「１年以上広告を継続し、新規客を集客して年間稼働顧客を増やしていくこと」**も経営上、とても重要です。

資金に余裕がある場合は、思い切って「最大許容ＣＰＯ」の「１万２千円」までは広告投資

図 101　回転数を上げて採算をとる

広告コスト(万円)	新規顧客数(人)	CPO(万円)	…	顧客回転数(回)		年間採算性(%)	最大許容CPO(万円)	採算がとれる月数(月)
⋮	⋮	⋮	⋮	⋮	⋮	⋮	⋮	
100	86	1.2	…	2.0	…	72.2	1.2	16.6
100	86	1.2	…	2.1	…	75.9	1.3	15.8
100	86	1.2	…	2.2	…	79.5	1.3	15.1
100	86	1.2	…	2.3	…	83.1	1.4	14.4
100	86	1.2	…	2.4	…	86.7	1.4	13.8
100	86	1.2	…	2.5	…	90.3	1.5	13.3
100	86	1.2	…	2.6	…	93.9	1.6	12.8
100	86	1.2	…	2.7	…	97.5	1.6	12.3
100	86	1.2	…	2.8	…	101.1	1.7	11.9
100	86	1.2	…	2.9	…	104.7	1.7	11.5
⋮	⋮	⋮		⋮		⋮	⋮	⋮

→回転数「2.8」なら、1年で採算がとれる

を継続しましょう。

　さらに図101を見てください。

　もし「顧客回転数」を「2回」から「2.8回」に上げれば、年間採算性は101.1％となり、1年で採算をとることも可能です。

　「顧客回転数」は顧客フォローで上げることができますので、「**顧客回転数を上げて採算をとる**」というアイデアも同時に考えるようにしてください。

　いずれにせよ、「広告投資検討表」を使って、採算のとれるパターンと方法を可能なかぎり考えて、広告投資を止

めることなく継続的におこないましょう。

広告投資と粗利益率の関係性

「広告投資検討表」では、「粗利益率（%）」の項目に、商品の粗利益率を全行に入力していただきました。

商品の粗利益率は、商品製作の段階でほぼ決まってしまう重要な要因です。

しかし、販売時になってようやく粗利を考えて値づけをするような企業が多くみられます。

しかしこれでは、５年で100億円を達成することは絶対にできません。

なぜなら、粗利益率（粗利益額）によって広告投資の採算性が変わり、広告投資の量が変わってきてしまうからです。

本章の最後に、粗利益率と採算性についてのシミュレーションを示しておきますので、粗利益率については、商品製作時に、しっかりと考えるようにしてください。

次ページの図102をご覧ください。

図102の上の表は、「広告投資検討表」のシミュレーションを使って、「購買単価３千円」「新規顧客数371人」「広告コスト100万円」という条件で、「粗利益率（%）」を「10%」から「90%」

図 102　粗利益率が違うと 1 年で採算がとれる顧客回転数はどう変わるか

■購買単価 3,000 円の場合

広告コスト（万円）	新規顧客数（人）		購買単価（万円）		粗利益率（%）		顧客回転数（回）		年間採算性（%）
100	371	…	0.3	…	90	→	1.0	…	100.2
100	371	…	0.3	…	80	→	1.2	…	106.8
100	371	…	0.3		70	→	1.3	…	101.3
100	371	…	0.3		60	→	1.5	…	100.2
100	371	…	0.3	…	50	→	1.8	…	100.2
100	371	…	0.3	…	40	→	2.3	…	102.4
100	371	…	0.3	…	30	→	3.0	…	100.2
100	371	…	0.3		20	→	4.5	…	100.2
100	371	…	0.3	…	10	→	9.0	…	100.2

■購買単価 12,000 円の場合

広告コスト（万円）	新規顧客数（人）		購買単価（万円）		粗利益率（%）		顧客回転数（回）		年間採算性（%）
100	371	…	1.2	…	10	→	2.3	…	102.4

に変化させて、「粗利益率（%）」ごとに、1年で採算をとるのに必要な「顧客回転数」を示しています。ここからわかるとおり、1年で採算をとるためには、

「購買単価3千円」「粗利益率80%」の場合に必要な「顧客回転数」は「1.2回」

「購買単価3千円」「粗利益率30%」の場合に必要な「顧客回転数」は「3回」

というように、同じ定価（≒購買単価）の商品であっても、粗利益率によって採算がとれる顧客回転数、つまりスピードが違ってくることがわかると思います。

たとえば、3カ月に1回ほど購入するような商品であれば、新規客1人につき約6カ月ほど採算がとれるスピードが違ってきます。

つまり、**「広告費として出したお金がすぐに回収できるかどうか」**が違ってくるということです。さらに、**「その回収したお金を広告に再投資して事業を拡大できるか」**に粗利益率は大きな影響を与えます。

だからこそ、5年で100億円の事業をつくろうと思えば、粗利益率が高い商品を用意する必

要があるのです。

さらに図102の下の表をご覧ください。

今度は「購買単価」を4倍の「1万2千円」として、「粗利益率10％」の場合の採算をみてみましょう。

ご覧のとおり、同じ「新規顧客数」の場合であれば、「顧客回転数」は2.3回です。購買単価1万2千円の商品の場合、おそらく次回購入までには半年以上かかることもあるでしょう。

つまり、定価（≒購買単価）を高くすることが重要なのではなく、粗利益率が高いということが重要なのです。

ぜひ商品開発の段階から粗利益率が高い商品をつくることをこころがけましょう。

9 「当たる広告」を最速で見つけだす法

広告の質的仮説を立てるツール

最速で広告投資を回収し、再投資をするには、「当たる広告」を最速で見つけだす必要があります。

本章で紹介する「広告表現検討表」は、「当たる広告（クリエイティブ）」と「媒体」を素早く見つけるツールで、主に広告担当者に使っていただきます。

この「広告表現検討表」には、主に経営者や販売責任者に使っていただく「広告投資検討表」と同じ項目が入っているので、広告担当者が広告のことで経営者と打ち合わせするときに、このツールを使えば、経営者と同じ用語を使って報告・相談できます。

さらに、広告担当者が広告代理店に仕事を依頼するときも、「広告表現検討表」をもとに説明すれば、やりたいことが明確に伝わるでしょう。

つまり、経営者や販売責任者に主に使っていただく「広告投資検討表」と、主に広告担当者に使っていただく「広告表現検討表」の2つのツールを使って、全社で広告投資のPDCAを回します。

なお「広告表現検討表」も、「広告投資検討表」のシミュレーションと同じように、商品ごとにエクセル（Excel）でつくっていただきます。

自社商品で「広告表現検討表」を作成するときは、巻末記載のＵＲＬからエクセル（Excel）データをダウンロードしてお使いください。

広告表現検討表の構成

ではさっそく、巻末折り込みの図103「広告表現検討表の一例」を広げてみてください。

上の図104は、折り込み図103の項目部分を抜き出した図です。ご覧いただくとわかりますが、「広告表現検討表」は、「仮説」と「結果検証」の、大きく左右2つの部分に分かれています。

「仮説」と「結果検証」部分に入っている項目は、前章でお話した「広告投資検討表」の項目とまったく同じ項目が入っています。

「広告投資検討表」にはない項目は、一番左端の、

図 104　広告表現検討表の項目一覧

	仮説												
入力	入力	入力	広告コスト÷新規顧客数	入力	新規顧客数×購買単価	入力	新規売上高×粗利益率	新規粗利益額÷広告コスト	入力	新規売上高×顧客回転数	新規年間売上高×粗利益率	新規年間粗利益額÷広告コスト	購買単価×顧客回転数
広告番号	広告コスト（万円）	新規顧客数（人）	CPO（万円）	購買単価（万円）	新規売上高（万円）	粗利益率（%）	新規粗利益額（万円）	新規採算性（%）	顧客回転数（回）	新規年間売上高（万円）	新規年間粗利益額（万円）	年間採算性（%）	最大許容ＣＰＯ（万円）

結果検証												
入力	入力	広告コスト÷新規顧客数	入力	新規顧客数×購買単価	入力	新規売上高×粗利益率	新規粗利益額÷広告コスト	入力	新規売上高×顧客回転数	新規年間売上高×粗利益率	新規年間粗利益額÷広告コスト	購買単価×顧客回転数
広告コスト（万円）	新規顧客数（人）	CPO（万円）	購買単価（万円）	新規売上高（万円）	粗利益率（%）	新規粗利益額（万円）	新規採算性（%）	顧客回転数（回）	新規年間売上高（万円）	新規年間粗利益額（万円）	年間採算性（%）	最大許容ＣＰＯ（万円）

告投資検討表
ない項目

広告投資検討表と同じ項目

広告投資検討表と同じ項目

- **項番**
- **広告番号**

の2つです。

「仮説」と「結果検証」部分に入る項目については前章で詳しく述べましたので、本章では「項番」と「広告番号」を説明しましょう。

「項番」と「広告番号」

まず、「**項番」とは、広告に使う「クリエイティブ」ごとに振られた番号のこと**です。

言葉で説明するより目で見ていただいたほうが早いので、巻頭折り込みの図105を見てください。

図105には、EC広告に使う、「にんにく卵黄」というサプリメントのランディングページ（LP）が9つ並んでいます。

一番左端のランディングページ（LP）が「項番1」で、左から右へ順番に「項番」がふられ、一番右端のランディングページ（LP）が「項番9」となっています。

図 106　広告番号とは

項番	入力	…
	広告番号	…
1	A1B1C1	…
2	A1B1C2	…
3	A1B1C3	…
4	A1B1C4	…
5	A1B2C1	…
6	A1B2C3	…
7	A1B2C4	…
8	A2B2C2	…
⋮	⋮	…

調べたい広告の要素をアルファベットで示します。たとえば、巻頭折り込みの図 105 の事例では、

A→ファーストビュー(F V)
B→嬉しいお便り
C→媒体

となっています。そして上記の A、B、C には下記のとおり、調べたい候補があります。

- A1「国産原料」
- A2「原料のこだわり」

- B1「嬉しいお便り」あり
- B2「嬉しいお便り」なし

- C1「Yahooインフィード広告」
- C2「Facebook」
- C3「Yahoo」
- C4「YouTube」

広告番号は上記を組み合わせてつくります。この例では、最大 2 × 2 × 4 ＝16 通りの組み合わせができます。

次に、「項番」の下に「広告番号」が明記されています。**「広告番号」とは、「広告の要素」と「媒体」を組み合わせてつくる番号のこと**です。

たとえば、図105の「項番1」の下に「広告番号A1B1C1」が明記されています。「A1B1C1」の「A」とは、お客様が一番はじめに目にする画面の「ファーストビュー（FV）」を意味します。

そして、「B」とは「嬉しいお便り」というコンテンツのこと、「C」は「媒体」を意味しています。

さらに「A1」の「1」とは、「ファーストビュー（FV）」の「候補1の国産

原料」を意味します。

前ページの図106にあるとおり、ファーストビュー（FV）」には、「国産原料」と「原料のこだわり」の2つの候補があり、「嬉しいお便り」には「あり」と「なし」の2つの候補が、そして「媒体」には「ヤフーインフィード広告」「フェースブック」「ヤフー」「ユーチューブ」の4つの候補があります。

このようにアルファベットと数字で表わした「クリエイティブ候補」と「媒体候補」を組み合わせて「広告番号」をつくります。

そしてこの「広告番号」ごとにテスト広告をおこなって、

どの広告番号がもっともCPOが低いか

を特定していきます。

次に、巻頭折り込み図105で「広告番号」が示すランディングページ（LP）を見てみましょう。

図105にある「項番1」の「広告番号A1 B1 C1」のランディングページ（LP）を見てください。

広告番号の「A1 B1 C1」が示す内容は次のとおりです。

「A1」は「ファーストビュー／国産原料を記したもの」
「B1」は「嬉しいお便り／あり」
「C1」は「媒体／ヤフーインフィード広告」

図105の写真が小さくてわかりづらいですが、「項番1」の「ファーストビュー(FV)」には「国産原料」が表示され、ランディングページの下のほうに「嬉しいお便り」が表示されています。つまり、「広告番号A1 B1 C1」とは、「項番1」のランディングページ(LP)を使って「ヤフーインフィード広告」をおこなうことを表わします。

ところで、「広告表現検討表」に似たツールで、ABテストがありますが、「広告表現検討表」は、ABテストと違って、「クリエイティブ」と「媒体」の想定するパターンを同時にテストします。それによって「広告時期」や「文言の組み合わせ」また「媒体」の差によって生じるテストの誤差をなくすことができます。

つまりABテストよりも正確に、成果の出る「クリエイティブ」と「媒体」の組み合わせを見つけることができるのです。

図 107 広告表現検討表の仮説

		仮説												
	入力	入力	入力	広告コスト÷新規顧客数	入力	新規顧客数×購買単価	入力	新規売上高×粗利益率	新規粗利益額÷広告コスト	入力	新規売上高×顧客回転数	新規年間売上高×粗利益率	新規年間粗利益額÷広告コスト	購買単価×顧客回転数
項番	広告番号	広告コスト（万円）	新規顧客数（人）	CPO（万円）	購買単価（万円）	新規売上高（万円）	粗利益率（%）	新規粗利益額（万円）	新規採算性（%）	顧客回転数（回）	新規年間売上高（万円）	新規年間粗利益額（万円）	年間採算性（%）	最大許容CPO（万円）
1	A1B1C1	100	135	0.7	0.6	81.0	70	56.7	56.7	2.0	162.0	113.4	113.4	1.2
2	A1B1C2	100	130	0.8	0.6	78.0	70	54.6	54.6	2.0	156.0	109.2	109.2	1.2
3	A1B1C3	100	125	0.8	0.6	75.0	70	52.5	52.5	2.0	150.0	105.0	105.0	1.2
4	A1B1C4	100	115	0.9	0.6	69.0	70	48.3	48.3	2.0	138.0	96.6	96.6	1.2
5	A1B2C1	100	110	0.9	0.6	66.0	70	46.2	46.2	2.0	132.0	92.4	92.4	1.2
6	A1B2C3	100	130	0.8	0.6	78.0	70	54.6	54.6	2.0	156.0	109.2	109.2	1.2
7	A1B2C4	100	105	1.0	0.6	63.0	70	44.1	44.1	2.0	126.0	88.2	88.2	1.2
8	A2B2C2	100	105	1.0	0.6	63.0	70	44.1	44.1	2.0	126.0	88.2	88.2	1.2
9	A2B2C4	100	100	1.0	0.6	60.0	70	42.0	42.0	2.0	120.0	84.0	84.0	1.2

また「広告表現検討表」は、アルファベットと数字の組み合わせの数を増やせば、さらに複雑な組み合わせの「クリエイティブ」と「媒体」の反応を調べられる点が、ABテストと大きく違っています。

「広告表現検討表」で仮説を立てる

次に、「広告表現検討表」の仮説部分を説明しましょう。

上の図107は、巻末折り込みの図103「広告表現検討表の一例」の「仮説」部分をクローズアップしたものです。

この「広告表現検討表」の「仮説」部分は、**主に広告担当者が広告をする前に、**

広告番号ごとに、集客できる新規顧客数を予想して入力してください。

他の入力項目である「購買単価」と「粗利益率」と「顧客回転数」には、「広告投資検討表」と同じ数字を入れてください。

「広告表現検討表」で広告の結果を検証する

次に、広告の結果を「広告表現検討表」で検証します。

次ページの図108は、巻末折り込みの図103「広告表現検討表の一例」の「結果検証」部分をクローズアップしたものです。

「広告番号」ごとに広告を実施したあと、集客できた新規客の数がわかります。

その数字を、「広告表現検討表」の「結果検証」部分の項目、「新規顧客数」のところに入力してください。

その他の入力項目である「購買単価」や「粗利益率」「顧客回転数」は、「仮説」で入力した数字と同じ数字を入れましょう。

入力項目に数字を入れると、「ＣＰＯ」と「年間採算性」の数字が自動計算で表示されます。

図108 広告表現検討表の結果検証

			結果検証													
	入力	・・・	入力	入力	広告コスト÷新規顧客数	入力	新規顧客数×購買単価	入力	新規売上高×粗利益率	新規粗利益額÷広告コスト	入力	新規売上高×顧客回転数	新規年間売上高×粗利益率	新規年間粗利益額÷広告コスト	購買単価×顧客回転数
項番	広告番号	・・・	広告コスト（万円）	新規顧客数（人）	CPO（万円）	購買単価（万円）	新規売上高（万円）	粗利益率（%）	新規粗利益額（万円）	新規採算性（%）	顧客回転数（回）	新規年間売上高（万円）	新規年間粗利益額（万円）	年間採算性（%）	最大許容CPO（万円）
1	A1B1C1	・・・	100	281	0.4	0.6	168.6	70	118.0	118.0	2.0	337.2	236.0	236.0	1.2
2	A1B1C2	・・・	80	233	0.3	0.6	139.8	70	97.9	122.3	2.0	279.6	195.7	244.7	1.2
3	A1B1C3	・・・	103	312	0.3	0.6	187.2	70	131.0	127.2	2.0	374.4	262.1	254.4	1.2
4	A1B1C4	・・・	4	6	0.7	0.6	3.6	70	2.5	63.0	2.0	7.2	5.0	126.0	1.2
5	A1B2C1	・・・	100	199	0.5	0.6	119.4	70	83.6	83.6	2.0	238.8	167.2	167.2	1.2
6	A1B2C3	・・・	77	210	0.4	0.6	126.0	70	88.2	114.5	2.0	252.0	176.4	229.1	1.2
7	A1B2C4	・・・	32	45	0.7	0.6	27.0	70	18.9	59.1	2.0	54.0	37.8	118.1	1.2
8	A2B2C2	・・・	120	320	0.4	0.6	192.0	70	134.4	112.0	2.0	384.0	268.8	224.0	1.2
9	A2B2C4	・・・	58	94	0.6	0.6	56.4	70	39.5	68.1	2.0	112.8	79.0	136.1	1.2

次に表示された「年間採算性」の数字を、大きい順にエクセル（Excel）の並び替え機能を使って全列並び替えます。

この並び替えの作業をおこなったものが、次ページの図109となります。

図の中で文字が朱色になっている部分が年間採算性が高い、つまりCPOが低い上位4つの広告番号の結果です。

CPOが低いクリエイティブと媒体の組み合わせを見つける

「年間採算性（%）」の数字を、大きい順に並び替えた表をみて、上位4つの広告番号の中身を評価していきます。

まず図109をみれば、「項番3・2・1・6」

図109 広告表現検討表の結果検証（年間採算性が大きい順に並び替えたもの）

		結果検証												
入力	…	入力	入力	広告コスト÷新規顧客数	入力	新規顧客数×購買単価	入力	新規売上高×粗利益率	新規粗利益額÷広告コスト	入力	新規売上高×顧客回転数	新規年間売上高×粗利益率	新規年間粗利益額÷広告コスト	購買単価×顧客回転数
広告番号	…	広告コスト（万円）	新規顧客数（人）	CPO（万円）	購買単価（万円）	新規売上高（万円）	粗利益率（%）	新規粗利益額（万円）	新規採算性（%）	顧客回転数（回）	新規年間売上高（万円）	新規年間粗利益額（万円）	年間採算性（%）	最大許容CPO（万円）
A1B1C3	…	103	312	0.3	0.6	187.2	70	131.0	127.2	2.0	374.4	262.1	254.4	1.2
A1B1C2	…	80	233	0.3	0.6	139.8	70	97.9	122.3	2.0	279.6	195.7	244.7	1.2
A1B1C1	…	100	281	0.4	0.6	168.6	70	118.0	118.0	2.0	337.2	236.0	236.0	1.2
A1B2C3	…	77	210	0.4	0.6	126.0	70	88.2	114.5	2.0	252.0	176.4	229.1	1.2
A2B2C2	…	120	320	0.4	0.6	192.0	70	134.4	112.0	2.0	384.0	268.8	224.0	1.2
A1B2C1	…	100	199	0.5	0.6	119.4	70	83.6	83.6	2.0	238.8	167.2	167.2	1.2
A2B2C4	…	58	94	0.6	0.6	56.4	70	39.5	68.1	2.0	112.8	79.0	136.1	1.2
A1B1C4	…	4	6	0.7	0.6	3.6	70	2.5	63.0	2.0	7.2	5.0	126.0	1.2
A1B2C4	…	32	45	0.7	0.6	27.0	70	18.9	59.1	2.0	54.0	37.8	118.1	1.2

の順に、年間採算性が高く、CPOが低くなっています。

なお、「項番3・2・1・6」のランディングページ（LP）を確認したい方は、巻頭折り込み図105をご覧ください。

次に、年間採算性が高く、CPOが低い上位4つの「広告番号」の組み合わせをみてみましょう。

次ページの図110は、上位4つの「広告番号」を示しています。

この4つの「広告番号」の組み合わせをみていくと、圧倒的に「A1」と「B1」が含まれるもの

図 110 CPO が低い広告番号の中身を検証する

CPO が低く
採算がとれた
広告番号
↓
A1B1C3
A1B1C2
A1B1C1
A1B2C3

項番	広告番号	…	広告コスト(万円)	新規顧客数(人)	CPO(万円)	…	年間採算性(%)	…
3	A1B1C3	…	103	312	0.3	…	254.4	…
2	A1B1C2	…	80	233	0.3	…	244.7	…
1	A1B1C1	…	100	281	0.4	…	236.0	…
6	A1B2C3	…	77	210	0.4	…	229.1	…
8	A2B2C2	…	120	320	0.4	…	224.0	…
5	A1B2C1	…	100	199	0.5	…	167.2	…
9	A2B2C4	…	58	94	0.6	…	136.1	…
4	A1B1C4	…	4	6	0.7	…	126.0	…
7	A1B2C4	…	32	45	0.7	…	118.1	…

が反応が良いことがわかります。

次いで、「C3」と「C2」も反応が良く、反対に、「C4」と「B2」は反応が悪いです。

この例からは、次に広告をするならば、「A1B1C3」の組み合わせが良いことがわかります。

このように上位のCPOが低い「広告番号」の組み合わせを検証すれば、次に広告をするならば、どのような組み合わせでやればいいかがわかります。

そして、その組み合わせでさらに投資していけば、投資金額を増やしても、採算がとれる可能性が高くなります。

このように、**広告担当者が広告する前に、仮説を立て、その仮説を検証することで、広告代理店とともに広告のPDCAを回していくこと**

図112 広告番号の内容

A キャッチコピー	B ボディコピー	C 媒体
A1 キャッチコピー1	B1 ボディコピー1	C1 朝日新聞
A2 キャッチコピー2	B2 ボディコピー2	C2 毎日新聞

ができるようになります。

新聞折込チラシ広告

次に、新聞折込チラシ広告で、「広告表現検討表」の使い方を説明しましょう。

まず巻末折り込みの図111を広げてください。

図111は、新聞折込チラシ広告で使うチラシ(表と裏)が7種類並んでいます。

そして、7種類のチラシにそれぞれ「項番」と「広告番号」がふられています。

「広告番号」の内容は、上の図112にあるとおり、「キャッチコピー」の候補が2つ、商品の魅力を小さな文字で長めの文章で伝える「ボディコピー」の候補が2つ、「媒体」の候補が2つあります。

ちなみに、この事例では、クリエイティブの調査内容が「キャッチコピー」と「ボディコピー」となっていますが、それが「写真」や「紙面のレイアウト」であってもかまいません。

そして、「広告番号」ごとにテスト広告をおこなうことは、EC広告と同じです。

テスト広告は、まず少部数でおこないます。

たとえば、図111の事例でいうと、朝日新聞を媒体としてテストするチラシは、「広告番号1、4、5、7」の4種類のチラシ、毎日新聞を媒体としてテストするチラシは、「広告番号2、3、6」の3種類です。

この7種類のチラシを同じ数だけ少部数印刷して、同じ日に同一エリアに配布します。

その結果をみれば、「広告番号」ごとにCPOがわかり、さらに「広告番号」の組み合わせを検証すれば、どの組み合わせが良いかがわかります。

次に、上位2つの組み合わせを、部数を10倍にして同じ日に同一エリアに配布します。

その結果を検証して、最終的にもっともCPOの低い組み合わせを特定できたら、その組み合わせで、全国のエリアに配布します。

このように、少ない部数から始めて、じょじょに部数を増やしていくというやり方で、広告をおこないます。

ひとつ注意が必要なのは、同じクリエイティブを何十回も使っていくと、反応が落ちてきますので、クリエイティブの改良が必要になります。

そういうことに備えて、たとえば、大部数でチラシ広告をするときに、配布部数の5%は改良した新しいクリエイティブを使ってテストするようにします。そうすれば、改良したクリエイティブとこれまで使ってきたクリエイティブを比較することができます。

テレビ広告も原則は同じ

テレビ広告は、EC広告や新聞折込チラシと違って、放送枠をとらなければいけないという制約があったり、EC広告や新聞折込チラシのように多くのパターンをつくって、クリエイティブテストをすることは難しいですが、しかし、テレビ広告も原則は同じです。つまり、

投資《﹅﹅》した《﹅﹅》広告《﹅﹅》コスト《﹅﹅﹅》で《﹅》何人《﹅﹅》の《﹅》新規客《﹅﹅﹅》が《﹅》集客《﹅﹅》できるか《﹅﹅﹅》

ということです。

そのためには、広告コストに対して、少しでもCPOが低いCMをつくる必要があります。

EC広告や新聞折込チラシのように、たくさんのパターンをテストすることはできません

が、「広告表現検討表」を使って、ＣＭをテストしたり、広告担当者が仮説と検証をおこなってＰＤＣＡを回していくことは同じプロセスで考えるといいでしょう。

10　顧客離脱防止法〈3つの仕組み〉

３つの仕組みの全体像

ダイレクトマーケティングモデルで売上を大きく伸ばすには、新規客を継続的に集客すると同時に、集客したお客様と長くお付き合いしていただける関係になることがとても重要です。

私（西野）は、１９９７年、「やずや」が売上30億円を目前にして、毎月1千万円のペースで売上が下がりはじめ、およそ1年半下がり続けるという経験をしました。

当時、新規客は増えていましたが、リピートしない既存客が増えていることに気がつかず、お客様にフォローのＤＭを出すという発想も皆無でした。まさに穴の開いたバケツに水を入れ、バケツの底から水が漏《も》れ出している状態だったのです。

その経験から、「**新規客を増やす**」のと同じくらい「**既存客を守る**」ことの重要性を認識し、**お客様との関係性を強くして、長期的な視点でお客様を優良なリピート客に育てていく**独自のコミュニケーション型マーケティング理論「顧客ポートフォリオ・マネジメント」を開発しました。その結果、売上は1年もたたないうちに回復し、十数年後には14倍に急増し、しかも社員数は2倍以下という高収益企業に成長できたのです。

私の「顧客ポートフォリオ・マネジメント」は、お客様との関係の深さに応じて、それぞれアプローチしていきます。

「顧客ポートフォリオ・マネジメント理論」はこれ以外に、お客様を立体的に捉える「顧客ポートフォリオ」の考え方や分析ノウハウがありますが、本書では、顧客離脱防止の仕組みに焦点を絞ってお話しましょう。

「顧客ポートフォリオ・マネジメント理論」について詳しく学びたい方は、本書の監修者・橋本陽輔氏が書かれたロングセラー書『社長が知らない秘密の仕組み（ビジネス社）』がわかりやすく、また梅澤伸嘉先生との共著『顧客に感動を与え、長く留める（Kindle版）』にも詳しく紹介していますので、それらの本を参考にしてください。

では、西野式「顧客離脱防止法」の3つの仕組みをまず図で見ていただきましょう。

次ページの図113をご覧ください。

ご覧のとおり、西野式「顧客離脱防止法」の仕組みは、次の3つです。

図 113　西野式「顧客離脱防止法」３つの仕組み

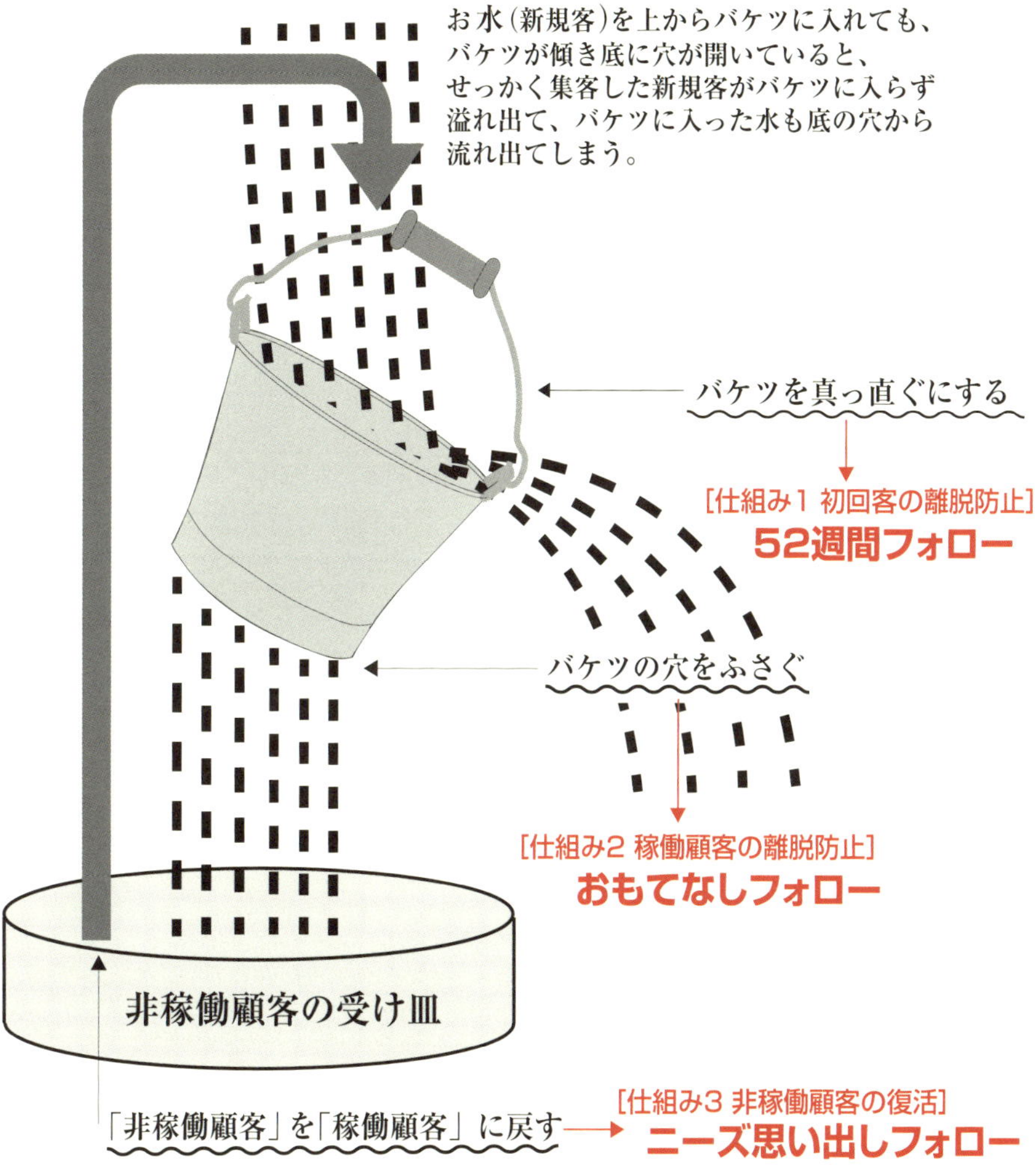

※「非稼働顧客」とは、すでに1回以上の購入があり、集計日から1年(365日)以内に購入がなかった顧客のこと

【仕組み1　初回客の離脱防止】52週間フォロー
【仕組み2　稼働顧客の離脱防止】おもてなしフォロー
【仕組み3　非稼働顧客の復活】ニーズ思い出しフォロー

これからダイレクトマーケティング事業を始める方は、まずこの3つの仕組みを実践してください。そして、これらの仕組みを使って顧客フォローする中で、自社のお客様の購買行動を観察するようにしてください。

お客様の購買行動を注意深く観察していくと、決まったパターンがあることを発見できるでしょう。最初は本章で紹介する仕組みを実践していただきますが、じょじょに自社のお客様の行動パターンに合わせて、さらにフォローの効果が高まるように、各社知恵を絞って改良してください。

いずれにせよ、顧客フォローは地道な作業で費用もかかります。しかし、やるとやらないでは顧客の残存率が大きく違ってきますので、顧客フォローに必要なコストは投資と考えて実践しましょう。

では【仕組み1】から順番に説明しましょう。

52週間フォロー

【〈仕組み１〉初回客の離脱防止】

初回客の離脱が第一関門

初回客とは、自社から初めて商品を購入してくれたお客様です。

ＥＣ広告か、チラシか、口コミかのどれかはわかりませんが、自社の商品を気に入って買ってくれたお客様です。

ただし、初回客なので、まだわが社のことや商品のことをよく知りません。実際に商品を使ってみて、リピートするかどうかを決めます。したがって、「１度買って終わり」というケースが最も多いのが初回客の特徴で、離脱する確率が最も高い顧客層といえます。

ダイレクトマーケティングでは、初回客が再購入することを「Ｆ２転換」と呼びますが、「Ｆ２転換」の「Ｆ」とは、「Frequency（フリークエンシー／利用回数）」の頭文字で、数字の「２」は２回目を表わします。

そして「Ｆ２転換の推移率」とは、初回客が再購入する確率のことです。

１千人の新規客のうち半分の500人が、初回購入から１年以内に再購入した場合は、「Ｆ２

転換の推移率」は「50％」となります。

【仕組み1】の「52週間フォロー」は、この「F２転換の推移率70％」を目指します。「F２転換の推移率70％」というのは、「5年で売上100億円を超える広告投資シミュレーション表」の2年目の「顧客残存率70％」とリンクしている数字です。

「5年で売上100億円を超える広告投資シミュレーション表」では、お客様の数がゼロからスタートする設定になっていますので、1年目に集客した新規客は全員、稼働顧客としてカウントされ、1年目の顧客残存率は100％となります。

シミュレーション表の2年目の「顧客残存率」は「70％」となっていますが、この「70％」は1年目に集客した新規客が「F２転換」する「推移率」に該当します。

「F２転換の推移率70％」は初回客の離脱防止のフォローを実践すれば、充分に実現可能な数字です。

そもそもF２転換の推移率が低い会社は、何もフォローしていないか、フォローが足りないケースがほとんどです。しかし、このあと提示する「52週間フォロー」を実践していただければ、F２転換推移率100％も夢ではありません。

52週間フォローの仕組み

次ページの図114は、初回客の離脱を防ぐ「52週間フォロー」の概要です。

「52週間フォロー」は、初回客に1週間に1回、最長1年、初回客がリピートしてくれるまで、ハガキを送ってフォローします。

そして、４回に１回程度は往復ハガキにして、初回購入してもらった商品の注文書をつけて送ります。このとき違う商品を売り込まないことが大事です。あくまでも初回購入の商品のリピートを促します。

なぜなら、新規のお客様とはまだ関係が築けておらず、「たんに商品が欲しい」と思ったとか、「キャンペーンで商品が安かった」とか「キャッチコピーが魅力的だった」とか、動機はさまざまで、新規のお客様は購入に至ったニーズを意識していないからです。

この段階で違う商品を案内してしまうと、「バイヤーズリモース（Buyer's Remorse）」といって、お客様は買った後に「本当にこの商品で良かったのか。この商品では自分の生活は何も変わらないのではないか」という「購入後の後悔」が起こりやすいのです。

そのために、新規のお客様に、「あなたが購入した商品は、こんな生活上のニーズを解決しますよ」と伝えることによって、意識していないニーズを理解してもらって、その商品が

図 114　52 週間フォロー

・「52 週間フォロー」の目的は、初回客の離脱防止。
・初回客に最長１年（52 週）、毎週ハガキを送る。
・再購入があった時点で「52 週間フォロー」終了。
・４回に１回程度、往復ハガキにして注文書をつける。
（初回購入した商品のリピートを促し、他の商品は売り込まない）

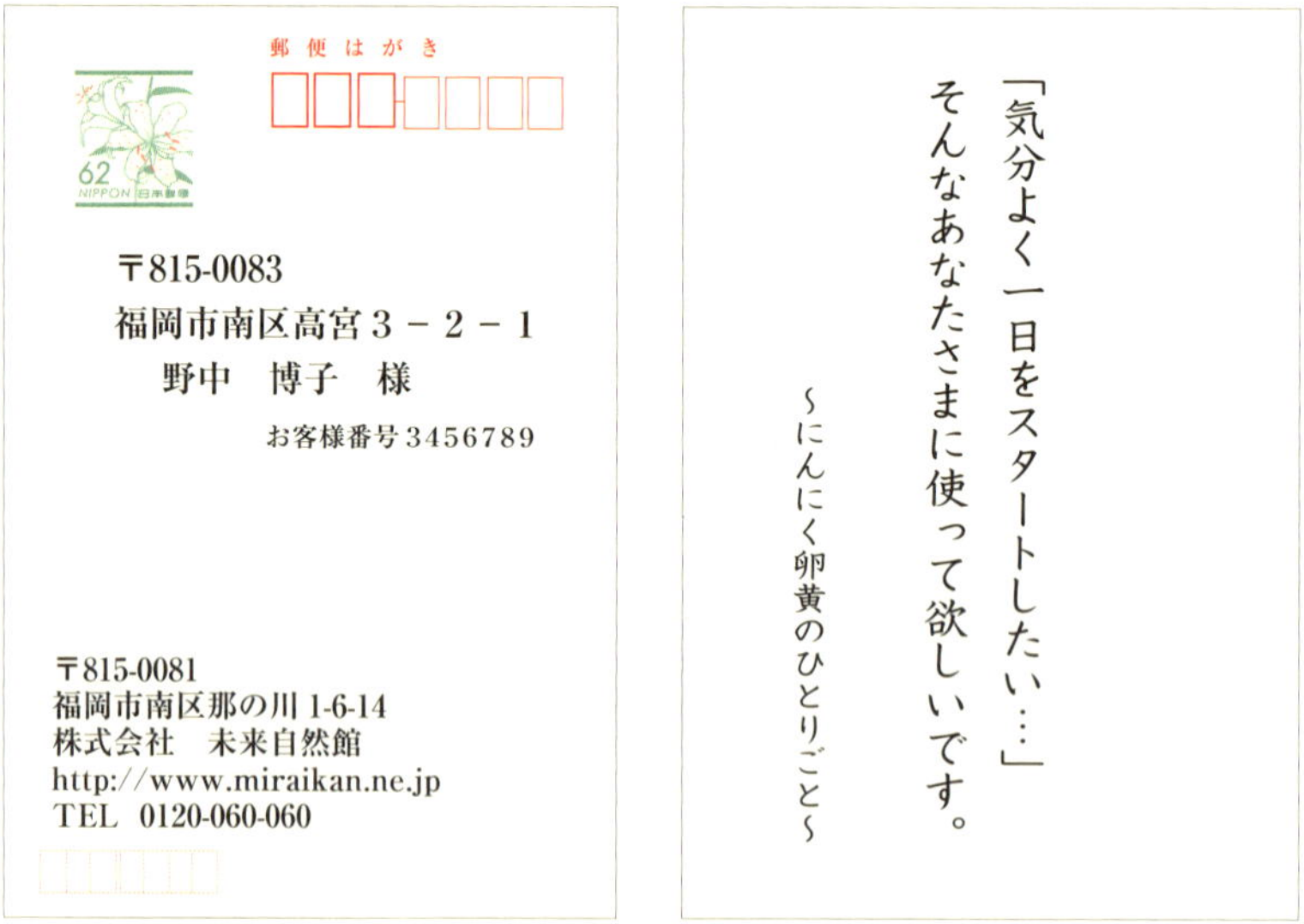

・「商品のひとりごと」の主語は「商品」。お客様が「この商品を買って良かった」と思ってもらうため、商品の良さを知ってもらうために、短い言葉で意識していないニーズを伝える。
・「アドバイザーからのメッセージ」は、個人名を明記し、短い言葉で商品の使い方をアドバイスする。
・文面は、できれば手書きした原稿を印刷し、手作り感を出す。

もらうのです。

「たんに金額が安かった」とか、「たんに欲しいと思った」だけではないという意味を知って

ここで、次ページ図115の「消費者ニーズの深層構造図」をご覧ください。

図115は、本書の共著者である梅澤伸嘉先生がこれまで数多くのロングセラー商品を開発する中で発見された重要な図です。

私が新規のお客様に生活上のニーズを理解してもらう必要があると思うようになったのは、この梅澤先生の「消費者ニーズの深層構造図」を見たのがきっかけです。

わかりやすく説明しましょう。

梅澤先生は、人間の本能には、「生命保存ニーズ」と「幸福追求ニーズ」の２つがあって、**「幸福追求ニーズが消費者ニーズの大元にある」**とおっしゃっています。

そして、「**幸福追求ニーズ**」のことを「**Beニーズ**」と名づけていますが、図115の上部には、人間が死ぬまで抱き続ける10種の幸福追求ニーズ（Beニーズ）が列記されています。

幸福追求ニーズ（Beニーズ）とは、「いずれ達成できるもの」「達成されたらうれしいもの」という死ぬまで100％満足することがないニーズで、そのためにさまざまな「**生活ニーズ**（Doニー

図 115　消費者ニーズの深層構造図

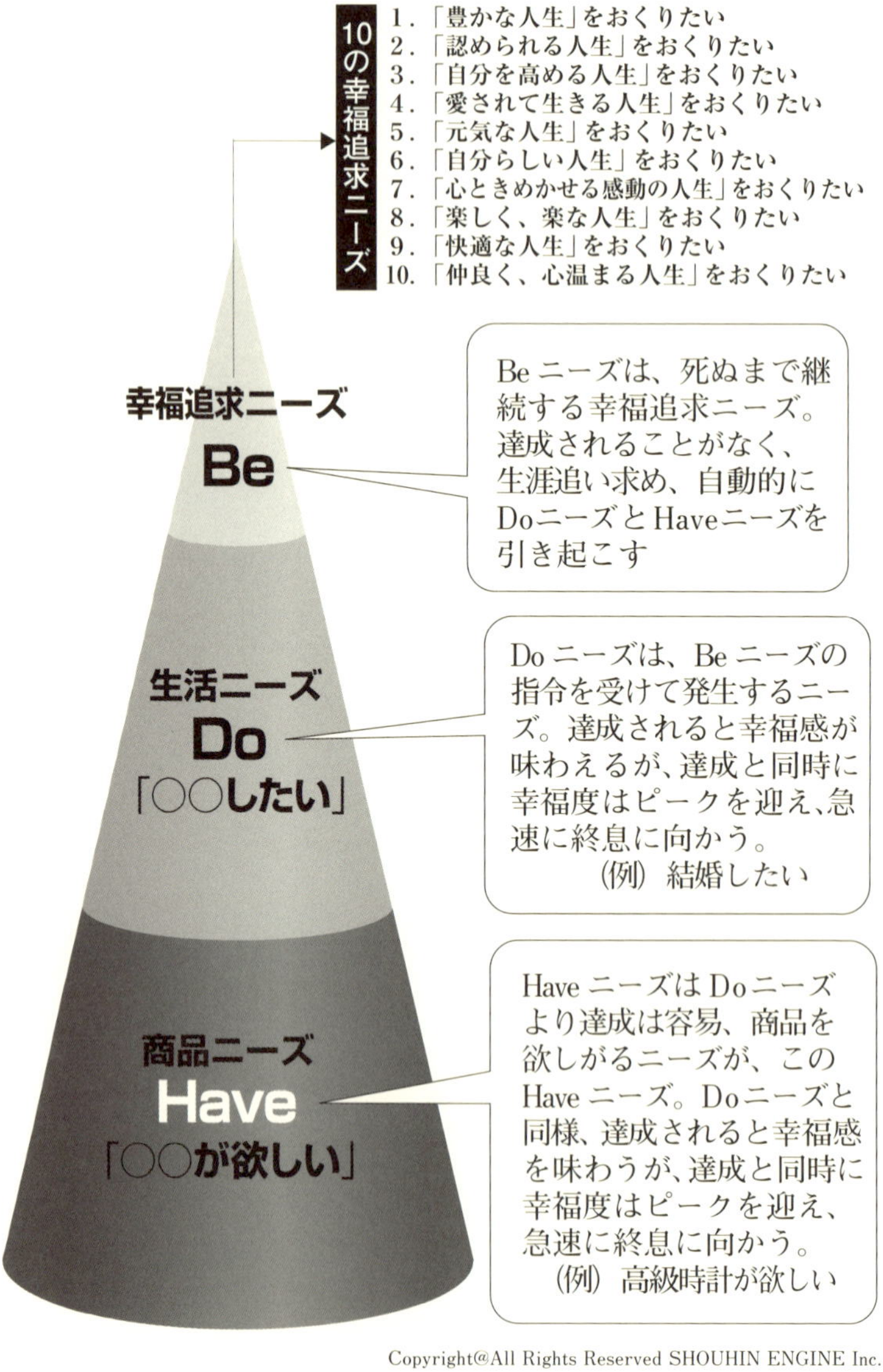
10の幸福追求ニーズ
1．「豊かな人生」をおくりたい
2．「認められる人生」をおくりたい
3．「自分を高める人生」をおくりたい
4．「愛されて生きる人生」をおくりたい
5．「元気な人生」をおくりたい
6．「自分らしい人生」をおくりたい
7．「心ときめかせる感動の人生」をおくりたい
8．「楽しく、楽な人生」をおくりたい
9．「快適な人生」をおくりたい
10．「仲良く、心温まる人生」をおくりたい
幸福追求ニーズ
Be
Be ニーズは、死ぬまで継続する幸福追求ニーズ。達成されることがなく、生涯追い求め、自動的にDoニーズとHaveニーズを引き起こす
生活ニーズ
Do
「○○したい」
Do ニーズは、Be ニーズの指令を受けて発生するニーズ。達成されると幸福感が味わえるが、達成と同時に幸福度はピークを迎え、急速に終息に向かう。
(例) 結婚したい
商品ニーズ
Have
「○○が欲しい」
Have ニーズは Doニーズより達成は容易、商品を欲しがるニーズが、この Have ニーズ。Doニーズと同様、達成されると幸福感を味わうが、達成と同時に幸福度はピークを迎え、急速に終息に向かう。
(例) 高級時計が欲しい

ズ）」を発生させます。

たとえば、「認められる人生をおくりたい」という幸福追求ニーズ（Beニーズ）をもっている経営者が多いですが、それ自体は達成できないので、そのために「地域No.１会社にしたい」や「会社を上場させたい」というような「生活ニーズ（Doニーズ）」を発生させて達成しようとします。

さらに、その「○○したい」という生活ニーズ（Doニーズ）を充《み》たすために、「○○が欲しい」という「**商品ニーズ（Haveニーズ）**」を発生させます。

たとえば、「地域No.１会社にしたい」という生活ニーズ（Doニーズ）をもっている経営者は、本書『100億マニュアル』が欲しいという「商品ニーズ（Haveニーズ）」を発生させるかもしれません。

梅澤先生は、人は生きているあいだ中、「幸福追求ニーズ（Beニーズ）」のスイッチがオンになっており、「幸福追求ニーズ（Beニーズ）」が充たされないとアンバランス感情が発生するので、自ら「生活ニーズ（Doニーズ）」を発生させ、さらに「商品ニーズ（Haveニーズ）」によって「生活ニーズ（Doニーズ）」を充たそうとする行動を生涯繰り返すと述べています。

梅澤理論に則していえば、たとえば「にんにく卵黄」が欲しいと思って買って飲む行動は、

「年を重ねても健康な毎日をおくりたい」という「生活ニーズ（Do**ニーズ）」**

からであり、その心の奥には、

「元気な人生をおくりたい」という「幸福追求ニーズ（Be**ニーズ）」**

があるからです。

つまり、**商品を買ってくれたお客様は、その商品を欲しいと思った「商品ニーズ**（Haveニーズ）**」があり、そのニーズを起こした心の奥に「生活ニーズ**（Do**ニーズ）」があり、さらにその奥に「幸福追求ニーズ**（Be**ニーズ）」**がある、ということです。

この消費者の3層からなるニーズをふまえて、「52週間フォロー」のおハガキ文は、**お客様が商品を買うに至った「生活ニーズ**（Do**ニーズ）」をテーマにした短い文章を「商品の良さ**（べネフィット）」として伝えて、商品を買った理由を理解してもらいます。

それによって、**商品がお客様の生活ニーズを充たす手段であることを信じてもらって、再購入を促していきます**。

ですから、自社商品を買ってくれるお客様の生活ニーズや幸福追求ニーズはどのようなものかについて、まず社内でしっかり話し合って洗い出す必要があるでしょう。

ハガキを使う理由

それにしても、「最長1年間、毎週ハガキを送る」と知って、その回数の多さに驚かれた人もおられるでしょう。

回数の多さは、初回客のフォローの重要性を表わしています。

もし初回客に対して何もフォローしなければ、初回客の70～80％は、「**初回離脱の谷**（第一関門）」と呼ばれる大きな穴に落ちてしまいます。

「**初回離脱の谷**（第一関門）」**に落ちると、そのあとフォローしても上がることは極めて難しくなります**。

心理学では「接触する頻度《ひんど》が多ければ多いほど、コミュニケーションが深まる」ことが証明されていますが、同じものを買うなら、知っているところから買いたいと思うのは、人の常です。

また、買わない理由の第1位に、たんに「注文を忘れていた」ということがあります。

最長1年ハガキを送り続けるのは、「1年のうちにリピートしてくれればいい」という長期的な視点で考えているからですが、「商品を忘れさせない」ためでもあります。

「52週間フォロー」で、ハガキを使うのは、

・毎週届いても邪魔にならない

・見ないと捨てられない

という2つの理由からです。

これが封筒で送ったならば、封筒の差出人を見て捨てられる確率が高くなります。

さらにハガキは、文字が大きく俳句ぐらいの字数であれば、チラッと見ただけでメッセージを伝えることができます。

このハガキによる「52週間フォロー」は、インターネットで注文したお客様に対しても、

紙媒体のハガキでフォローするようにします。

ハガキとメールの両方でおこなってもかまいませんが、メールは読まれない確率が高いので、メールで送る場合は件名を工夫し、ハガキと同じ文面のメールが届かないよう配慮しましょう。

ハガキの文面

ここで、「52週間フォロー」の事例を見ていただきましょう。

巻頭折り込みの図116を広げてみてください。

ご覧のとおり、「にんにく卵黄」を買ってくれた新規のお客様に送る、52週間分の文が列記されています。

52週分のうち「にんにく卵黄のひとりごと」が31週分、「健康食品アドバイザー西野ひろ子のメッセージ」が21週分あります。

基本的に、**「商品のひとりごと」の文面は、商品が主語で、その商品を「欲しい」と感じた、生活ニーズを短い言葉で伝えて、意識していなかったニーズを理解してもらいます。**

なぜ「商品の良さ（ベネフィット）」かといえば、お客様に「この商品を買って良かった」

図117　にんにく卵黄を買うお客様の生活ニーズ

・生涯現役で元気なピンピンコロリ人生を送りたい　(1　4　47)
・寝たきりにならず健康的な生活をしたい（3　37)
・家族と一緒に色々な所へ出かけたい（17)
・充実した一日を過ごしたい（49)
・アクティブな活動ができる身体にしたい（10　51)
・仕事や趣味を楽しみたい（32　52)
・一日を気分よくスタートさせたい（2　7）
・疲れ知らずの身体にしたい（28)
・スタミナをアップさせたい（16)
・すっきりとした朝を迎えたい（16)
・バランスのとれた食生活をしたい（34　46)
・食事を美味しく楽しみたい（43)
・朝をさわやかに目覚めたい（3）
・不足する栄養を手軽にとりたい（33)

と思ってもらうため、商品の良さを商品に語らせるものです。

上の図117は、「にんにく卵黄」を買ってくれるお客様の生活ニーズを列記したものです。

生活ニーズのそれぞれに明記している数字は、巻頭折り込みの図116の中の数字とリンクしています。

つまり、どの生活ニーズを意識してもらうために、どのような文面をつくったかがわかるようにしてあります。

「商品の良さ(ベネフィット)」の文面は、1つの生活ニーズを短い言葉にして伝えていくのが基本となります。

もうひとつの「**アドバイザーからのメッ**

セージ」は、アドバイザーの個人名を明記し、商品の情報をていねいに伝えていきます。

たとえば、健康食品であれば、正しい食べ方や飲み方がわかっていないために効果を実感できずにいる初回客に対して、商品の正しい食べ方や飲み方のアドバイスを、「よくある質問」や「成分」や「体験談」をまじえて、商品の使い方を短い言葉で伝えます。

最初は難しく感じるかもしれませんが、慣れると誰でも書けるようになります。私の勉強会に参加された方で、１日で52週分の文をつくった人がおられました。

会社によっては、52週分の文は社内でつくって、ハガキを毎週送る作業はアウトソーシングしている会社もあります。

ここで大切なことは、「ハガキで送ること」でも「毎週送ること」でもありません。

通販会社によっては、最初の３カ月は、封書とハガキを交互に毎週送りますが、その後は、月に１回の封筒で送っている通販会社もあります。毎週ではなく、隔週に送る通販会社もあります。**要は、「この商品を買って良かった。この商品を買ったのは間違いがなかった」と思ってもらうために、初回客に対して52週間フォローすることが大切です。**

おもてなしフォロー

【(仕組み2) 稼働顧客の離脱防止】

「おもてなしフォロー」は、集計日から1年(365日)以内の稼働顧客に対しておこなうフォローです。

次ページの図118の概要にあるとおり、**月に1〜2回、封書でお手紙を送り、稼働顧客との関係性を強くして離脱防止をはかります。**

お手紙の追伸で、他の商品の案内文を明記し、商品パンフレットと申込ハガキも同封して、クロスセリングをはかります。クロスセリングでいろんな商品を買ったお客様は離脱しにくいことがわかっています。

稼働顧客の離脱防止

お手紙は、お客様からいただいたご質問を中心に、疑問点や情報の不足している部分をひとつひとつ丁寧に取り上げて会社の経営姿勢に共感していただくと同時に、お客様に納得していただく内容にして、じょじょにお客様との関係を強くしていきます。

なぜ、お手紙でご質問や疑問点を丁寧に取り上げるかといえば、電話などで直接、問い合

図 118　おもてなしフォローの概要

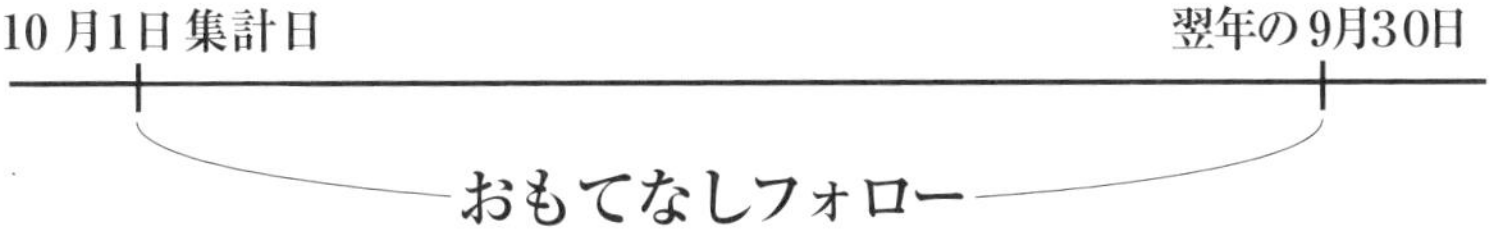

・「おもてなしフォロー」の目的は、お客様からのご質問や疑問点に丁寧にお答えしていくなかで、お客様との関係性を強くして離脱防止をはかる。
・最長１年、１カ月に１～２回、封筒でお手紙を送る。
・手紙は、寄せられたさまざまな質問や苦情に答える内容で、会社の姿勢に共感していただくと同時に、お客様の買わない理由を１つ１つ消して、買う理由をつくっていく。
・手紙の追伸の部分に、商品の案内文を明記する。商品のパンフレットと申込ハガキも同封する。

わせしてきたり、苦情を言ってきたりするお客様はほんのひと握りですが、その背後には同じ疑問や苦情を抱いている人が大勢いるからです。

ですから、お客様から寄せられた質問や疑問はきちんと記録して管理する必要があります。

あるいは専用ハガキをつくって、お客様の意見を積極的に集めましょう。

前述したとおり「おもてなしフォロー」は、稼働顧客に対して追伸文で商品の案内をし、商品パンフレットと申込ハガキも同封しますので、DMコストは回収できます。

万一、回収できなかったら、商品の内容が悪いということになります。

私（西野）の経験では、「おもてなしフォロー」

によって得られるリピート率は、

・月1回送る場合で6％、1年12回で72％

・月2回送る場合で5％、1年24回で120％

ほどです。

ここで上の図119をご覧ください。

おもてなしフォローDMを月1回送る場合と、月2回送る場合のそれぞれのリピート率を示しています。

ご覧のとおり、月1回の場合で、1年のリピート率は「72％」、月2回の場合で「120％」となります。

「5年で売上100億円を超える広告投資シミュレーション表」では、3年目の「顧客残存率」

図119　おもてなしフォローのリピート率（例）

かりに、1万人の稼働顧客に月1回「おもてなしフォロー」DMを送り、同封の商品パンフレットを見て商品を買ってくれる反応率を「6％」とした場合、1回のおもてなしフォローDMでリピートしてくれるお客様の数は…

1万人×6％=600人

1年に12回「おもてなしフォロー」DMを送ると、リピートしてくれるお客様の数は、…

1万人×6％×12=7,200人→リピート率72％

月2回「おもてなしフォロー」DMを送った場合は、DMの反応率が1％下がるものの…

1万人×5％×24=12,000人→リピート率120％

を「65％」で設定しています。したがって、この「おもてなしフォロー」の仕組みを実践すれば、「顧客残存率65％」はじゅうぶん達成可能な数字となります。

お手紙の文面

次に、「おもてなしフォロー」の文面の一例を見ていただきましょう。

この一例は、巻頭折り込みの図120のお客様からかかってきた電話の内容を記録したものをベースにつくった文面です。

お手紙の一例をお読みいただく前に、まず図120のお客様と電話オペレーターとのやりとりをお読みいただくと、それを元にどのように文面をつくったかが、おわかりいただけるでしょう。

実際のお客様とオペレーターとの会話をベースにしているからこそ、臨場感があり、同じ不満や悩みを抱えるお客様が読むと、「そうなんだ」と納得できる内容となるのです。

****

「コレステロールが上がったのは、にんにく卵黄のせい…」

にんにく卵黄を飲まれている方で、「コレステロールが上がった」と言われる方がおられます。

そんなときに、すぐに頭をよぎるのが、「にんにく卵黄には卵がふくまれており、この卵でコレステロールが上がったのでは…」という不安感ですね。

でも、ご安心ください。

にんにく卵黄は、「コレステロールを上げるもの」ではないのです。

じつは、にんにく卵黄は、「にんにくを多くとってもらいたい」という商品なので、卵黄の量は少なくしており、コレステロールの量も2球で約1mg以下ですので安心して飲んでいただけます。

でも、毎日、にんにく卵黄をとることで「それでも大丈夫なの？」と思いますよね。

一般的には、「食事は和食にしたほうがいい」とも言われ、「卵や乳製品、肉の脂身などは控えるよう」にと言われることもあるかと思います。

『にんにく卵黄のコレステロールの量は大変少ないもの』なので、心配されなくても大丈夫です。


また、最近では、「卵はコレステロールを上げる原因ではない」と言われています。

むかし、「卵は一日1個まで」と聞かれている方も多いかと思いますが、この説は、「草食動物のうさぎにコレステロールを与えたところ、コレステロールが増えて動脈硬化になった実験の結果」からこのような説が広まったのです。


ここで、コレステロールの考え方についてご説明を差し上げたいと思います。

コレステロールは、「食事でとれるコレステロール」と、「体内でつくられるコレステロール」

はバランスがとれるようになっていますので、あまり意識しなくていいと言われています。

しかし、コレステロールの上限がなくなったわけではありません。

そのために、「いくらでもコレステロールをとってもいい」ということではないのです。


特に女性の場合は、閉経の時期のホルモンバランスの変化やコレステロールのバランスがとりにくい時期がありますので、神経質にならずに、食事や運動などの生活習慣を見直してみてはいかがでしょうか？


たとえば、体重を標準体重に近づけることや、食物繊維や、大豆製品や青魚などのコレステロールの良い食材などもおすすめです。

運動も、軽い運動でいいので、歩くことやラジオ体操をするなどの簡単な運動から始めてみませんか？


コレステロールは細胞膜をつくるために、人が生きていくためには必要な栄養素なのです。

うまく、コレステロールとつきあって、健体康心でお過ごしなさってください。

未来自然館
西野ひろ子

追伸

（※追伸文で商品の案内をする）

＊＊＊

以上が、「おもてなしフォロー」のお手紙の一例です。

丁寧にお客様に話しかけるような文体となっていますが、お手紙の内容は、巻頭折り込みの図120のお客様と電話オペレーターとの会話が元になっていることがおわかりいただけたと思います。

積極的にお客様のご意見やご要望を集めて、それに答える、いろいろなパターンのお手紙をつくりましょう。

【（仕組み３）非稼働顧客の復活】ニーズ思い出しフォロー

非稼働顧客を復活させる

「ニーズ思い出しフォロー」は、すでに１回以上の購入があり、集計日から１年（365日）以内に購入がなかったお客様、つまり稼働顧客から非稼働顧客へと離脱してしまったお客様に対して、月に１回お手紙を送り、稼働顧客への復活をはかります。

この仕組みで大事なポイントは、離脱期間が長くなるほど復活する確率は低くなるので、離脱期間が短いうちにフォローすることです。私の経験では、離脱期間が１カ月長引くごとに、フォローＤＭの反応率は0.1％ずつ下がっていきます。

次ページの図121にあるとおり、「ニーズ思い出しフォロー」は、「おもてなしフォロー」と同じくお手紙を送り、追伸で商品の案内をし、商品パンフレットと申込ハガキを同封します。

「おもてなしフォロー」と大きく異なる点は、お手紙の内容です。

先の「おもてなしフォロー」のお手紙は、商品に対するご意見や疑問点を納得していただ

図 121　ニーズ思い出しフォロー

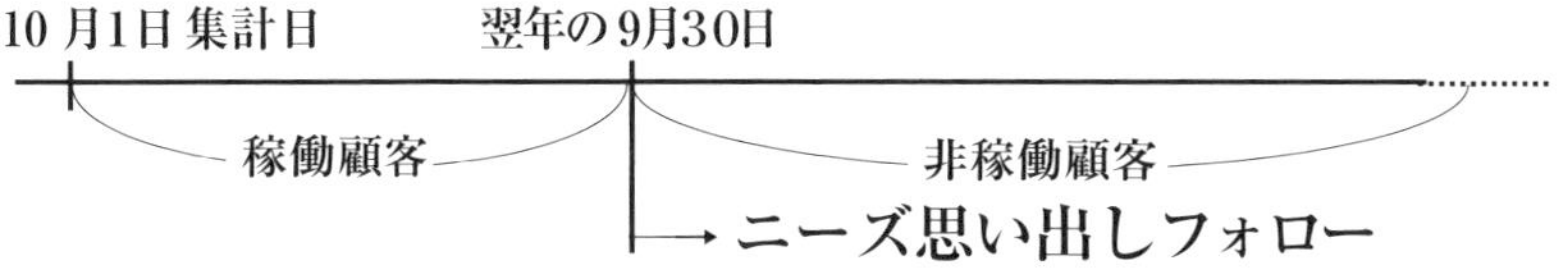

- **「ニーズ思い出しフォロー」の目的は、非稼働顧客となったお客様に復活してもらうこと。**
- **５年ぐらいを目処に、１カ月に１回、封筒でお手紙を送る。**
- **手紙の文面は、最初に商品を買ったときのニーズを思い出してもらう内容にする。**
- **手紙の追伸の部分に、商品の案内を入れる。それにともなって商品のパンフレットと申込ハガキを同封する。**

けるように説明する内容でしたが、この「ニーズ思い出しフォロー」のお手紙は、商品や会社のことについてほとんど触れません。

というのは、稼働顧客であった1年間は、毎月2回ほど「おもてなしフォロー」のお手紙が届いていたにもかかわらず、一度も購入に至らなかったわけですから、商品や会社に対して興味を失くしていると考えられるからです。

では、そういうお客様に対して、どのようなお手紙を送れば、再び商品や会社に興味をもってもらえるかといえば、それは、**お客様が今は忘れてしまっている自社商品を買ったときの生活ニーズを、もう一度、思い出してもらう**お手紙です。

商品が欲しいと思ったときの商品ニーズを思い出してもらうのです。

ニーズ思い出しフォローのお手紙の文例

では、「ニーズ思い出しフォロー」のお手紙の一例を読んでいただきましょう。

新人の女性社員が書いた文章で、反響が大きかったお手紙です。（※本書掲載にあたり、会社名と名前は仮名にさせていただきました）

＊＊＊

当日の朝、車で祖父を迎えにゆくと、祖父はいつもより少しだけオシャレをして待っていてくれました。「さぁ、出発！」と、父が車を走らせはじめると、さっそく母と祖父が話をしています。母も、祖父と一緒にどこかへ出かけるのは久しぶりだったようで、すっかり娘にもどり楽しそうに笑って応えていました。と、そのときです。祖父の目に涙が…。実は祖父も昔は体格がよく貫禄がある頑固者でした。孫である私は、少しこわく感じるくらいだったのです。

しかし、80年間生きてきた今では貫禄はあるものの、ひ孫もでき（いとこに子どもが生まれました）すっかり優しいおじいちゃんになっていました。そのせいか、ちょっと涙もろくなってきたのかもしれません。私たち家族に「こんな爺ちゃんを一緒に連れていってくれて本当にありがとう」と言い、とても喜んでくれたのです。私はそんな祖父を見ていて「おじいちゃんって可愛い…」と思いましたし、私だけではなく家族全員がとても温かい気持ちになっていました。このときに、改めて「おじいちゃんが元気でいてくれてよかった」と思ったのです。

「ありがとう。これからも元気でいてね」

なかなか普段は言葉では伝えることができてはいませんが、今度思い切って会うときは、言葉で伝えてみようと思っています。

㈱未来自然館
西野　美奈

追伸

実は、私は１カ月前に健康食品を取り扱っている未来自然館に入ったばかりの新入社員です。そこで、私が勤めている未来自然館が扱っている「にんにく卵黄」のことを色々と先輩から学びました。すると、学ぶほどに「にんにく卵黄」の素晴らしさが実感できました。そこで、私の初仕事として、今回のごあいさつ状を書くことになったのです。つたない文章ですが、今の私の想いがみなさまに少しでも伝われば…と思っております。

同封いたしましたパンフレットをご覧いただければ幸いです。

最後までおつきあいいただきありがとうございました。

＊＊

以上、「ニーズ思い出しフォロー」のお手紙は、追伸文以外に、商品に関することは何も書いていません。

先に述べたとおり、非稼働顧客は商品に対して興味を失くしているので、商品を欲しいと思った生活ニーズを思い出させる内容となっています。

先の新入社員が書いたお手紙でいえば、「寝たきりにならず健康的な生活をおくりたい」や「家族と一緒に色々な所へ出かけたい」という2つの生活ニーズを思い出してもらう内容です。それによって、もう一度「にんにく卵黄」が欲しいと思った商品ニーズを思い出してもらうことができれば、非稼働顧客から稼働顧客に復活させることができるわけです。

図 122　ニーズ思い出しフォローＤＭで稼働顧客に復活する顧客数

かりに、１万人の非稼働顧客に、月１回、１年間にわたって、「ニーズ思い出しフォロー」ＤＭを送り、同封の商品パンフレットを見て商品を買ってくれる反応率を「２％」とした場合、非稼働顧客が稼働顧客へ復活する数は…

1万人×2%×12回＝2,400人→稼働顧客へ復活

ニーズ思い出しフォローはできるだけ続けよう

「ニーズ思い出しフォロー」は、離脱期間が長いほど反応率が下がると申し上げましたが、私の経験では、ニーズ思い出しフォローＤＭの反応率は２～３％ほどです。

ここで、上の122図を見てください。

かりに１万人の非稼働顧客に対して、ニーズ思い出しフォローＤＭを月１回１年間送り続ければ、ＤＭの反応率を２％と仮定して、１万人×２％×12回で、１年で２千４百人の非稼働顧客を稼働顧客へ復活させることができる計算になります。

離脱期間が５年を過ぎてしまうと、急速に反応率が下がるので、最長５年継続することをおすすめしていますが、「やずや」の場合、８年間利用のなかったお客様が８年ぶりに稼働顧客に復活した例もありました。

「ニーズ思い出しフォロー」を何年続けるかは、会社の状況によって違ってくると思いますが、多くの場合、新規客を集客するコストより非稼働顧客を復活させるコストのほうが安いので、できるかぎり「ニーズ思い出しフォロー」を続けることが、稼働顧客を増やしていくためには重要なことです。ぜひ顧客をすぐに切り捨てずに、顧客フォローを継続してください。

最後に、本章でご紹介した顧客離脱防止の仕組みを実践するためのシステムについて述べておきます。

7章でも、顧客管理と数字(結果)管理にはシステムが必要になるとお話ししましたが、顧客離脱防止の3つの仕組みを定期的に回していくには、自社で顧客フォローができるようなシステムを準備しましょう。

もしも自社で独自の顧客フォローのシステムを構築できない場合は、汎用的なシステムとして、「100億ロケット・フォローシステム」など、市販の簡易的に使えるシステムもありますので、素早く始めたい場合は、汎用的なシステムを利用することから始めるのがいいでしょう。

たとえば、「100億ロケット・フォローシステム」は、定期的に顧客と売上情報をアップロードして、顧客フォローツールの送付スケジュールを自動割り当てできるシステムです。

図 123　100 億ロケット・フォローシステム

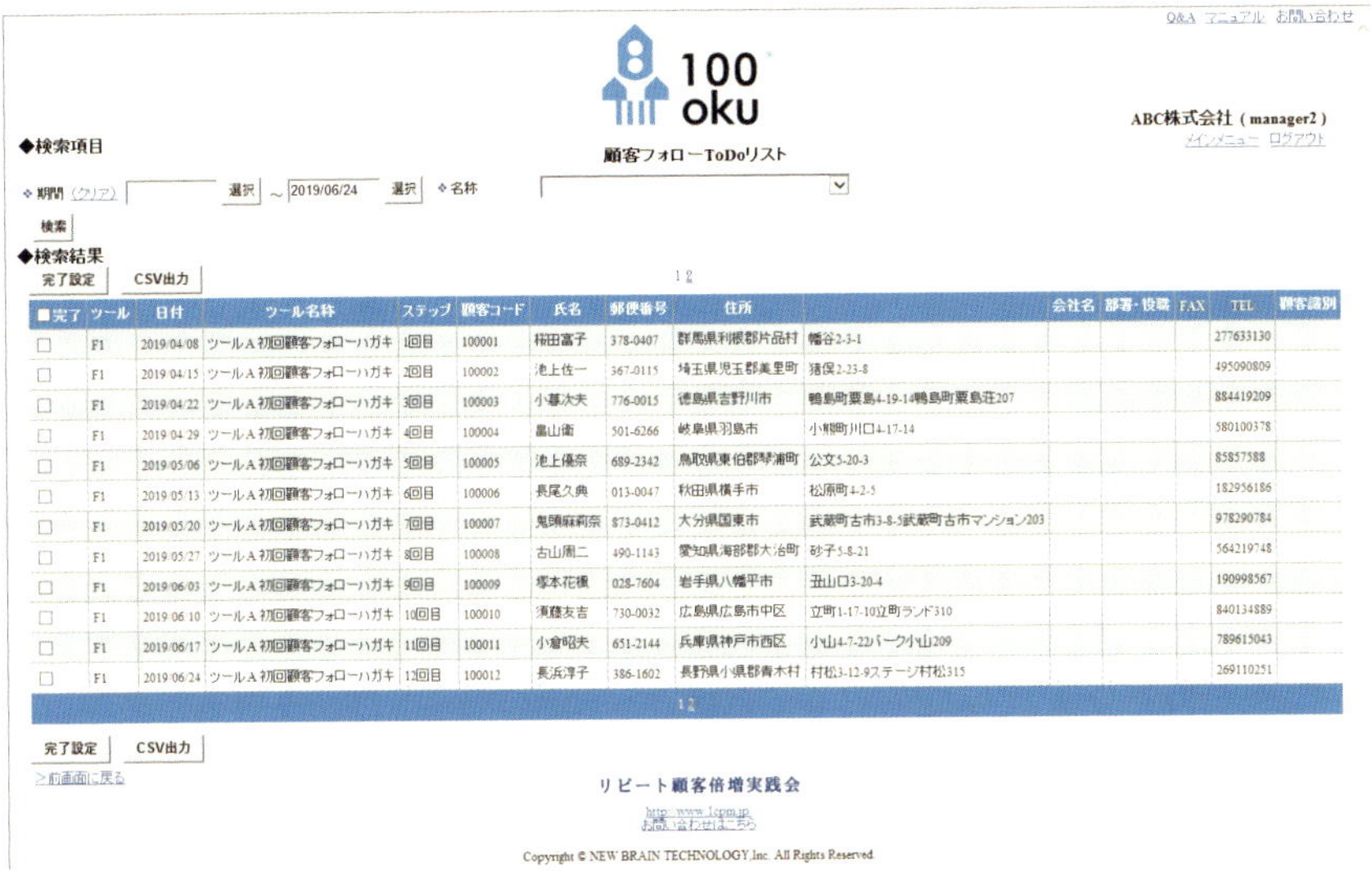

■完了	ツール	日付	ツール名称	ステップ	顧客コード	氏名	郵便番号	住所		会社名	部署・役職	FAX	TEL	顧客識別
□	F1	2019/04/08	ツールA 初回顧客フォローハガキ	1回目	100001	桜田富子	378-0407	群馬県利根郡片品村	幡谷2-3-1				277633130	
□	F1	2019/04/15	ツールA 初回顧客フォローハガキ	2回目	100002	池上佐一	367-0115	埼玉県児玉郡美里町	猪俣2-23-8				495090809	
□	F1	2019/04/22	ツールA 初回顧客フォローハガキ	3回目	100003	小暮次夫	776-0015	徳島県吉野川市	鴨島町粟島4-19-14鴨島町粟島荘207				884419209	
□	F1	2019/04/29	ツールA 初回顧客フォローハガキ	4回目	100004	畠山衛	501-6266	岐阜県羽島市	小熊町川口4-17-14				580100378	
□	F1	2019/05/06	ツールA 初回顧客フォローハガキ	5回目	100005	池上優奈	689-2342	鳥取県東伯郡琴浦町	公文5-20-3				85857588	
□	F1	2019/05/13	ツールA 初回顧客フォローハガキ	6回目	100006	長尾久典	013-0047	秋田県横手市	松原町4-2-5				182956186	
□	F1	2019/05/20	ツールA 初回顧客フォローハガキ	7回目	100007	鬼頭麻莉奈	873-0412	大分県国東市	武蔵町古市3-8-5武蔵町古市マンション203				978290784	
□	F1	2019/05/27	ツールA 初回顧客フォローハガキ	8回目	100008	古山周二	490-1143	愛知県海部郡大治町	砂子5-8-21				564219748	
□	F1	2019/06/03	ツールA 初回顧客フォローハガキ	9回目	100009	塚本花穂	028-7604	岩手県八幡平市	丑山口3-20-4				190998567	
□	F1	2019/06/10	ツールA 初回顧客フォローハガキ	10回目	100010	須藤友吉	730-0032	広島県広島市中区	立町1-17-10立町ランド310				840134889	
□	F1	2019/06/17	ツールA 初回顧客フォローハガキ	11回目	100011	小倉昭夫	651-2144	兵庫県神戸市西区	小山4-7-22パーク小山209				789615043	
□	F1	2019/06/24	ツールA 初回顧客フォローハガキ	12回目	100012	長浜淳子	386-1602	長野県小県郡青木村	村松3-12-9ステージ村松315				269110251	

上の図123のように、100億ロケット・フォローシステムのメインメニュー【本日のやること一覧】をクリックすれば、当日までに送付するフォローツールのToDoが表示され、ラベル印刷用のCSVファイルを出力することができます。

詳しくは、リピート顧客倍増実践会（http://www.1cpm.jp/b）のサイトをご覧ください。

著者／梅澤 伸嘉（うめざわ のぶよし）氏について

ロングヒット商品を意図してつくる開発者にして、独自の調査手法で売上を予測する天才マーケッター。大学院で心理学を学び、28歳の時、サンスター(株)で「サンスタートニックシャンプー」を開発。同商品は発売50年を過ぎた今でもトップシェアを維持している。その後、当時売上100億円を目指していた会社にスカウトされ、独自の梅澤メソッドで数々のロングヒット商品を世に送り出し、同社が10年で売上600億円へと急伸する過程で大きな貢献を果たす。

コンサルタントとして独立後、最初に手掛けた商品が一世を風靡した「禁煙パイポ」。その他、ハウス食品「ウコンの力」、イミュ「塗るつけまつげ」、小林製薬「杜仲茶シリーズ」、シヤチハタ「おなまえスタンプ」、ワコール「スタイルアップパンツ」、バンダイナムコ「釣りスピリッツ」、明治「明治プロビオヨーグルトR―1」など、手伝ったヒット商品は数えきれず、35年間のコンサルティングを通じて、概算7兆円あまりの利益に貢献している。氏は「新しく市場を創造することが、国の経済を豊かにし、消費者の生活を潤し、地球資源を守る手段であると信じ、MIP経営の普及・啓蒙のために生涯を捧げたい」という思いで、中小企業の指導に力を入れていた。

商品企画エンジン(株) 代表取締役会長。一般社団法人 日本市場創造研究会 発起人研究特別顧問。MIP経営塾塾長。2021年3月、逝去。

主な著書『30年売れて儲かるロングセラーを意図してつくる仕組み』『顧客に感動を与え、長く留める全8巻』『新版 ロングヒット商品開発』『ロングヒット商品開発者が教える今ない知恵を生み出す しなやかな発想法』『強い売りモノ〈MIP〉の創り方』『消費者ニーズ・ハンドブック』『長期ナンバーワン商品の法則』その他多数。

■連絡先 info@sk-engine.com

「100億突破ＭＩＰ開発システムZadan」について

100億突破ＭＩＰ(新市場創造型商品)開発システムＺａｄａｎは、商品開発に協力的な意識の高い消費者会員６千人を組織して、ＭＩＰ(新市場創造型商品)を開発していくために必要な調査を企業が独自に実施できる定額制のシステムです。

Ｚａｄａｎに参加している消費者会員は、30代から60代の女性が中心で、報酬を受け取ることが当会員の主な目的ではないため、「生活者の立場から自由で忌憚《きたん》のない意見が収集できる」と利用企業から高く評価され、これまでに「食品」「日用品」「化粧品」「医薬品」「家電」「住宅」など、さまざまな業種の企業が同システムを活用しています。

運営は、梅澤伸嘉氏が設立した商品企画エンジン(株)がおこない、年間利用料60万円(税別)でいつでも必要な時に何度でも、「アンケート」「商品テスト」「座談会(グループインタビュー)」を実施することができます。実施の際は、梅澤メソッド修得スタッフによる支援(メール・電話・面談)が受けられる体制になっているので、100億突破の商品開発のために、現場スタッフが迷うことなく適切な調査を実行できます。より詳しい案内は、商品企画エンジンにお問い合わせ下さい。

■連絡先／商品企画エンジン株式会社（担当　梅澤大輔）
メール　info@sk-engine.com
ウェブサイト　http://sk-engine.com

著者／西野 博道（にしの ひろみち）氏について

ダイレクトマーケティング界の伝説のマーケッター。

健康食品で有名な通信販売会社「やずや」の大番頭として、独自の広告投資法と増客の仕組みで、売上20億円だった同社を、3年で売上100億円、5年で150億円、10年で470億円へと急伸させた立役者。同社を、社員1人当たりの売上5億円という無借金の高収益会社へと導いた。さらに、やずやグループの子会社(株)九州自然館を商品ゼロ、顧客ゼロの状態から立ち上げ、3年半で売上20億円を実現する。

独自の「広告投資シミュレーション表」「広告投資検討表」を使って、着実に「新規客」を増やしていく広告投資ノウハウを生み出し、同時に、「既存客」との関係を強めて、「優良顧客」に育てていく「顧客ポートフォリオ・マネジメント」を開発し、驚異的なリピート率を誇る。

やずやグループ株式会社未来館の代表取締役、株式会社やずやソリューションズの取締役社長などを歴任し、現在では株式会社やずやの相談役として、同社のリスクマネジメント、社員教育、工場監査などをおこなうとともに、全国の通販会社に氏の実践に裏づけられた顧客ポートフォリオマネジメントを普及する活動をしている。

なお氏は、人生に大きな影響を受けた2人の師匠の言葉を座右の銘としている。

・矢頭宣男（やずや創業者）「深く穴を掘れ、穴の直径は自然に拡がる」

・梅澤伸嘉（本書の共著者）「いちばん幸せなこと、それは乗り越えるカベを持つこと」

主な著書『100億ＰＤＣＡマニュアル（西野博道・橋本陽輔共著）』『顧客に感動を与え、長く留める 全８巻（Kindle版）』『ワクワクドキドキやずや式少数盛栄術（西野博道・山下眞理共著）』

■連絡先　nishino@miraikan.ne.jp

監修者／橋本 陽輔《はしもと ようすけ》氏について

100億ロケット・マーケティングの体系立案者。『100億マニュアル（日本経営合理化協会刊）』監修者。

ダイレクトマーケティング専門のコンサルティング会社を経て、増客・リピート指導の実務専門家として活躍。氏がまとめた著書『社長が知らない秘密の仕組み（ビジネス社）』は、健康食品で有名な「やずや」の大番頭・西野博道氏が開発した「顧客ポートフォリオ理論」を初めて世に紹介した書として、6カ月連続アマゾン総合ベストセラー入りし、発刊から10年以上たった今も増刷を重ね、リピーター顧客倍増のバイブルとして高く評価されている。

また多才な氏はマーケティング分野以外にも才能を発揮しており、15年以上かけて独自開発したコーチング法は、解決不能に思えた創業者と二代目の葛藤など、社内における組織の心理的問題を多数解決してきた。その噂を聞きつけた経営者からのコーチング指導があとを絶たない。

難解な手法を、誰でも実践できるように噛み砕いて指導する手腕もズバ抜けていることから、経営者の懐刀《ふところがたな》として様々な業界にてアドバイス活動をおこなっている。

主な著書『100億ＰＤＣＡマニュアル（西野博道・橋本陽輔共著）』『社長が知らない秘密の仕組み』『リピーターになる時期は予測できる』『失敗バンザイ！ やずやの西野さんに学ぶ「逆転成功」の法則』『10億アイデアのつくり方』（監修）がある。

■連絡先 newbrainjp@gmail.com

【資料のダウンロードについてのご案内】

①売上予測計算式「フォーミュラーV」（ダイレクトマーケティング版）シミュレーション
②５年の広告投資シミュレーション
③広告投資検討表
④広告表現検討表

以上４つの資料は、次のＵＲＬにアクセスしてご請求ください。ご請求後、折り返し、ダウンロードに必要なＩＤとパスワードをメールでお送りします。ダウンロードは、スマホではなくＰＣをご利用下さいますようお願いします。

https://jmca.jp/form/rocket